見る・知る・学ぶ

世界遺産で ぐぐっとわかる 世界史

World History

監修・解説 山﨑圭一（ムンディ先生）

JTBパブリッシング

はじめに

世界史を学んでぐぐっと広がる世界遺産の魅力

私は現在、福岡県の公立高校で歴史や地理を教えています。この本を手に取った皆さんも、中学校や高校で歴史の授業を受けたことがあると思います。中には、「歴史って、たくさんのことを覚えさせられて、なかなか興味が持てなかったな」という思い出がある方もいらっしゃるかもしれません。

そこで、私はできる限り、授業で、私が見てきた世界遺産の写真を見せることにしています。美しい街並みや、豪華な宮殿、荘厳な教会の写真などを見せながら、そこを旅した思い出の話や、その歴史背景を説明するのです。そうすると、生徒も興味がわき、表情も生き生きとします。また、ビジュアルとともに、楽しんで学んだことは、歴史の把握や記憶の定着の大きな助けにもなります。世界遺産を知ることは、歴史の学びを何倍にも楽しくしてくれるのです。

実は、逆のことも言えるのです。私たちは旅行先で、美しい教会やお城、古い街並みなど、多くの文化遺産を目にします。それらの文化遺産の背景には、必ず深い歴史があり、旅行ガイドにも、よく「ハプスブルク家」とか、「神聖ローマ帝国」といった言葉が並んだ説明書きがあります。と、いうことは、こうした歴史の背景を学べば、目に見える以上の世界遺産の価値を知ることができ、より世界遺産が楽しめるようになるのです。世界史を学ぶことは、世界遺産の魅力を「ぐぐっと」何倍にもしてくれることになるのです。

本書は、世界史のストーリーに関連する世界遺産を年代順に並べ、世界遺産と世界史を同時に学べるような構成とし、どちらの魅力も何倍にも感じられるように工夫しました。そして、私なりの世界遺産の見方やオススメの楽しみ方を「ムンディ's Eye」というコーナーで紹介しています。ぜひ、本書を通して豊かな教養を身につけてほしいと思います。

監修・解説　山﨑　圭一

目次 Contents

はじめに…P2

世界遺産について…P6

世界遺産リスト…P174

第1章 人類の誕生と古代文明…P7

【総論】人類の誕生から古代文明へ…P8

- 先史時代のできごと 人類の進化と文明の始まり…P10
- メソポタミアとエジプトで栄えたオリエント文明…P14
- インダス文明に始まる古代インド…P18
- 古代中国・黄河文明から前漢王朝まで…P22
- エーゲ文明と都市国家古代ギリシア…P26
- 地中海周辺を中心に世界を支配した古代ローマ帝国…P30
- メソアメリカとアンデスにおこった古代文明…P36

第2章 中世…P41

【総論】年表でみる中世の世界…P42

- 中世西ヨーロッパの始まり フランク王国の繁栄…P44
- 諸侯の連合体を統治した神聖ローマ帝国の盛衰………P48
- ロシアの基礎となったキエフ公国とモスクワ大公国…P52
- 商業で栄えたヨーロッパの中世都市…P56
- キリスト教徒による国土回復運動・レコンキスタ…P60
- 中東とアフリカにおけるイスラーム世界の形成と発展…P64
- 三大陸をまたぐ巨大勢力、 オスマン帝国…P68
- 古典文化が開花したインドのグプタ朝…P72
- 仏教やヒンドゥー教を信仰した東南アジアの諸王朝時代…P76
- 王朝が激変した中国 三国時代から元まで…P80

Column

- 中国とローマを結んだ交易路シルクロード…P34
- 日本の縄文遺跡…P40
- 世界遺産に見る宗教建築の特徴…P84
- 地域によって個性さまざま世界遺産に見る先住民の暮らし…P96
- 様式に見る16～18世紀・ヨーロッパの宮殿と庭園…P122
- 個性満開! 世界遺産になったおもしろ住宅…P132
- 〝文化的景観〟と名のつく世界遺産…P134
- 天才建築家・ガウディの作品と建築の特徴…P170
- 危機遺産とは何か?…P172

第3章 ルネサンスと大航海時代 …P97

独自の文化を築き、メソアメリカで栄えたマヤ文明 …P88

ペルーを中心に発展したアンデス文明 …P92

【総論】ルネサンスとは …P98

大航海時代とは …P100

イタリアで始まったルネサンス、その意味と影響 …P102

スペインとポルトガルに始まり、世界を変えた大航海時代 …P106

アンデスに栄えたインカ文明とメキシコを制したアステカ文明 …P110

キリスト教世界を二分したヨーロッパの宗教改革 …P114

ヨーロッパの華麗なる絶対王政時代 …P118

繁栄を謳歌した中国の明・清の時代 …P124

イスラームとヒンドゥー教が融合したインドのムガル帝国 …P128

第4章 近代・現代 …P135

【総論】近・現代の世界 …P136

綿糸の大量生産を背景とした産業革命によるイギリスの発展 …P138

近代が始まる歴史的事件 フランス革命とナポレオンの台頭 …P142

国民国家が形成される19世紀のヨーロッパ …P146

市民社会を出現させたアメリカの独立と発展 …P150

欧米列強のアジア進出 インドと東南アジアの植民地化 …P154

社会主義の実現を掲げたロシア革命とソ連の誕生 …P158

人類史上最大最悪の戦争 第二次世界大戦 …P162

冷戦からグローバル化へ 第二次世界大戦後の世界 …P166

凡例

Keywords —— 解説テーマの重要語句。
本文内に目立つようにマーカーを引いています。

時代・エリア —— 解説テーマの時代や、どのエリアで起きた
歴史なのかがひと目でわかります。

Notes —— 注釈(＊、＊＊)のほか、解説テーマや世界遺産について
理解がより深まる豆知識も。

✳ 世界遺産について ✳

世界遺産とは、「世界の文化遺産及び自然遺産の保護に関する条約」(世界遺産条約)に基づき、文化財、景観、自然など、人類が未来に残していくべき普遍的価値を持つとして「世界遺産リスト」に登録されたもののことです。2023年１月時点の条約締約国は194カ国、登録件数は1157件に上ります。登録は、10の登録基準のうちいずれか１つを満たす必要があり、条約締約各国からの推薦、諮問機関による学術的な審査を経て、年1回、21カ国で構成される世界遺産委員会において決定されます。本書では、「世界遺産でわかる！」のページで、各解説テーマの内容を、よりぐぐっと実感できる世界遺産を紹介しています。*

ムンディ's Eye　フィレンツェのシンボル、「花の聖母聖堂」サンタ・マリア・デル・フィオーレのドームの上の小塔には登ることもでき、「花の都」フィレンツェの美しい街を一望できます。

ムンディ先生こと山﨑先生がおすすめする世界遺産情報です。

イタリア

登録基準→(i)(ii)(iii)(iv)(vi)

フィレンツェ歴史地区

遺産の種類…文化遺産、自然遺産、複合遺産と、それぞれの危機遺産があります。(右記参照)

保有国名…遺産の保有国名は一般的な通称を用いました。

遺産名…ユネスコ世界遺産センター (unesco.org) に掲載されている情報をもとに、一部調整しています。また一部の漢字には、日本語で一般的な読み仮名をつけています。

登録基準…世界遺産となった理由です。(下記参照)

世界遺産の種類

文化遺産…顕著な普遍的価値を持つ建築物や遺跡など。

自然遺産…顕著な普遍的価値を持つ地形や生物、景観などを持つ地域。

複合遺産…文化と自然の両方について、顕著な普遍的価値を兼ね備えるもの。

危機遺産

世界遺産としての意義を揺るがすような何らかの脅威にさらされている、もしくはその恐れがある物件は、「危機にさらされている世界遺産」として危機遺産リストに登録されます。

10の登録基準

最低でも1つに合致していなければなりません。基準(i)～(vi)で登録された物件は文化遺産、(vii)～(x)で登録された物件は自然遺産、文化遺産と自然遺産の両方の基準で登録されたものは複合遺産となります。

(i) 人間の創造的才能を表現する傑作。

(ii) ある期間を通じて、またはある文化圏において建築、技術、記念碑的芸術、都市計画、景観デザインの発展に関し、人類の価値の重要な交流を示すもの。

(iii) 現存または消滅した文化的伝統や文明に関する唯一の、あるいは少なくとも稀な証拠。

(iv) 人類の歴史上重要な時代を例証する建築様式、建築物群、技術の集積または景観の優れた例。

(v) ある文化(または複数の文化)を代表する伝統的集落、あるいは土地・海洋利用の際立った例。もしくは特に不可逆的な変化の中で存続が危ぶまれている人と環境の関わりあいの際立った例。

(vi) 顕著で普遍的な意義を有する出来事、現存する伝統、思想、信仰または芸術的、文学的作品と、直接にまたは明白に関連するもの (この基準は他の基準とあわせて用いられることが望ましい)。

(vii) ひときわ優れた自然美及び美的な重要性をもつ最高の自然現象または地域を含むもの。

(viii) 生命進化の記録や、地形形成における重要な地質学的進行過程、地形的又は自然地理学的特徴といった、地球の歴史の主要な段階を示す顕著な例。

(ix) 陸上・淡水・沿岸及び海洋生態系と動植物群集の進化と発展において、進行中の重要な生態学的過程又は生物学的過程を示す顕著な例。

(x) 学術・保全上顕著な普遍的価値を持つ絶滅の恐れのある種の生息地など、生物多様性の保全にとって重要かつ意義深い自然生息地を含んでいるもの。

＊紹介している世界遺産は、各解説テーマの内容を示すものではありますが、必ずしもそれが世界遺産の登録基準に含まれているとは限りません。

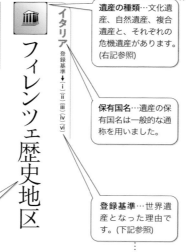

第一章

人類の誕生と古代文明

約700万年前
〜
紀元4世紀末

人類のルーツとなる猿人が出現したのは、約７００万年前。以来、人類は進化を続け、長い先史時代を経た後、異なる自然環境のもとにさまざまな古代文明がおこった。この章では、人類の夜明けの時代をたどっていく。

メンフィスとその墓地遺跡(エジプト)

人類の誕生から
古代文明へ

約700万年前に人類のルーツが出現してから、複雑な進化の道筋をたどり、現在の人類へと進化していった。石器や火の使用、世界各地への移動を経て、定住した地で農耕を行うようになったのは約1万年前のこと。

やがてティグリス・ユーフラテス川やナイル川、インダス川、黄河や長江など大河の周辺にメソポタミア文明やエジプト文明、インダス文明や中国文明などの古代文明がおこった。

各地に形成された都市では、その土地固有の文化が育まれ、社会は多様性を増していった。

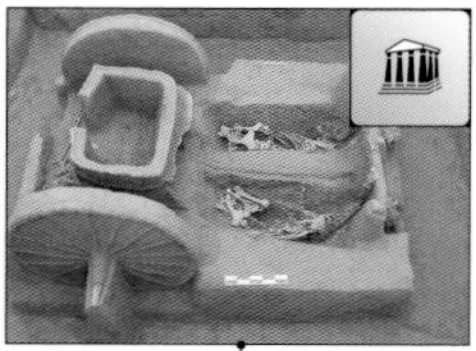

中国では古代殷王朝の時代に甲骨文字が使用され、宮殿や王墓がつくられた。殷の都の遺跡・殷墟で発掘された遺物

エジプト古王国時代、ファラオ(王)が神とみなされ、強大な権力を持った。その頃からピラミッドの建設が始まった

700〜100万年前	●猿人出現、最古の旧石器時代始まる
240〜4万年前	●原人出現
60〜4万年前	●旧人が活動する
20万年前〜現在	●新人が活動する
1万年前	●農耕の始まり
BC5000年頃	●黄河文明おこる
BC3000年頃	●メソポタミア文明おこる ●古代エジプト文明始まる ●エジプト古王国時代
BC2600年頃	●インダス文明おこる
BC2300年頃	●メソポタミアでアッカド王国誕生
BC2040年頃	●エジプト中王国時代
BC2000年頃	●地中海でエーゲ文明おこる
BC1900年頃	●メソポタミアで古バビロニア王国誕生
BC1700年頃	●小アジアでヒッタイト王国誕生
BC1600年頃	●エジプト新王国時代 ●ギリシア本土でミケーネ文明おこる ●中国で殷が誕生
BC1200年頃	●メキシコ湾岸にオルメカ文明が出現
BC1100年頃	●中国で西周おこる（〜BC770）
BC1000年頃	●アンデスでチャビン文化が始まる
BC770	●中国が春秋時代に
BC753	●伝承によるローマ建国
BC550	●ペルシア帝国誕生

南米のアンデス山脈周辺にもさまざまな文明が誕生した。チャビン・デ・ワンタル遺跡は、チャビン文化を今に伝える遺跡

インダス川流域に栄えたインダス文明の都市の1つ、モヘンジョダロ。碁盤目状に街路が敷かれ、水道も完備されていた

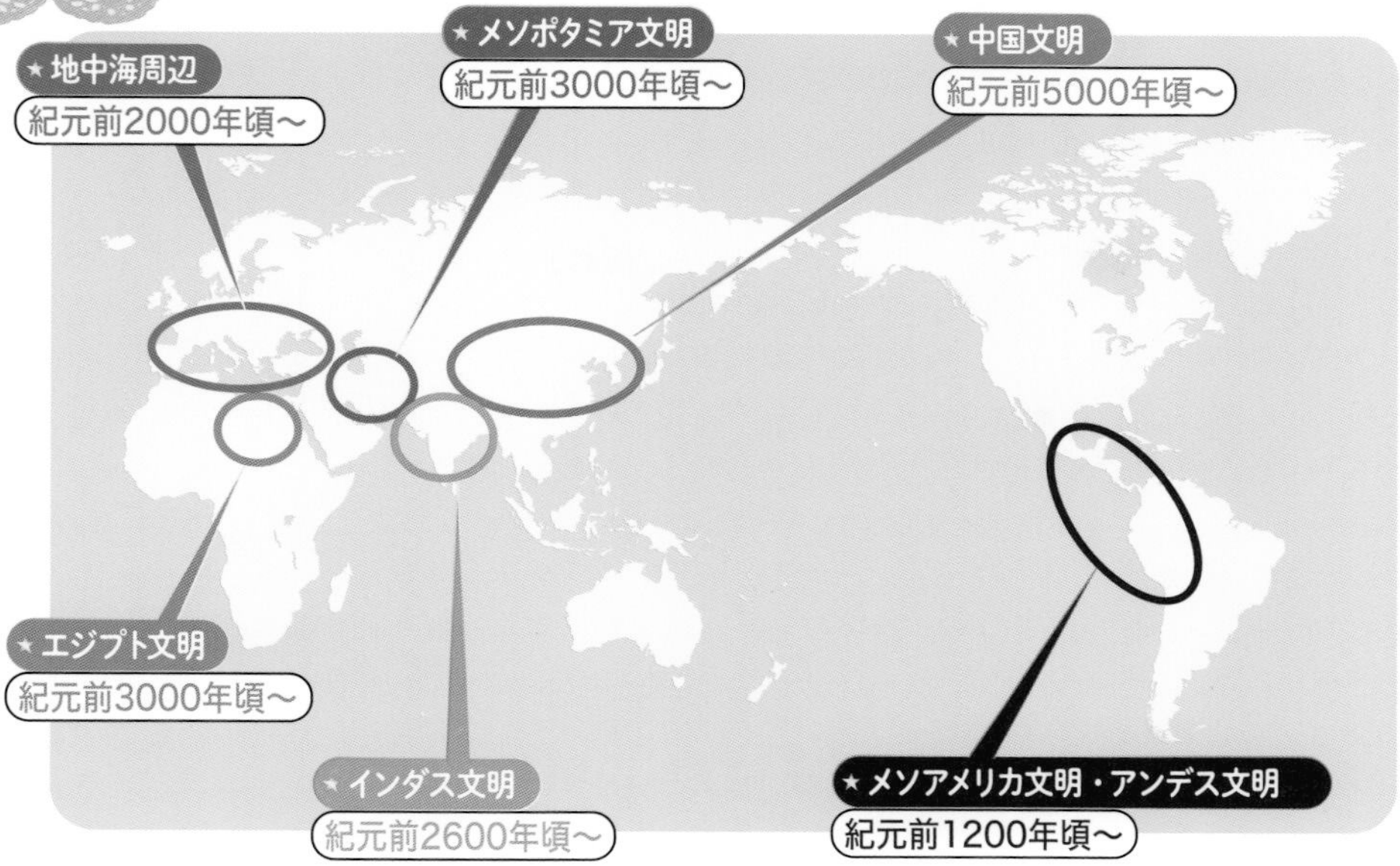

BC509	●ローマで王政が廃止、共和政始まる
BC470年頃	●アテネに哲学者ソクラテス生まれる
BC450年頃	●都市国家アテネが最盛期を迎える
BC403	●中国が戦国時代に
BC334	●アレクサンドロス大王の遠征（～BC323）
BC317年頃	●インドでマウリヤ朝おこる
BC248年頃	●西アジアにパルティア王国誕生
BC221	●秦が中国を統一
BC202	●中国、前漢王朝が成立する（～AD8）
BC200年頃	●ヘレニズム文化が盛んになる ●メキシコでテオティワカン文明がおこる
BC27	●ローマが帝政期に入る
AD25	●中国で後漢王朝が成立する（～AD220）
50年頃	●中央アジアにクシャーナ朝誕生
79	●ヴェスヴィオ火山の大噴火で、ポンペイが埋没
96	●ローマが五賢帝時代を迎える
116	●ローマ帝国の領土が最大に
224	●ササン朝ペルシアが成立（～651）
3世紀頃	●ユカタン半島でマヤ文明が発展し始める
318	●インドでグプタ朝おこる
395	●ローマ帝国が東西に分裂
476	●西ローマ帝国滅亡

アテネのアクロポリスには、パルテノン神殿をはじめ多くの神殿や劇場などが建造された

火山噴火で灰に埋没したポンペイから、古代ローマの生活が蘇った

先史時代のできごと
人類の進化と文明の始まり

Keywords
★人類　★石器
★集落　★土器
★文字

時代
約700万～
約1万年前

エリア

人類の誕生と進化をたどる

文字が発明され、歴史が記録される以前を先史時代と呼ぶ。**人類**の出現から今日までの長い歴史を時間の長さでみると、先史時代が占めるのはなんと99％以上。

最初に、直立二足歩行の人類が出現したのは、約７００万年前のアフリカと考えられている。アウストラロピテクスなどの猿人で、打製**石器**を使用する者もいた。

続いて約２４０万年前に登場したのが、ホモ・ハビリス、ホモ・エレクトゥスなどの原人で、ジャワ原人や北京原人がそれにあたる。彼らは、打製石器だけでなく、火も使い、狩猟や採集を営んだ。

さらに進化したのが、約60万年前に出現した旧人で、脳の容積は現代の人類と同じ。死者を埋葬する精神文化を持ち合わせていただけでなく、狩猟した動物から道具を使って毛皮をつくり、寒い氷期*の生活にも耐えることができた。

現生人類のホモ・サピエンスに属する新人が出現したのは約20万年前。ヨーロッパのクロマニョン人や、中国の周口店上洞人などだ。骨角器を使用して生活し、洞窟絵画を残した。彼らはアフリカからほぼ全世界に広がっていった。

★人類の進化

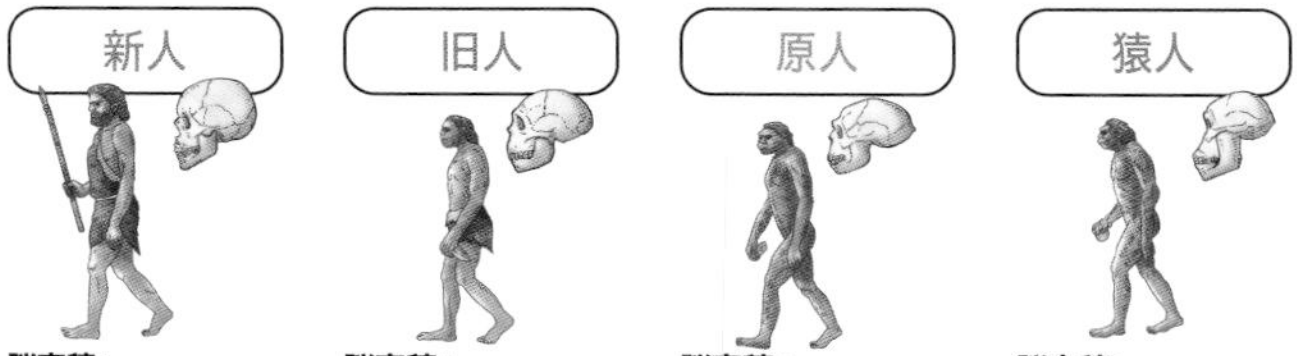

新人　脳容積：1300～1600㎤
アフリカに出現後、世界各地に広がる。クロマニョン人や周口店上洞人など

旧人　脳容積：1200～1600㎤
ヨーロッパから西アジアに分布。ネアンデルタール人など

原人　脳容積：600～1200㎤
初めて狩猟・採集生活を営んだ。ジャワ原人や北京原人など

猿人　脳容積：350～550㎤
アフリカで出現。約600万年続く。アウストラロピテクスが相当する

Notes　＊氷河時代のなかで、特に寒冷で氷床や氷河が大規模に拡大した時期が氷期。反対に比較的温暖な時期が間氷期で、氷河は後退する。現在は間氷期。100万年の間に10回氷期があった

農耕や牧畜の開始と都市の誕生

人類が進化する間に、地球も変化した。約1万年前、氷期が終わり、温暖化する。気候の変化は、人類に大きな変化をもたらした。西アジアでは、土地の自然環境に適応する術を身につけた人々が、麦の栽培と家畜の飼育を開始。農耕・牧畜の始まりである。狩猟・採集しながら移動する獲得経済から、定住地で食料を生産する生産経済へ移ったのだ。**集落**ができ、織物や**土器****、磨製石器を使う新石器時代に発展した。その生活は各大陸へ伝播した。

灌漑農業が始まると、人口が増え、集落から都市へと発展していく。金属器をつくり、商業上のやり取りなどを記録するために**文字**が発明され、古代文明の基礎が確立されていった。

★人類の移動ルート

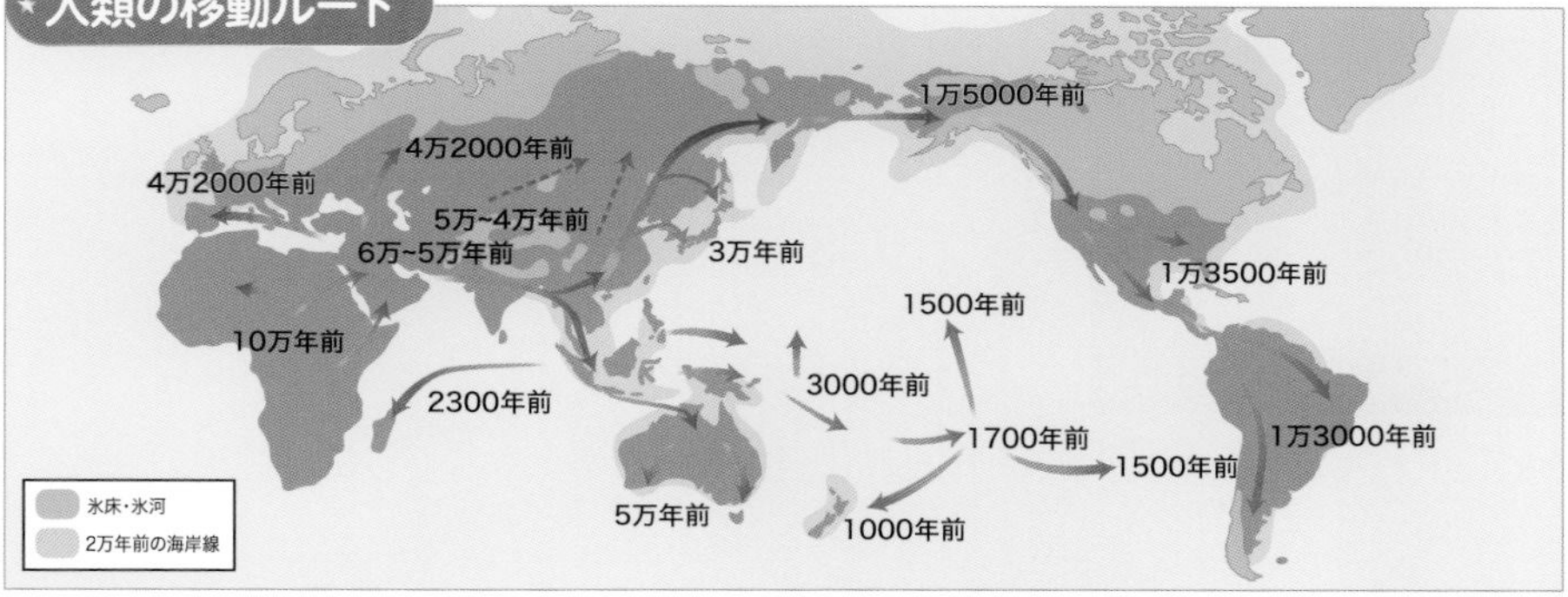

最初にアフリカに出現した新人(ホモ・サピエンス)が、6万年前頃から世界各地へ広がっていく時期とルートを示した地図

★道具と生活の変化

猿人から原人に変わる頃にはすでに打製石器が使われ始め、使う道具はどんどん進化し、農耕・牧畜が始まると、一気に文化は高度なものになっていった

約5000年前からシュメール人が楔形文字を使い始めた

工具や武器、容器などのため、青銅器を含めた金属器が登場

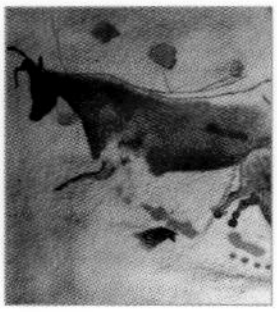

ラスコー(→P 13)ほか各地で、洞窟絵画が制作され始めた

粘土を焼いてつくる土器は、食物を煮たり貯蔵するのに役立った

打製石器の先をとがらせた黒曜石製尖頭器は狩猟に使われた

猿人が使い始めた打製石器は、原人の時代、各地で使用された

9000年前　西アジアで農耕・牧畜開始
1万7000年前　洞窟壁画を描き始める
250万年前　打製石器を使い始める

5000年前　青銅器を使い始める　くさび形文字の登場
1万6500年前　土器を使い始める
6万年前　移動を開始する

Notes ＊＊土器により煮炊きが必要な食物を口にすることができ、栄養状態が向上した。日本では縄文時代初期に出現し、中国では1万5000年〜2万年前のものと考えられる土器も発見されている

エチオピア 登録基準➡(ii)(iii)(iv)

アワッシュ川下流域

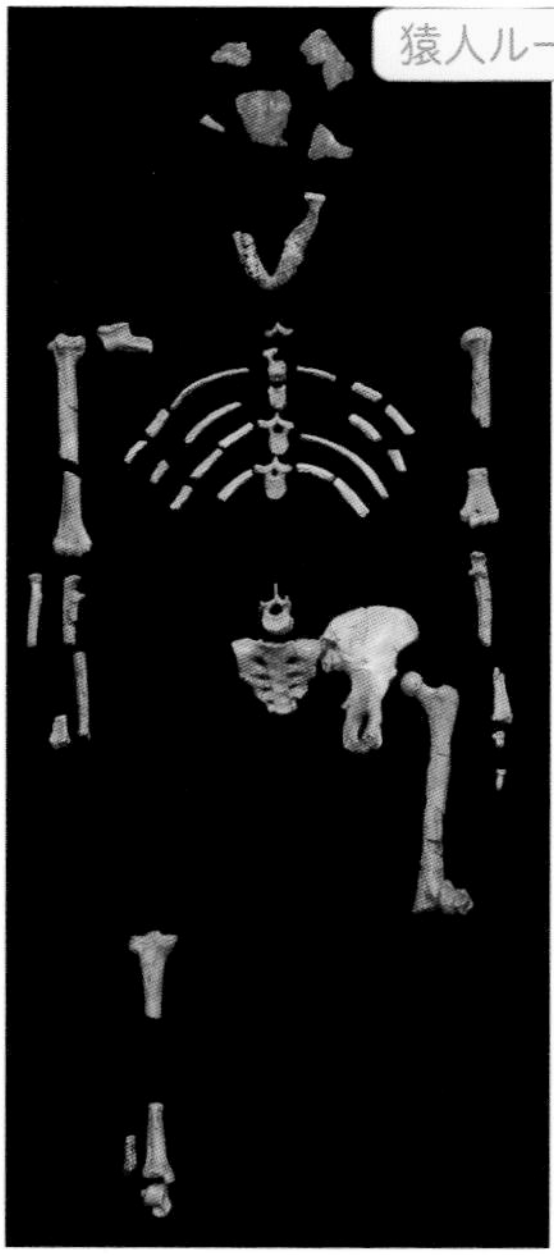

猿人ルーシーの骨格

骨格から、ルーシーは身長1m、体重30kg、25歳くらいの女性と推定される
→約6000個の動物の化石も見つかっている

人類最古の祖先、猿人の骨格が出土

アワッシュ川下流域では、1974年に40個体、316個にも及ぶ先史人類の化石が発掘された。なかには300万年以上前の人類で、二足歩行をしていたとされるアウストラロピテクス・アファレンシス*も含まれていた。そのうちの一個体は「ルーシー」と名付けられている。

南アフリカ 登録基準➡(iii)(vi)

南アフリカ人類化石遺跡群

約450〜250万年前の人類化石、330万年前の居住跡や骨製道具、180〜100万年前の火を使用した痕跡が残る。

アルゼンチン 登録基準➡(iii)

リオ・ピントゥラスのクエバ・デ・ラス・マノス

珍しい「手の洞窟」がある。壁に左手を当て、顔料をかけたと考えられ、270mにわたり、岩壁を埋めている。

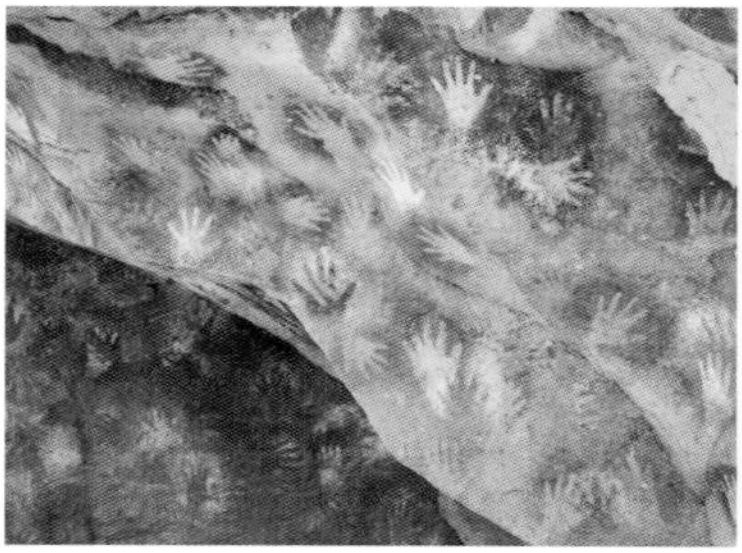

スペイン 登録基準➡(i)(iii)

アルタミラ洞窟と北スペインの旧石器時代の洞窟画

奥行き270mの洞窟で発見された壁画は、後に旧石器時代のものと確認された。高度な描写技術から、「旧石器時代のシスティーナ**礼拝堂」ともいわれる。

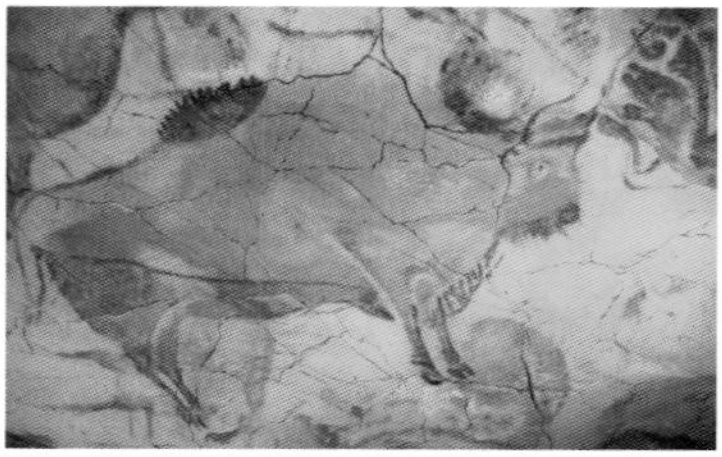

ムンディ's Eye

ラスコー洞窟の壁画は、発見後に急速に劣化が進んだために閉鎖され、代わりに精巧なレプリカの「ラスコー2」が作られました。現在、観光客が入れるのはレプリカのみです。

Notes
*アウストラロピテクス・アファレンシスとは、猿人の一種で、アウストラロピテクス類のなかでも代表的な種だと考えられている

フランス

ヴェゼール渓谷の先史時代史跡群と洞窟壁画群

登録基準→(i)(iii)

ラスコーの壁画がある渓谷

フランス南西部のヴェゼール川周辺では、先史時代の147の集落跡と、壁画のある26の洞窟が発見されている。馬や牛が描かれたラスコーの壁画などの洞窟絵画は、約1万7000年前の後期旧石器時代にクロマニョン人が描いた。

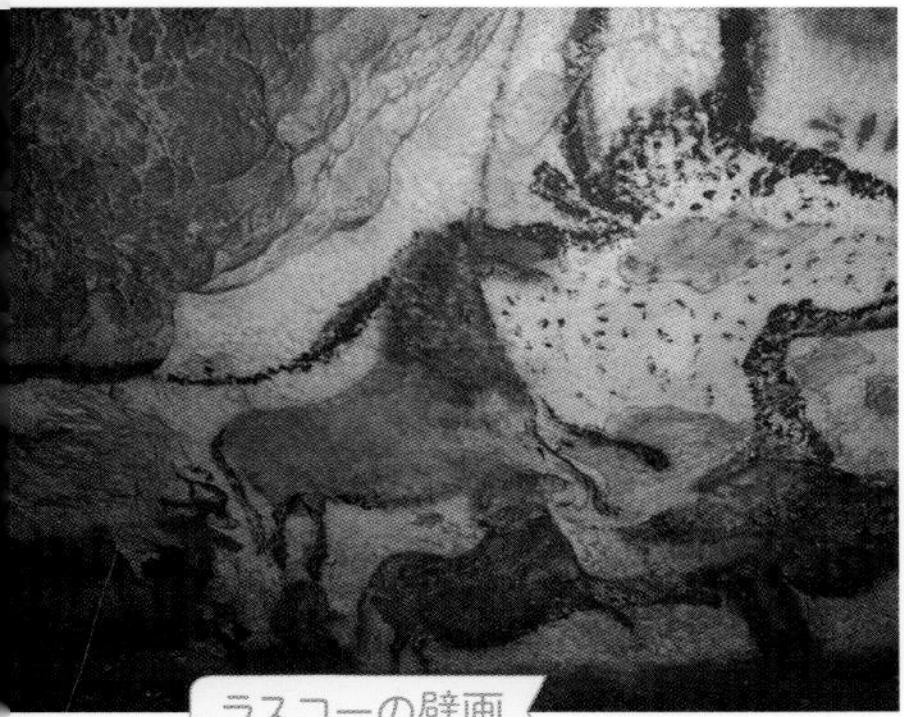

ラスコーの壁画

野牛や馬、鹿など数種の動物のほか人間も描かれている。「威嚇するバイソン」と名づけられた壁画もある。画法は赤、黒、黄色を使った彩色画と線刻画の2種

この渓谷で、ラスコーの壁画は、1940年に発見された

★世界遺産に見る岩絵・洞窟画略年表

7000年前	1万年前	4万年前	20万年前
新石器時代	中石器時代	後期旧石器時代	前期旧石器時代
	新人		旧人

- ツィディロ(ボツワナ):砂漠の狩猟民が10万年前から19世紀まで描き続けた岩壁画
- アルタミラ洞窟(スペイン)
- カカドゥ国立公園(オーストラリア):先住民アボリジニの岩絵
- ヴェゼール渓谷(フランス)
- リオ・ピントゥラス(アルゼンチン)
- ウルル-カタ・ジュタ国立公園(オーストラリア):先住民アボリジニの岩絵
- ヴァルカモニカの岩絵群(イタリア):14万点もの線刻画群
- アルタのロック・アート(ノルウェー):生活や儀式を伝える約3000点
- マトボの丘群(ジンバブエ):赤の顔料で描かれた約3500の岩絵
- ビンベットカのロック・シェルター群(インド):赤や白の顔料で描かれた壁画群

Notes　＊＊アルタミラ洞窟ははじめ、捏造だとして学界から否定されていたが、20世紀初頭に旧石器時代のものと確認された。「システィーナ礼拝堂」はバチカン市国にある礼拝堂の名称

メソポタミアとエジプトで栄えたオリエント文明

Keywords
★大河　★楔形文字
★法典　★ファラオ
★ピラミッド
★ヒエログリフ

時代
BC3000 ~BC30年

エリア

文明の夜明け メソポタミア

オリエント文明は、ティグリス川とユーフラテス川、ナイル川の流域に誕生した。ともに**大河**を利用した治水が行われ、灌漑施設が整備されて、農業が発展した。

ティグリス川・ユーフラテス川流域のメソポタミアでは、紀元前3000年頃から都市文明が栄えた。南部ではシュメール人がウルなどの都市を形成、**楔形文字**は多くの民族の間に広まった。メソポタミアが統一されたのは、「*ハンムラビ**法典**」で知られるバビロン第1王朝のハンムラビ王のとき。

ファラオたちが支配したエジプト

ナイル川流域のエジプトには、多くの小国家が形成されたが、治水や共同労働のため、強力な指導者が求められた。****ファラオ**（王）による統一国家が成立したのは、紀元前3000年頃。古王国、中王国、新王国と3期に区分されるが、いずれも神と同一視された王の専制的な神権政治が行われた。

その間、王の権威を示す**ピラミッド**や壮大な神殿の建設、**ヒエログリフ**やパピルスの発明やミイラの作成など、独自の文化が形づくられた。

★オリエント文明発祥の地

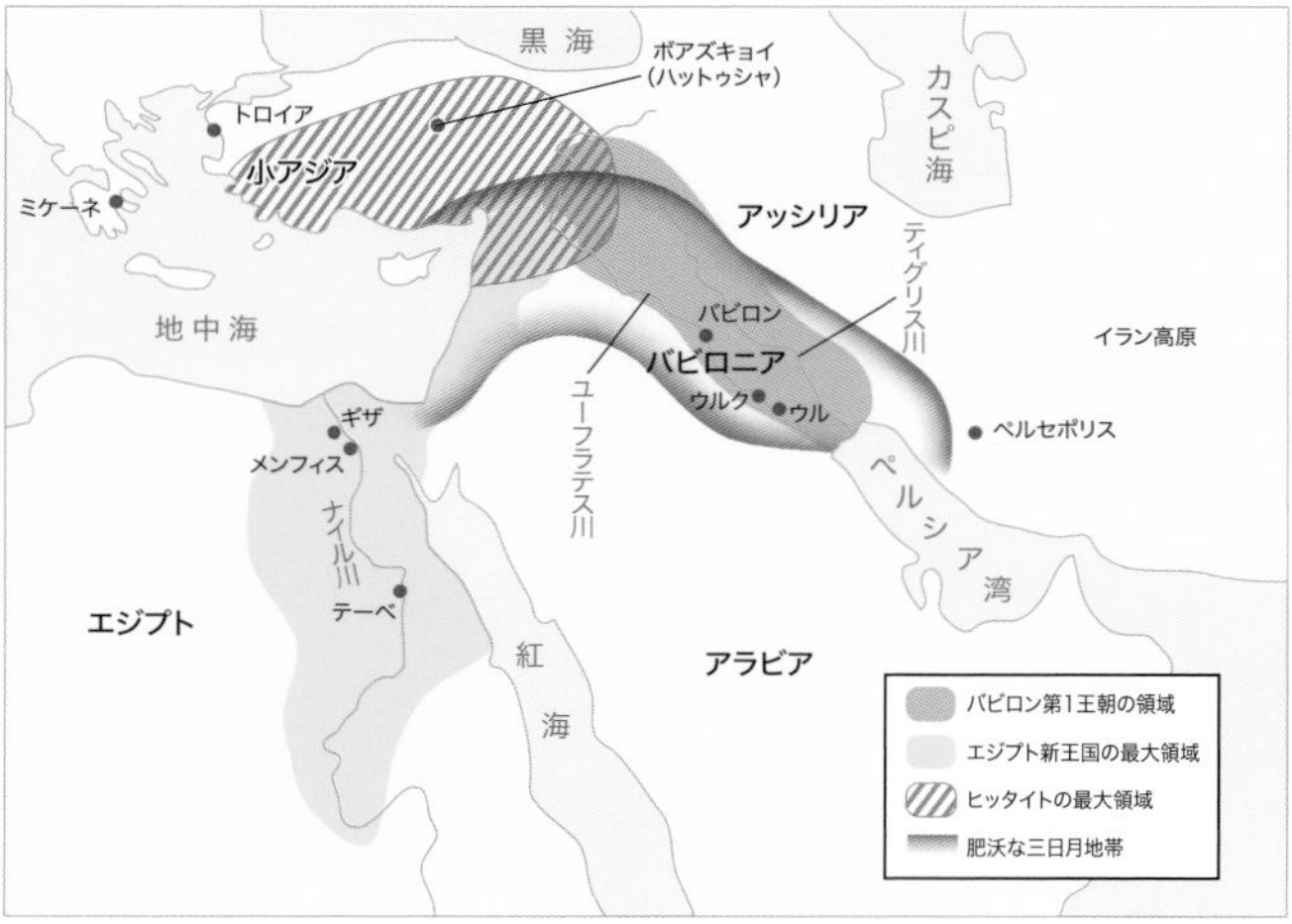

Notes ＊ハンムラビ王は、バビロン第1王朝6代目の王。小国を大国に成長させ、首都バビロンをオリエントの中心に。「目には目を」で有名なハンムラビ法典を制定。叙事詩などの文学発展にも貢献

★オリエント文明の功績

パピルス

紙の材料には、湿地に生える雑草ともいえる大型のカヤツリ草の一種を使った。茎の皮をはいで繊維状にし、石の台に重ねて木槌でたたき、圧縮した後に乾燥させた

日時計

地面に棒を立て、目盛りを描いた簡単な日時計は、紀元前2000年頃に古代バビロニアですでに使われていた。エジプトにあるオベリスク(尖塔・写真右)は、日時計の役割を果たした

六十進法

六十進法は古代バビロニアで生まれ、エジプトなどに伝播した

天文学

エジプトでは、1年を365日とする太陽暦が使われ、ピラミッドなどの向きを決めるのにも天文学の知識を用いた

文字・法典

メソポタミアでは楔形文字、エジプトではヒエログリフが生まれ、メソポタミアではハンムラビ法典(左下)やギルガメシュの叙事詩(右下)などもつくられた

七曜制

太陰暦を用いた古代バビロニアで、新月から7日目ごとを安息日としていたことが、七曜制のはじまり

鉄製武器

オリエントの中でシリアや小アジア付近を拠点としたヒッタイト人は、早くから鉄製の武器を使用

★オリエント諸国の略年表

：セム語族　：インド=ヨーロッパ語族
：非セム語族　：民族系統不明

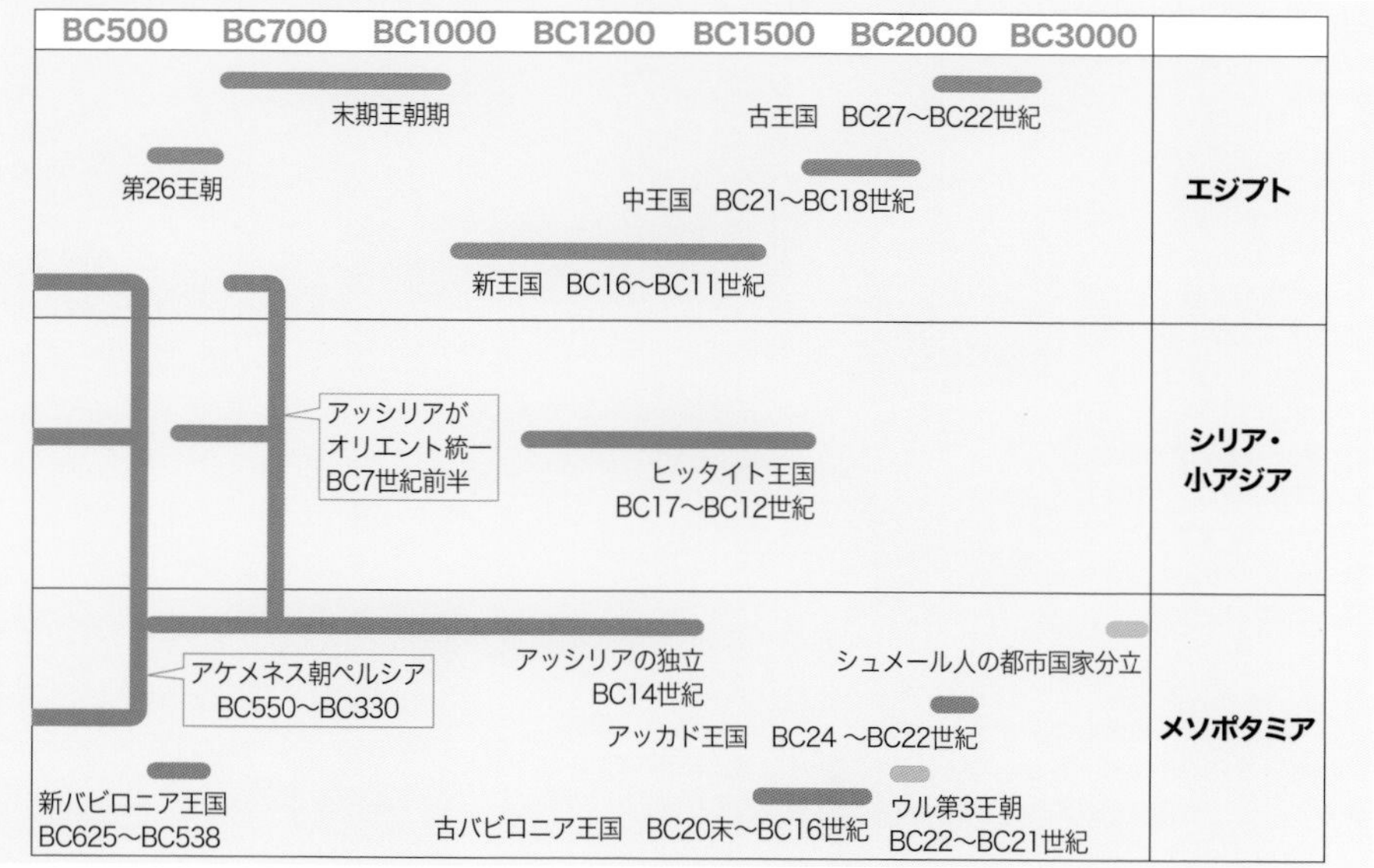

Notes　＊＊エジプトでは、古王国時代にはすでに、ファラオ＝神と考えられ、多数のピラミッドが建設された。王家の谷やアブ・シンベル大神殿などが造営されたのは新王国時代だ

王と王妃たちのピラミッド

ギザの三大ピラミッド。奥から最も高い約137mのクフ王、カフラー王、メンカウラー王と続く。手前は王妃たちのもの

エジプト 登録基準→(i)(iii)(vi)

メンフィスのピラミッド地帯

完成形はギザの三大ピラミッド

メンフィスは、古代エジプト王朝統一後に初めてつくられた都。近郊には紀元前２６８０年頃から約９００年間に、30基以上のピラミッドが建設された。工事は10～4月の農閑期に行われる一種の公共事業だった。ピラミッドの形は、日干しレンガを積み上げた台形状から始まり、時が経つにつれ変化した。サッカラには階段ピラミッド、ダハシュールには傾斜が途中で変わる屈折ピラミッド、ギザには四角錐の真正ピラミッドが残る。だが、どのピラミッドからも王のミイラは発見されていない。

Column

ピラミッドQ&A

Q　どうやってつくった？

A　巨石はナイル川の増水を利用して運んだ。側壁に坂道をつくり、積み上げげたという説が有力

Q　地下にあった船の役目は？

A　1954年にクフ王のピラミッドで発見された「太陽の船」。クフ王の遺体を運んだ船など、諸説ある

Q　スフィンクスって？

A　人間の頭とライオンの胴体をもつ神話的存在の怪物。王をライオンとする観念に基づくとも、王自身を表すともいわれる

カフラー王の命により、高さ約20m、胴の長さ約57mのスフィンクスがつくられた。建造の目的は謎である

ムンディ's Eye　現在は石でギザギザの三大ピラミッドの表面ですが、作られた当時は化粧石で覆われ、表面はツルツルに磨かれていました。カフラー王のピラミッドの上部に化粧石の一部が残っています。

Notes ＊1960年、アブ・シンベル大神殿は、ダム建設により水没の危機にあった。ユネスコの世界遺産条約は、その救済のために制定された。全遺跡が1万6000の小片に解体、運搬され、再建された

エジプト 登録基準➔(i)(iii)(vi)

ヌビア遺跡群

ナイル川上流のヌビア地方には、新王国時代と古代エジプト末期のプトレマイオス朝時代の遺跡が点在する。[*]アブ・シンベル大神殿、イシス神殿などがある。

建築王のアブ・シンベル大神殿

エジプト 登録基準➔(i)(iii)(vi)

古代都市テーベとその墓地遺跡

ナイル川岸の古都テーベは、紀元前1570年頃に新王国の都となり、栄えた。東岸は2つの神殿を中心にした「生者の世界」、西岸のネクロポリス(墓地遺跡)は「死者の世界」で、王家の谷、王妃の谷がある。

↑「建築王」ラメセス2世の葬祭殿、ラメセウム。前方に自らを表したとされるオシリス神を象った柱がある
→内部に描かれた壁画

イラク 登録基準➔(iii)(v)(ix)(x)

古代メソポタミア都市アフワール

ウルク、ウル、エリドゥの3つの古代都市遺跡と4つの湿地帯からなるイラク南部のアフワールは、メソポタミア文明の発祥の地とされる。

シュメール人の痕跡と推測される

イラク 登録基準➔(iii)(vi)

バビロン

紀元前625～前538年に繁栄した新バビロニアの首都遺跡。城郭都市の内部には、『旧約聖書』に描かれたバベルの塔のモデルともいわれるジッグラト(神殿)など、数々の建造物が築かれた。

→ベルリンの[**]イシュタル門

↑バビロンのイシュタル門。1899年に始まった調査でドイツ隊が集めた破片を復元したものが右上の写真

トルコ 登録基準➔(i)(ii)(iii)(iv)

ハットゥシャ：ヒッタイトの首都

ハットゥシャは、紀元前17～前12世紀にアナトリアに君臨したヒッタイト王国の首都。城塞や神殿、城壁などが残り、王国の繁栄を伝える。

城壁内を守るとされるライオンの門

Notes ＊＊イシュタル門は、バビロンの2つの神殿を結ぶ通りにあった。ドイツの調査隊が、レンガの破片を集めてベルリンへ送り、復元された青の焼成レンガの門は、ベルリン美術館に展示されている

インダス文明に始まる古代インド

インダス文明の特徴は優れた都市計画

紀元前2600年頃、インダス川流域におこった**インダス文明**の特徴は、綿密な**都市計画**に基づく町づくり。パキスタンにある、モヘンジョダロやハラッパー遺跡が計画性の高さを今に伝えている。

町には沐浴場や穀物倉が設置され、沐浴場からの排水路も整備されていた。遺跡からは、未だ解読されていない**インダス文字**や、彩文土器、印章なども発掘されている。また、遺跡からは、後のヒンドゥー教の主神、シヴァ神の原型と思われる像も見つかっている。

しかし、原因は解明されていないが、前1800年頃、インダス文明は衰退していった。

身分制度が確立したヴェーダ時代

紀元前1500年頃、アーリヤ人*が中央アジアから進入を始め、やがてガンジス川上流域へ移動した。青銅器に代わり、鉄製の道具を使用して森林を開墾し、稲の栽培も始めた。彼らは先住民とともに、定住の農耕社会を形成し、生産に従事する層と、従事しない支配層に分かれ、**ヴァルナ制**(左図)と呼ばれる、4層の身分制度を確立した。後にインドの社会制度を確立した。

★インダス文明とヴェーダ文化

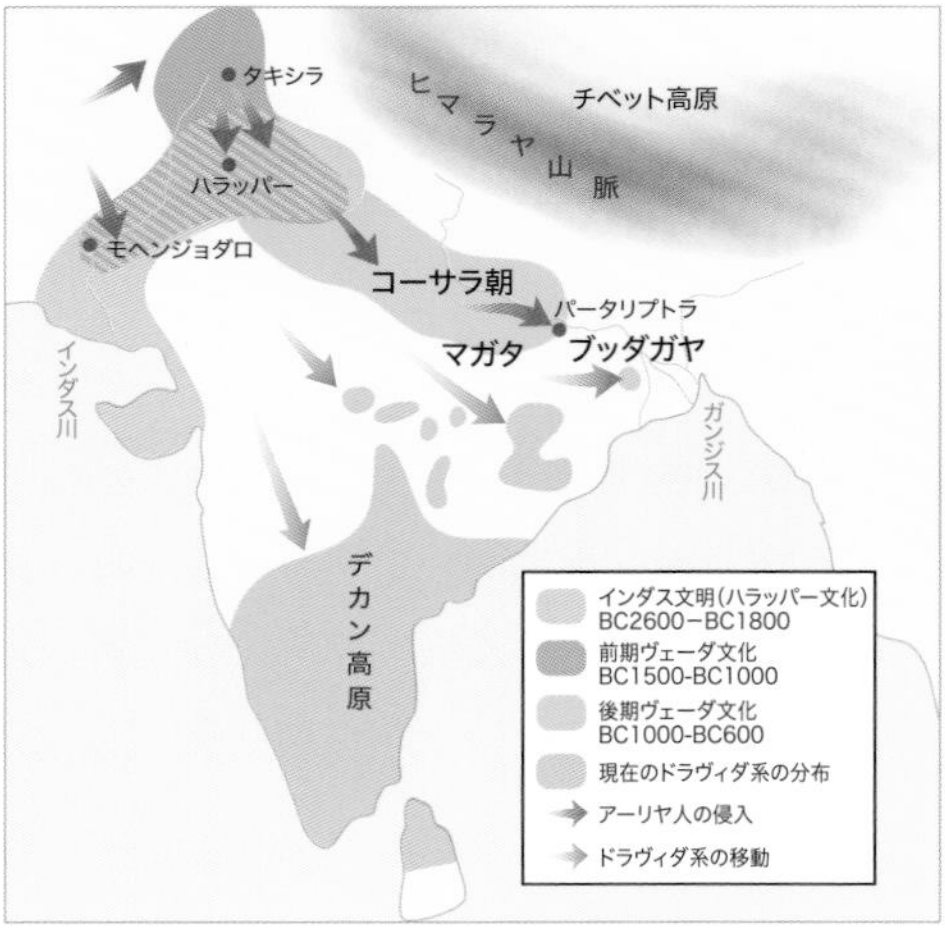

インダス文字

印章や土器などに陰刻された。400字ほど発見されたが、長文が出土しておらず未解読

Keywords
★インダス文明
★都市計画
★インダス文字
★ヴァルナ制
★バラモン教
★ヴェーダ時代
★仏教

時代

BC2600〜BC400年頃

エリア

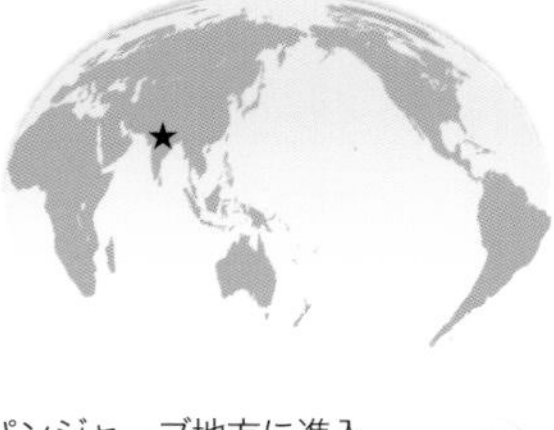

Notes ＊アーリヤ人は、インド=ヨーロッパ語族系の牧畜民で、インド西北部のパンジャーブ地方に進入。雷や火などの自然神を崇拝していた。農耕社会へ移行する過程で身分の差が生じた

示すカースト制に発展していくものだ。**バラモン教**の司祭が最上位にあるこの時代は、聖典『ヴェーダ』に基づき、**ヴェーダ時代**と呼ばれ、前600年頃まで続いた。

古代インドで生まれた仏教

前6世紀頃、政治・経済の中心地はガンジス川上流から中・下流域に移動し、複数の都市国家が登場。武士や商人の支持を得て、新たな宗教が生まれた。**仏教**の誕生である。開祖ガウタマ・シッダールタ**は、ヴァルナ制を否定し、輪廻転生からの解脱の道を説いた。同じ頃、苦行と不殺生を唱えるジャイナ教も生まれた。

前4世紀には、アレクサンドロス大王の西北インド進出に刺激され、インド初の統一王朝マウリヤ朝が成立。最盛期を築いたアショーカ王は、仏教を保護した。

ヴァルナ制

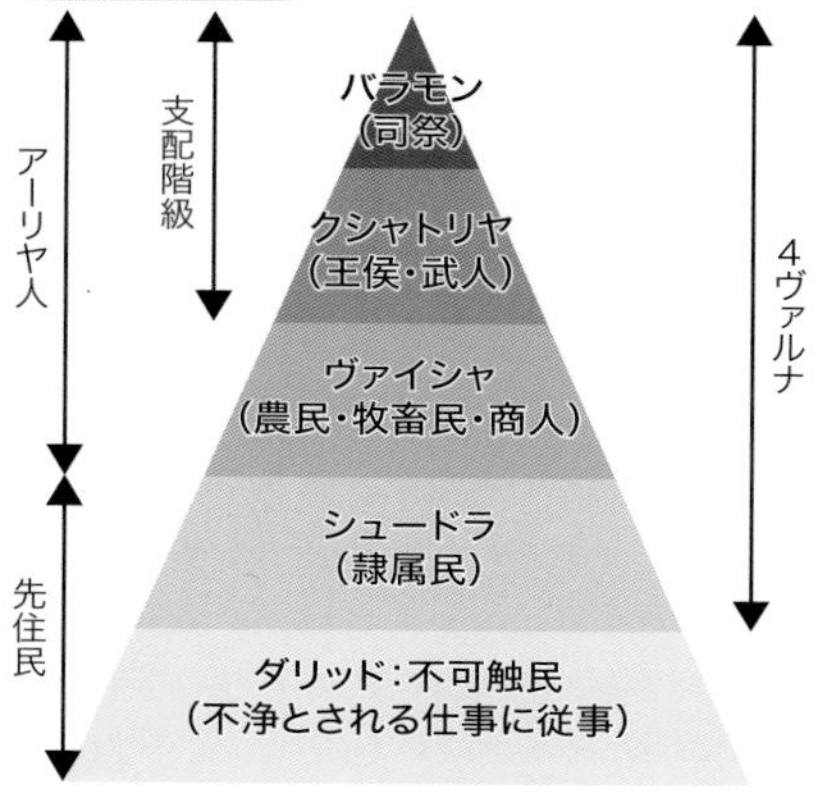

ヴァルナ制は、バラモン教の司祭を最上位に4層の身分階層からなる

ハラッパー遺跡

パキスタン中央部、ラービ川左岸にあるインダス文明の都市遺跡

インドの哲学と宗教

	成立	教義	展開
バラモン教	アーリヤ人の原始宗教をもとに成立	・『ヴェーダ』を聖典とし、犠牲を中心とする祭式を重視 ・バラモンが祭祀をつかさどる	ヴァルナ制は、インドにおけるアーリヤ人の優位性を確立
ウパニシャッド哲学	バラモン教の内部革新からおこった思想	・宇宙の根本原理(梵)と個人の根本原理(我)の合一による、輪廻転生からの解脱が目標	輪廻転生と業(カルマ)の思想が、以後のインドに大きな影響を与えた
ジャイナ教	開祖はヴァルダマーナ	・バラモン教の祭祀と階級制度を否定 ・不殺生主義 ・苦行による解脱が目標	特に商人に広まる
仏教	開祖はガウタマ・シッダールタ(ブッダ)	・八正道(中道実践の8つの徳目)により、「諸行無常」の真理を認識し、涅槃を目標とする	王侯や武人からの支持を受け広まる
ヒンドゥー教	バラモン教と土着の民間信仰が融合	・輪廻転生からの解脱が目標 ・聖典は『ヴェーダ』『マヌ法典』など	階級を否定せず、カースト制成立の背景になる

Notes　**ガウタマ・シッダールタの尊称はブッダ。バラモン教が重視した、動物を犠牲にする供犠を否定。「輪廻転生」とは、生前の行いによって死後に別の生を受ける過程が繰り返されるという考え

パキスタン 登録基準↓(ii)(iii)

モヘンジョダロの遺跡群

インダス川流域に栄えた世界最古の計画都市

モヘンジョダロは、紀元前2300年頃に栄えたインダス文明最大の都市遺跡。約1.6km四方の敷地内の西側に城塞地区、東側に市街地区があり、4万人が暮らしていたとされる。城塞地区には公共の建物が並ぶが、王宮や神殿などはなく、強大な権力者が存在しなかったという説もある。一方、市街地区の街路は碁盤目状で、レンガ造りの住宅が並ぶ。住宅には浴室や井戸、トイレが設置され、衛生環境も良かった。前1800年頃、短期間で衰退した。

浄化のための大沐浴場

町の西側の城塞地区にあり、大きさは7m×12m、深さ2.4mのプール状の施設。沐浴施設のみならず、宗教的祭儀に用いられたとも考えられている。排水路も完備されていた

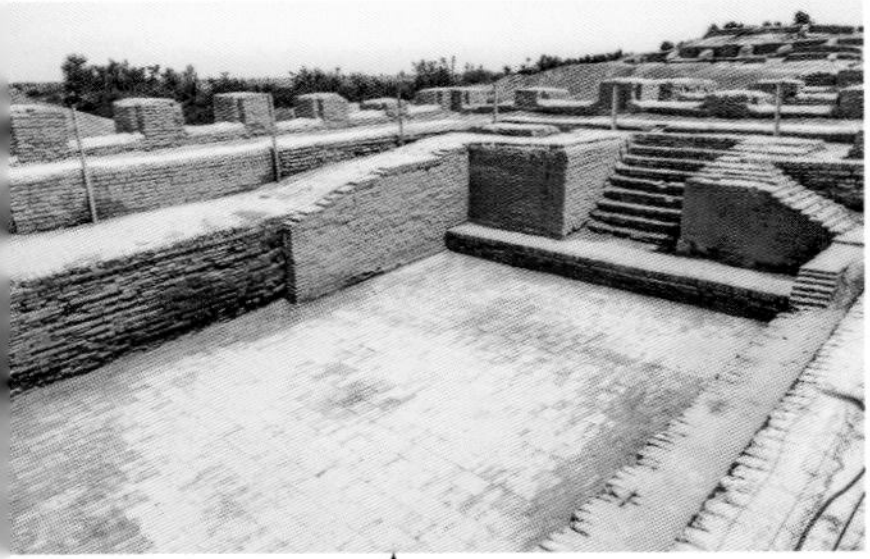

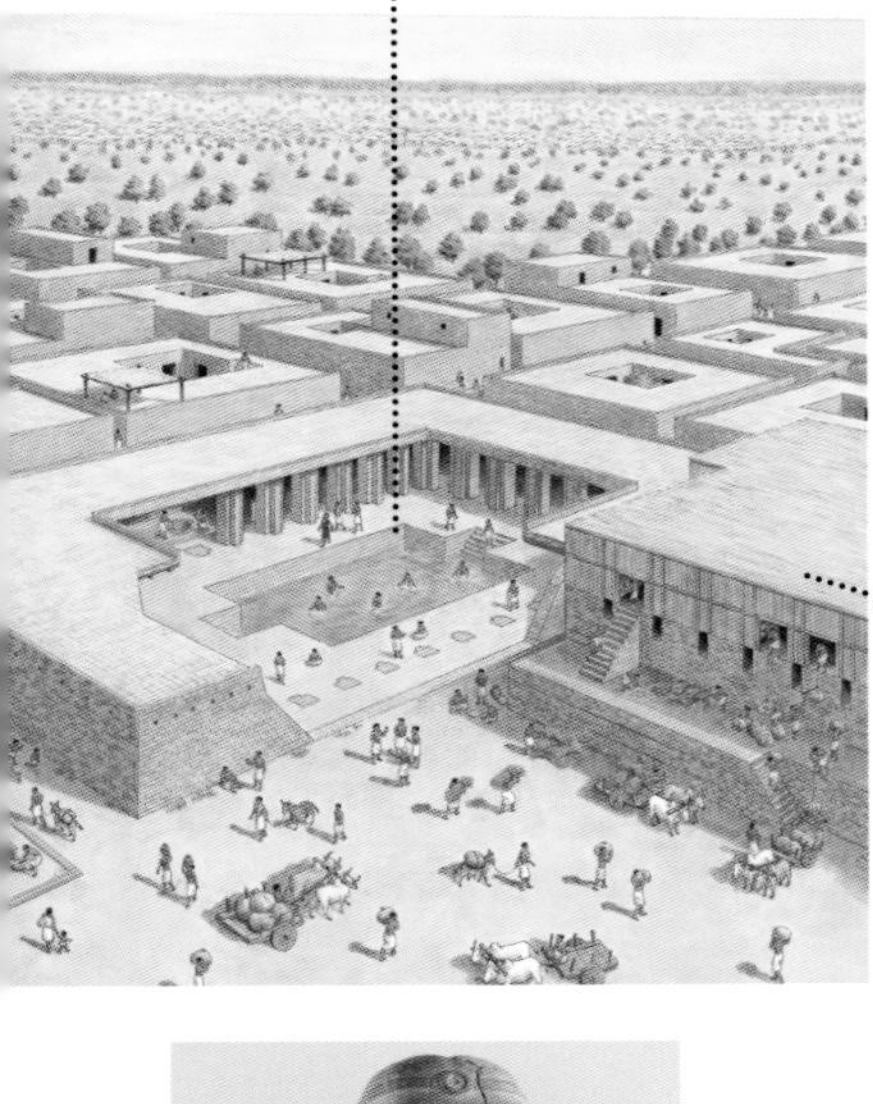

インダス川で運ばれた穀物を保管した穀物倉

死者の丘

城塞地区にある、巨大なストゥーパ(仏塔)。後世のクシャーナ朝時代につくられたと考えられている

神官王像

凍石(柔らかい鉱物である滑石の一種)に彫られた胸像で、モヘンジョダロを代表する出土品。メソポタミアの支配者の姿に似ていることが名の由来

ムンディ's Eye インダス文字はまだ未解読で、「死者の丘」を意味するモヘンジョダロという言葉も、当時の街の名ではありません。解読に成功すれば多くの謎が解明され、世紀の大発見となるでしょう。

Notes モヘンジョダロ周辺の農業は、氾濫農耕だったといわれる。ヒマラヤの融雪で増水した、インダス川の氾濫を利用した。氾濫がもたらす有機物が肥料になり、減水した秋が種まきの季節となった

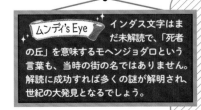

パキスタン 登録基準➔(iii)(vi)

タキシラ

→第3都市「シルスフ」の寺院に施された彫刻

紀元前6〜後6世紀までシルクロードの隊商都市として栄えた。3つの都市遺跡と数多くの仏教寺院や神殿からなる。

ガンダーラ最大最古の*ダルマラージカ寺院の仏塔

パキスタン 登録基準➔(iv)

タフティ-バヒーの仏教遺跡群

2世紀中頃、クシャーナ朝のカニシカ王によって建てられたタフティ・バヒー寺院などの仏教遺跡と、都市遺跡サリ・バロールからなる。ガンダーラ平野を見下ろす丘に、各地から参詣者が訪れていた。

建物の多くは焼成レンガ造りの2階建て。レンガで舗装された幅10mの大通りなど、街路は碁盤目状に走り、区画ごとに建物がまとまっていた

井戸と下水溝

焼成レンガを積み上げて造られている。大きな家にはもちろん、多くの住宅の中庭に、このような井戸が備えられており、使用後の水の排水路も確保されていた

↑下水道にはふたが付いており、さらに大きな下水道へとつながっている　↓下水構は定期的に清掃された

Notes　＊タキシラのビールの丘にあるダルマラージカ寺院は、アショーカ王が建設したもの。高さ15m、直径50mの巨大なストゥーパ(仏塔)をはじめ、多くの僧院や祠堂などの遺構がある

古代中国・黄河文明から前漢王朝まで

早くから農耕が発展した古代中国

　黄河流域では紀元前6000年には、アワなどの雑穀を栽培する**農耕**が行われ、前5000年には、数百人規模の村落が生まれていた。黄河*中流域では前3000年頃までに、彩文土器を特徴とする新石器文化の仰韶《ぎょうしょう》文化が発展。その後、黄河下流域では、城壁に囲まれた大規模な集落が形成され、黒陶や灰陶を使用した土器がつくられた。羊や牛の飼育も行うこの文化は、竜山《りゅうざん》文化と呼ばれる。

　同じ頃、長江*流域では稲作を中心にした農耕が始まり、水田をともなう集落が形成されていた。埋葬の跡から、すでに強力な支配層がいたこともわかっている。

始皇帝がつくった王朝の歴史の基礎

　中国最古の王朝、殷《いん》が登場したのは前1600年頃。**殷墟**(↓P25)の遺跡から**甲骨文字**や王墓などが発見された。その後、封建制を基礎とする周王朝を経て、長い戦乱期である春秋・戦国時代に突入した。春秋・戦国時代には農業技術や貨幣経済が発展。諸子百家といわれる多くの思想家が登場した。**孔子**を祖とする儒家思想が体系化されたのもこの時代の末期だ。

Keywords

★黄河文明　★農耕
★殷墟　★甲骨文字
★孔子　★始皇帝

時代

BC6000年頃～
AD220年頃

エリア

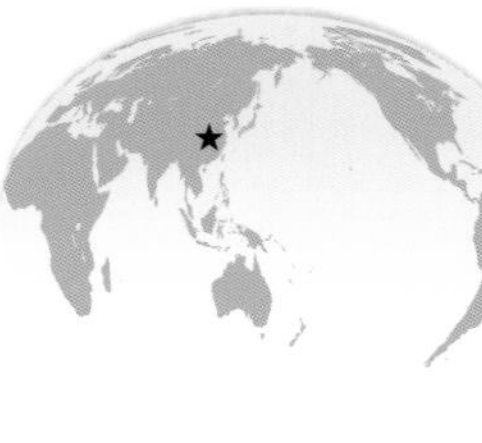

★黄河文明がもたらしたもの

青銅器

殷の時代、青銅器は祭祀用の酒器や食器に使われ、秦代には円形や刀形などの青銅貨幣が登場した

農耕

黄河流域では雑穀を中心とする畑作が始まった。また、降水量が多い長江流域では稲作が行われた

甲骨文字

亀甲や牛の肩甲骨などに小刀で刻んだ文字で、最古の漢字とされる。亀甲などを火であぶってできたひび割れで占い、その結果を文字で記した

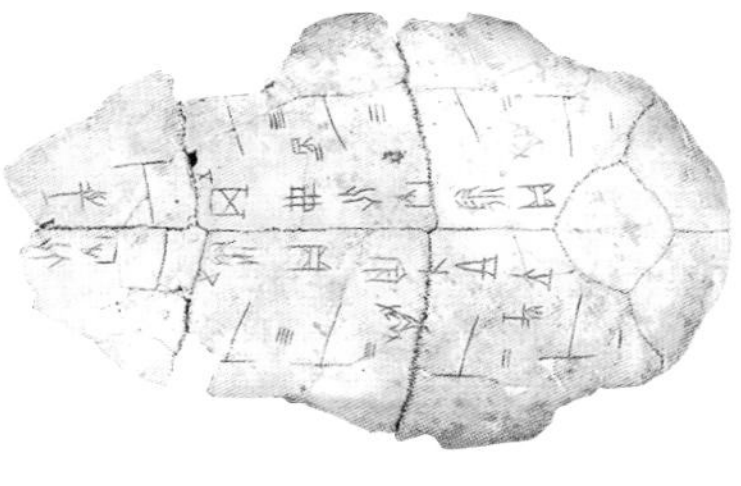

Notes ＊黄河は全長5460kmの中国第二の大河。長江はチベット高原を源とする全長6300㎞の中国最長の大河で、別名は揚子江。黄河流域の仰韶文化は河南省、竜山文化は山東省の遺跡名が由来

前221年に秦の**始皇帝**(↓P24)が初めて中国を統一。始皇帝は皇帝の称号を採用し、貨幣や度量衡、文字を統一し、中央集権化を推進。北方では、匈奴**の侵入に対抗するため長城を建設した。急激な統一政策と土木事業が及ぼした影響は大きく、始皇帝の死後、各地で反乱がおき、わずか15年で王朝は滅亡。庶民出身の劉邦《りゅうほう》が漢王朝(前漢)をたてた。秦や漢の政策や制度は、後の中国王朝の基盤となった。

古代中国年表

黄河・長江文明	石器時代	BC5000頃	●長江下流域に河姆渡《かぼと》(彩陶)文化(～BC3000頃)、黄河流域には仰韶文化がおこる
		BC3000頃	●黄河流域に竜山(黒陶)文化(～BC1500)、長江流域に良渚《りょうしょ》文化がおこる
夏			●中国初の王朝と伝えられる夏王朝がおこる
殷		BC1600頃	●殷が成立。神権政治始まる
		BC1400頃	●殷(商)が殷墟に遷都
周(西周)		BC1050頃	●殷を倒し、鎬京《こうけい》を都として周(西周)が成立
		BC770	●洛邑《らくゆう》に遷都し、東周が成立(～BC256)
春秋時代		BC651	●斉の桓《かん》公が覇権を握る
			●その後、春秋の五覇の時代
		BC551	●孔子が魯《ろ》国に生まれる(～BC479)
		BC453	●晋が分裂
			●この頃、鉄製農具を使った牛耕農法が始まる
戦国時代		BC403	●戦国時代の始まり。戦国の七雄(斎・楚・秦・燕・韓・魏・趙)の攻防(～BC221)
		BC333	●蘇秦《そしん》が秦をのぞく六国と同盟を結び、秦に対抗
		BC256	●東周が秦に滅ぼされる
秦		BC221	●秦の始皇帝が中国を統一
		BC206	●秦が滅亡する
前漢		BC202	●劉邦が即位し、前漢が成立
			●長安を都とする
		BC141	●武帝が即位(～BC87)さまざまな政策を実行し、最大版図を築く
		AD8	●前漢滅亡

黄河・長江文明地図

秦時代の領土

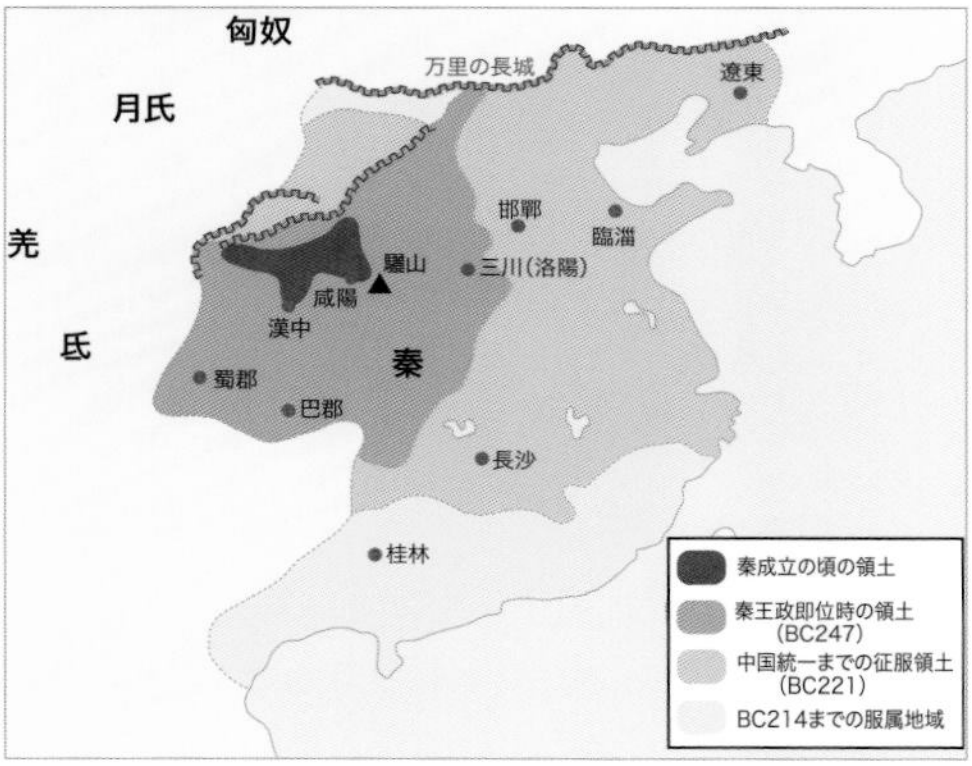

Notes ＊＊匈奴《きょうど》とは、紀元前3世紀末から紀元後1世紀まで、モンゴル高原から北アジアを中心に活躍した遊牧騎馬民族であり、彼らが形成した国家。戦国時代の諸国の秦・前漢にとっての脅威であった

中国

登録基準→(i)(iii)(iv)(vi)

秦の始《し》皇《こう》陵《りょう》

皇帝の絶大な権力を示す地下の大軍団

現在の西安郊外にある始皇陵は、初めて中国統一を遂げた秦の始皇帝の陵墓。1974年、陵墓*の東側から6000体以上の兵馬俑《へいばよう》や青銅製武器などが発掘された。兵馬俑とは、兵士や軍馬をかたどった陶製の像で、副葬品の一部。兵士の顔が写実的で、すべて異なることから、実際の兵士がモデルと考えられている。完成は紀元前208年。1日に70万人が造営にあたったとされ、当初の規模は東西940m、南北2165mに及んだという。兵馬俑坑は、現在までに4つ発見されている。

2号銅車馬

1980年に始皇陵の墳丘の西側から2両の銅車馬が出土した。写真は、始皇帝が乗った馬車の模型である2号銅車馬。総重量1241kg、高さ1.06mで3562の部品からなる精緻な遺物である

Column

始皇帝ってどんな人？

法治主義をとり、封建制を廃止して、郡県制を敷き中央集権化を実施。文字や通貨を統一し、万里の長城を建設した

ムンディ's Eye 万里の長城には多くの観光ポイントがありますが、「慕田峪長城」がオススメです。観光客が多い「八達嶺長城」よりも人が少なく、時には壮大な万里の長城を独り占めできます。

Notes ＊完成時の陵墓の総面積は、204万㎡に及んだという。また、文献によると、陵墓がある墳丘の地下には、巨大な地下宮殿もあったとされるが、現在のところ、未発掘である

中国 登録基準→(ⅱ)(ⅲ)(ⅳ)(ⅵ)

殷《いん》墟《きょ》

北京の南約500㎞の場所にある、前1300年頃～前1046年に栄えた古代殷王朝の都市遺跡。甲骨文字や王墓、大きな宮殿など、貴重な遺物や遺構が発掘された。

馬車坑には、副葬品の戦車や馬も

中国 登録基準→(ⅰ)(ⅱ)(ⅲ)(ⅳ)(ⅵ)

万《ばん》里《り》の長城

異民族の侵入を防ぐために築かれた約3000㎞の城壁。秦の始皇帝が整備・統合して以来、歴代王朝により、17世紀まで増改築が繰り返された。

「月から見える唯一の構造物」とも

中国 登録基準→(ⅰ)(ⅳ)(ⅵ)

曲《きょく》阜《ふ》の孔《こう》廟《びょう》、孔《こう》林《りん》、孔《こう》府《ふ》

孔子の生誕地で、終焉の地でもある曲阜にある3つの遺構。孔子を祀る孔廟、一族の住居兼役所である孔府、一族の墓地、孔林からなる。

清の雍正《ようせい》帝が再建した孔廟の大成殿

兵馬俑の制作プロセス

①粘土を準備
陶俑(陶製の人形)であることから、まず粘土をこねて材料を準備する

②部位をつくる
粘土を切り分け、腕、脚など、体の部位ごとに整え、型に入れて各部位を作成

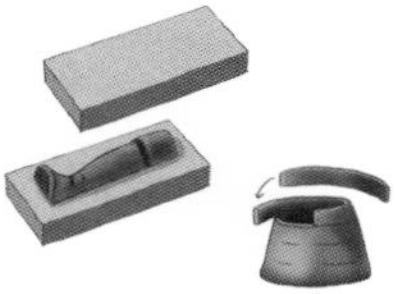

③組み立てる
細長くした粘土をらせん状に巻いて胴体をつくり、各部位を胴体に取り付ける

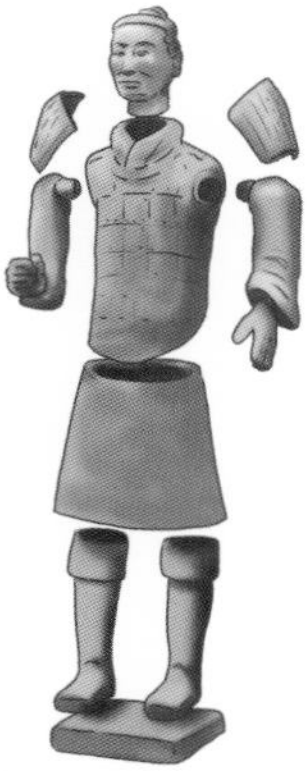

④頭部をつくる
粘土を型に入れて頭部を作成。一体ずつ異なる顔と位に合う被り物を彫る

⑤焼く
頭部と体を分けて、大型の窯で焼く。黄土の洞窟を窯にしたともいわれる

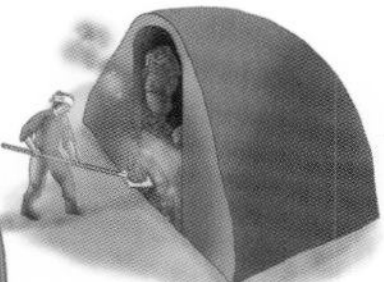

⑥着色
部位を合体し、漆で塗った後、鮮やかな顔料で着色

⑦完成
表情だけでなく、被り物や服装も、各兵士の位や役割によって使い分けられた

Notes ＊＊兵馬俑の顔には、四角い漢民族系や鼻が高い北方系などが混在するため、始皇帝が征服した地から集めた混成部隊とされる。位により髪形などが異なるが、実際の身長より高めなのは共通

エーゲ文明と都市国家古代ギリシア

東地中海で生まれたエーゲ文明

エーゲ文明は、紀元前2000年頃誕生。まずクレタ島で栄え、壮大な宮殿が次々と建てられた。前1600年頃、ギリシア本土におこった**ミケーネ文明**でも巨石王宮を中心とした小王国が分立、戦闘的とされ、クレタからトロイアまで勢力を拡大。トロイアは前2600年頃、小アジアにおこった古代都市であり、トロイア戦争で衰退したものの、町はローマ時代まで続いた。前1200年頃、ミケーネ文明が滅亡すると、エーゲ海はしばらく暗黒時代に入った。

★エーゲ文明

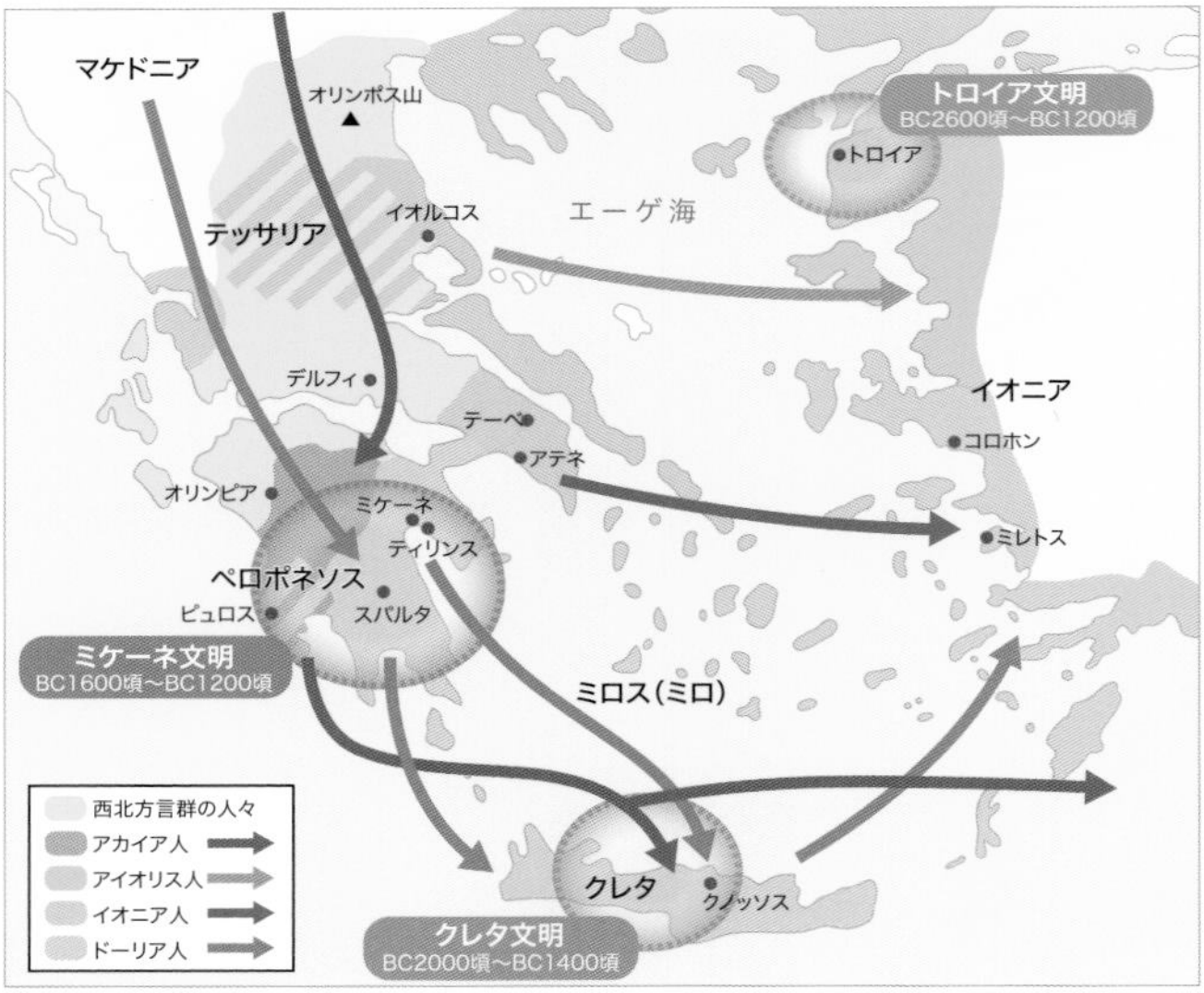

★エーゲ文明の特徴

	クレタ文明	ミケーネ文明	(トロイア文明)
時期	前2000～前1400頃	前1600～前1200頃	前2600～前1200頃
中心地	クノッソス、ファイストス	ミケーネ、ティリンス	トロイア
政治	王が中心	小国家が分立	王が中心
美術	彩色土器、壁画	抽象・幾何学模様の陶器、壁画	顔や動物をかたどった壺など
発見者	エヴァンス(イギリス)	シュリーマン(ドイツ)	シュリーマン(ドイツ)
文字	聖刻文字、線文字A	線文字B	
滅亡	アカイア人により滅亡か?	「海の民」により滅亡か?	アカイア人により滅亡

Keywords
★エーゲ文明
★ミケーネ文明
★クレタ文明
★トロイア文明
★ポリス
★アテネ
★スパルタ

時代

BC2600年頃～AD148年

エリア

Notes ＊各ポリスは小規模なものが多く、中心の都市と周辺の農耕地からなる。都市はアクロポリス(城山)の周りに人々が集まって暮らし、アゴラ(広場)が都市の中心であった

ポリスの発展でギリシア文化が開花

ギリシア世界が再び歴史に登場するのは前8世紀。エーゲ海周辺のポリス*(都市国家)の1つ、**アテネ**では身分闘争の末、市民の選挙による民主政が始まった。前5世紀にペルシアの侵攻を受けるが、撃退に成功。戦後、ペルシア再来に備えデロス同盟が結ばれた。同盟の中心となったアテネはギリシア世界の覇権を握った。

ギリシア人たちは盛んに植民活動を行い、ポリス間で言語や神話を共有した。オリンポスの神々を信仰し、各地に神殿を建設。オリンピアの祭典も行われた。哲学者ソクラテスやプラトンが誕生し、ギリシア文化が成熟していく。しかし、アテネと**スパルタ**の抗争に端を発したペロポネソス戦争**を経て衰退へ向かっていった。

★ギリシア人の植民活動

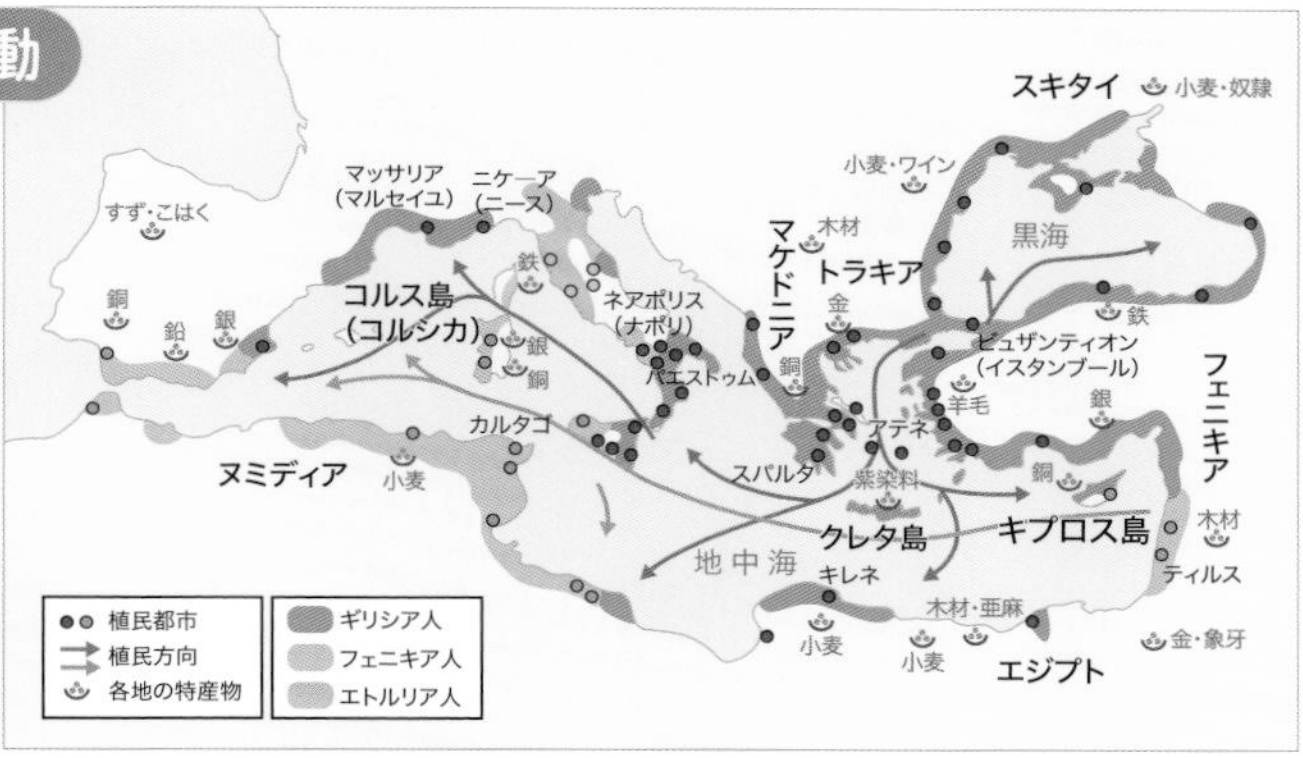

パエストゥム

イタリア南部にあるパエストゥムは紀元前7世紀にギリシアの植民都市として建設された。神殿などが残る

★ギリシア美術

壺

幾何学模様などが施された取っ手つきのアンフォラ

金製品

ミケーネ文明を中心に金製品が数多くつくられた

ゼウス像

オリンポス12神の主神ゼウス像(ポセイドン像ともいわれる)。人体の骨格や筋肉表現に正確さを求めた前460年頃の作

パルテノン神殿の彫刻

パルテノン神殿の破風に施されたフェイディアス作の神々の群像は、ギリシア彫刻最高峰とされる。19世紀初頭にイギリスに持ち出された。大英博物館蔵

アテナ像(復元)

パルテノン神殿にあった主神アテナ像の小型模刻像。前438年に彫刻家フェイディアス制作の原作は失われた

Notes　**ペロポネソス戦争(前431〜前404年)とは、デロス同盟の盟主アテネと、それ以前からあったスパルタを盟主とするペロポネソス同盟との間で起きた二大勢力による対立

トルコ　登録基準→(ii)(iii)(vi)

トロイアの古代遺跡

シュリーマンの発見で蘇った町

ギリシアの詩人、ホメロスの叙事詩『イリアス』に、トロイア戦争の舞台として登場する古代都市トロイア。この都市の実在を信じたドイツ人考古学者ハインリヒ・シュリーマン*が、1870年に発掘を開始し、3年後に遺跡を発見。9層からなる遺跡は一時代のものではなく、各時代の層に住居跡、城壁、劇場などが点在する。古い順に第1市から第9市と区分され、シュリーマンが発見したのは、紀元前2400～前2200年の第2市で、ホメロスのトロイアよりはるかに古い遺跡だとわかった。

第9市はローマ時代に建設された。半円形劇場が残る

折り重なる9つの町

海岸から約5km内陸のヒッサリクの丘には、紀元前3000～後500年までの9つの層が折り重なるように残っている

トロイアが最も繁栄していた時期の第6市の様子

第9市にある「聖域」。女神像を安置する祭壇があった

ムンディ's Eye

トロイアといえば、ミケーネを中心とする遠征軍が、木馬を使った計略によりトロイアを陥落させたという「トロイの木馬」のエピソードが有名です。現地にもそれを模した木馬があります。

Notes　＊シュリーマン(1822～1890)は、貿易商を経て、41歳で引退。世界旅行の後、パリで考古学を学んだ。トロイア遺跡の発掘調査と並行して、ミケーネやティリンスの発掘も行なった

ギリシア 登録基準↓(i)(ii)(iii)(iv)(vi)

アテネのアクロポリス

アテネ中心部のアクロポリスには、古代ギリシア最盛期の前5世紀頃の、都市国家アテネの栄華を示す、神殿や劇場の跡が残っている。「パンアテナイア大祭」**が行われたのもここ。

パルテノン神殿

前438年完成のアクロポリスの象徴。ドーリア式とイオニア式が融合した古代ギリシア建築の最高峰

←切妻屋根の三角破風にある、神々の像の彫刻の模刻

オデイオン

アクロポリスの南西斜面にある、後161年に竣工した音楽堂。6000人を収容

エレクテイオン

アテナ像を祀る神殿。6体の女性を象った大理石像のカリアティードが特徴的

ギリシア 登録基準→(i)(ii)(iii)(iv)(vi)

ミケーネとティリンスの古代遺跡群

ミケーネ文明を代表する都市遺跡。ミケーネからは黄金のアガメムノンのマスク、ティリンスからは宮殿や地下通路などが発見されている。

6基の竪穴墳墓のひとつ円形墳墓A

ギリシア 登録基準→(i)(ii)(iii)(iv)(vi)

オリンピアの古代遺跡

古代オリンピック誕生の地。紀元前456年に完成したゼウス神殿や前600年頃に建てられたヘラ神殿のほか、迎賓館や宿泊施設など、競技関連施設が立ち並ぶ。

ヘラ神殿にある高さ約5mの円柱

ギリシア 登録基準→(i)(ii)(iii)(iv)(vi)

デルフィの古代遺跡

予言の神アポロンを祀る聖地として栄えた紀元前8〜前4世紀の建造物が残る。「世界のへそ」として知られたが、後4世紀に衰退。標高300mに2つの聖地がある

アテナ・プロナイアの聖地

Notes ＊＊パンアテナイア大祭とは、「アテナ女神の大祭典」の意。4年に一度、8日間にわたり、人々が神々と交感する祭り。パルテノン神殿の神室上部のフリーズには、その様子が描かれている

地中海周辺を中心に世界を支配した古代ローマ帝国

小国から大帝国へ飛躍そして衰退

小国家から始まったローマは、**ポエニ戦争**などを経て紀元前1世紀末には、地中海を支配。前27年に**共和政**から**帝政**に移行した後、約200年間は**パクスロマーナ**（ローマの平和）の時代が訪れ、2世紀の**五賢帝**時代には、イギリス南部にまで領土を最大に広げた。しかし、3世紀に入ると、多くの皇帝が即位しては殺害される軍人皇帝時代に入り、ゲルマン人やササン朝など異民族の侵入も始まって、次第に衰退。395年、帝国は東西*に分裂した。

パクスロマーナの背景と実態

パクスロマーナの時代には、ローマの上層市民は浴場に通い、円形闘技場で剣闘士の戦いを、劇場で演劇を楽しみ、宴会に興じることができた。こうした生活は奴隷制によって支えられているものだった。また、失業した農民などからなる都市の下層民は、穀物の施しや闘技場での見世物（パンとサーカス）を求め、有力政治家は彼らの不満をそらすためにそれらの施しを行った。

ローマでは**土木・建築の技術**が発展し、各地に遺跡が残っている。

★古代ローマを支えた五賢帝

ネルウァ帝

66歳で即位。元老院と協調して政治を再建

トラヤヌス帝

領土を最大にしたほか、水道事業にも尽力した

ハドリアヌス帝

帝国内をくまなく視察し、各地に防壁を築いた

アントニヌス・ピウス帝

役人の地位を安定させ、属州の負担を軽減させた

マルクス・アウレリウス・アントニヌス帝

ストア派の哲学者としても知られる。在位中に外敵の侵入が始まり、遠征中に病没

Keywords

★ポエニ戦争
★共和政　★帝政
★パクスロマーナ
★五賢帝
★土木・建築の技術

時代

BC753〜AD476年

エリア

Notes　＊395年に東西に分裂した後、西ローマ帝国は、476年にゲルマン人によって滅亡に追い込まれるが、東ローマ帝国は、ビザンツ帝国として存続。1453年にオスマン帝国によって滅亡する

ローマ帝国史

- BC753 ●伝承によるローマ建国
- BC616 ●エトルリア人、ローマを支配
- BC509 ●王政廃止、**共和政始まる**
- BC312 ●**アッピア街道**、アッピア水道の建設開始**
- BC264 ●**第1次ポエニ戦争**（～BC241）に勝利し、シチリアを最初の属州とする
- BC218 ●**第2次ポエニ戦争**（～BC201）で、名将ハンニバル率いるカルタゴを破り、西地中海の覇権を掌握
- BC149 ●**第3次ポエニ戦争**（～BC146）に勝利。アフリカ、マケドニアを属州に
- BC73 ●スパルタクスの反乱（～BC71）
- BC60 ●カエサル、ポンペイウス、クラッススによる**第1回三頭政治**、始まる
- BC58 ●**カエサルのガリア遠征**（～BC51）
- BC44 ●**カエサル暗殺**
- BC43 ●**第2回三頭政治**
- BC27 ●**オクタウィアヌス、初代皇帝アウグストゥス（尊厳者の称号の意）に**（～AD14）。**帝政期始まる**
- AD79 ●**ヴェスヴィオ山の大噴火**で、ポンペイ埋没
- 80 ●**コロッセオ建設**
- 96 ●ネルウァ帝即位（～98）
- 98 ●トラヤヌス帝即位（～117）
- 116 ●**ローマ帝国の領土が最大となる**
- 117 ●ハドリアヌス帝即位（～138）
- 122 ●**ハドリアヌスの長城建設**始まる
- 138 ●アントニヌス・ピウス帝即位（～161）
- 161 ●マルクス・アウレリウス・アントニヌス帝即位（～180）
- 212 ●アントニヌス勅令。帝国内の全自由人にローマ市民権が与えられる
- 249 ●デキウス帝が大規模なキリスト教徒迫害を実施
- 293 ●ディオクレティアヌス帝による、四分統治が始まる
- 313 ●コンスタンティヌス帝が**ミラノ勅令**を発布し、キリスト教を公認
- 330 ●**コンスタンティノープル（ビザンティウム）に遷都**
- 395 ●**ローマ帝国が東西に分裂**
- 476 ●西ローマ帝国滅亡
- 1453 ●東ローマ（ビザンツ）帝国滅亡

古代ローマ帝国の最大版図

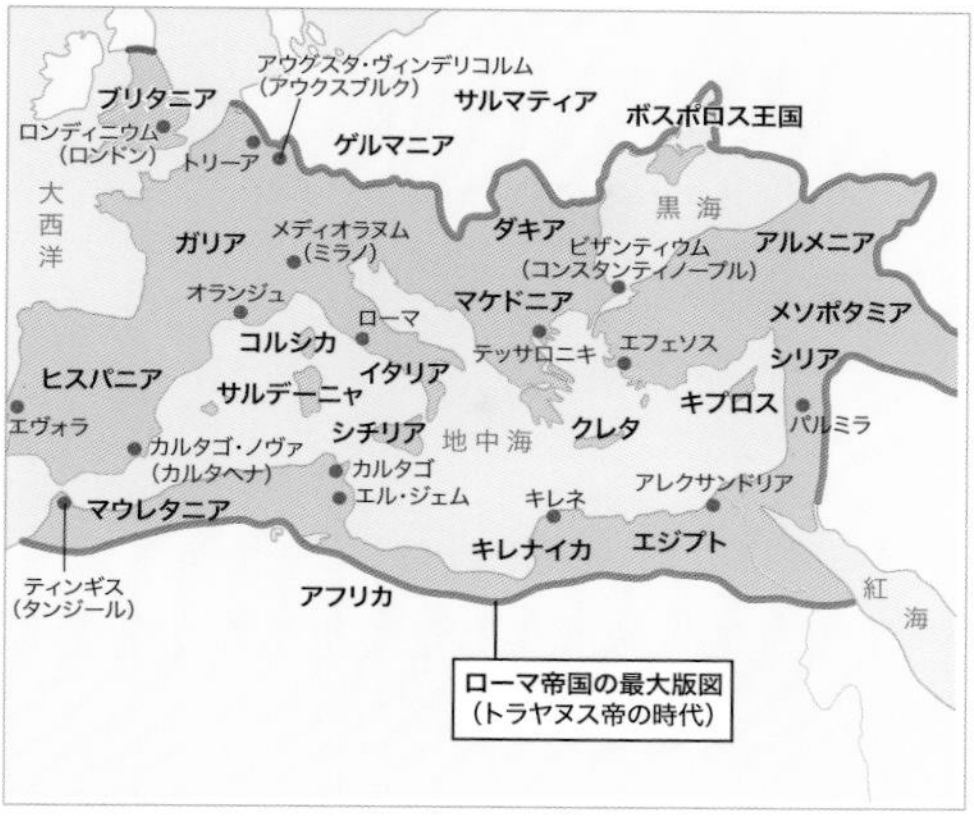

ポンペイが伝える市民生活

公衆浴場

温浴、冷水浴、サウナまで楽しめる浴場が人気だった

居酒屋

ワインや食事を提供する店があり、人々は飲食を満喫した

音楽堂

音楽会や詩の朗読会、無言劇などが開催された

パン屋

店には窯があり、焼き立てのパンが提供された

道路に水道

道路に備えられた蛇口から、いつでも水が飲めた

公設市場

公設市場を併設する公共広場（フォロ）があった

Notes ＊＊「すべての道はローマに通ず」といわれたローマの道路は、総延長8万5000kmにのぼった。紀元前6世紀から始まったローマ水道の建設は帝政期も続き、支配した各地で水道橋が見られる

イタリア 登録基準➡(i)(ii)(iii)(iv)(vi)

ローマ歴史地区

活況を呈したローマの建設事業

登録された建造物の多くが、ローマ帝国が最も繁栄した紀元前1世紀〜後3世紀にローマ市内につくられた記念建造物や公共施設の遺構。サン・パオロ・フォーリ・レ・ムーラ聖堂は、コンスタンティヌス帝の命により、伝道者パウロの殉教地に建てられた。

↑市民が集い、皇帝が凱旋し、司法や行政の場があったフォロ・ロマーノ

↑後80年完成のコロッセオ。周囲527m、高さ48.5mの巨大建築で、約5万人を収容した

←バシリカ式のサン・パオロ・フォーリ・レ・ムーラ聖堂。焼失後、1928年に原形を保ち再建

イタリア 登録基準➡(iii)(iv)(v)

ポンペイの遺跡地域

ポンペイは、後79年の*ヴェスヴィオ山の噴火により埋没。発掘により、当時の町が姿を現した。同じく埋没したエルコラーノとトッレ・アヌンツィアータでも往時の姿が蘇っている。

←公共広場の西側に立つアポロ神殿。弓を射るアポロ像が目印

↑舗装された道路には、馬車の速度制限用の飛び石も

フランス 登録基準➡(iii)(vi)

オランジュのローマ劇場とその周辺及び凱旋門

旧市街にある2つの遺構が世界遺産に登録。領土内で最大規模のローマ劇場は、約1万人を収容。凱旋門は、高さ22m、奥行き8m。

アウグストゥス帝の治世に建てられた。舞台幅は100m以上あり、音響の良さに定評がある

ムンディ's Eye ローマの衰退後、コロッセオの多くの石材が建材として持ち去られてしまいました。その分、現在は内部構造が露出し、猛獣が飼育されていた地下の構造などを見ることができます。

Notes ＊西暦79年に大噴火を起こしたヴェスヴィオ山から噴出した火柱は高さ30kmに及んだという。その時点ではまだ町に留まる者もいたが、翌日の火砕サージで町はすべて飲み込まれた

スペイン 登録基準➔(i)(iii)(iv)

セゴビア旧市街とローマ水道橋

ローマ帝国時代に建設された水道橋は、全長813mで、1906年まで使われていた。旧市街の王宮はローマ時代の城塞を基礎に増改築され、16〜18世紀建造の大聖堂は優美な姿から「大聖堂の貴婦人」と呼ばれる。

トラヤヌス帝が建造。最高地上高約28.5m、166の2層アーチが残る石造りの水道橋。18km北の川から、地中の導水路以外は勾配1%を保って町まで敷かれた

イギリス／ドイツ 登録基準➔(ii)(iii)(iv)

ローマ帝国の国境線

イギリスとドイツに残るローマ帝国の防壁。イギリスのものは後2世紀前半に建造した皇帝の名から「ハドリアヌスの長城」と呼ばれる。ドイツのものは後1世紀末にドミティアヌス帝が築き、全長約550kmに及ぶ。

「ハドリアヌスの長城」は、後122年頃、皇帝が属州維持のために帝国各地を巡回した際、ケルト系民族のピクト人の南進を防ぐ防壁として建設を命じたもの

リビア 登録基準➔(i)(ii)(iii)

レプティス・マグナの古代遺跡

ローマ帝国が築いた植民市で、アフリカ最大級の規模を誇った。この地出身の皇帝セウェルスが、自らの権威を誇示するために大規模な造営事業を展開。約4㎢の面積に30以上の建物が並ぶ壮大な遺跡である。

↑サハラの砂と乾燥した気候に守られ保存状態も良い

→セウェルス帝が新設した公共広場。自身の権力を示した、壮麗な神殿がある

レバノン 登録基準➔(iii)(iv)(vi)

ビブロス

紀元前2600年頃より地中海交易で栄えたビブロスは、アルファベットの原形であるフェニキア**文字発祥の地といわれる。前13世紀頃のビブロス王の石棺の碑文は、フェニキア文字で書かれた最古のもの。

前5000年頃の新石器時代の住居跡も残る。前2800年頃には高度な社会構造をもっており、フェニキア、ローマ、イスラームなど各時代の建造物や遺跡が残る

Notes ＊＊フェニキアとは地中海東岸の、現在のレバノン周辺地域の古代名。フェニキア人は海上交易に従事して繁栄。前12世紀頃に衰退したが、復活し、カルタゴやティルスなど、植民市を建設した

中国とローマを結んだ交易路シルクロード

ユーラシア大陸の東西を結ぶ交易路の1つシルクロード。東方の絹が西方に運ばれたため、絹の道（シルクロード）と呼ばれる。その道は各地の特産物だけでなく、キリスト教や仏教など宗教が伝播するルートとなった。

産物と文化を運んだ約8700㎞の交易路

ユーラシア大陸東端からさまざまなルートを通ってローマに向かうシルクロードを経て、ヨーロッパには絹などが、中国

中国／カザフスタン／キルギス 登録基準➔(ii)(iii)(v)(vi)

シルクロード：長安－天山回廊の交易路網

中心都市や交易拠点、交通や防衛施設、宗教施設など、3カ国に点在する33の構成資産からなる。全長5000㎞は世界遺産で最長の範囲。

シルクロードにある世界遺産をチェック!

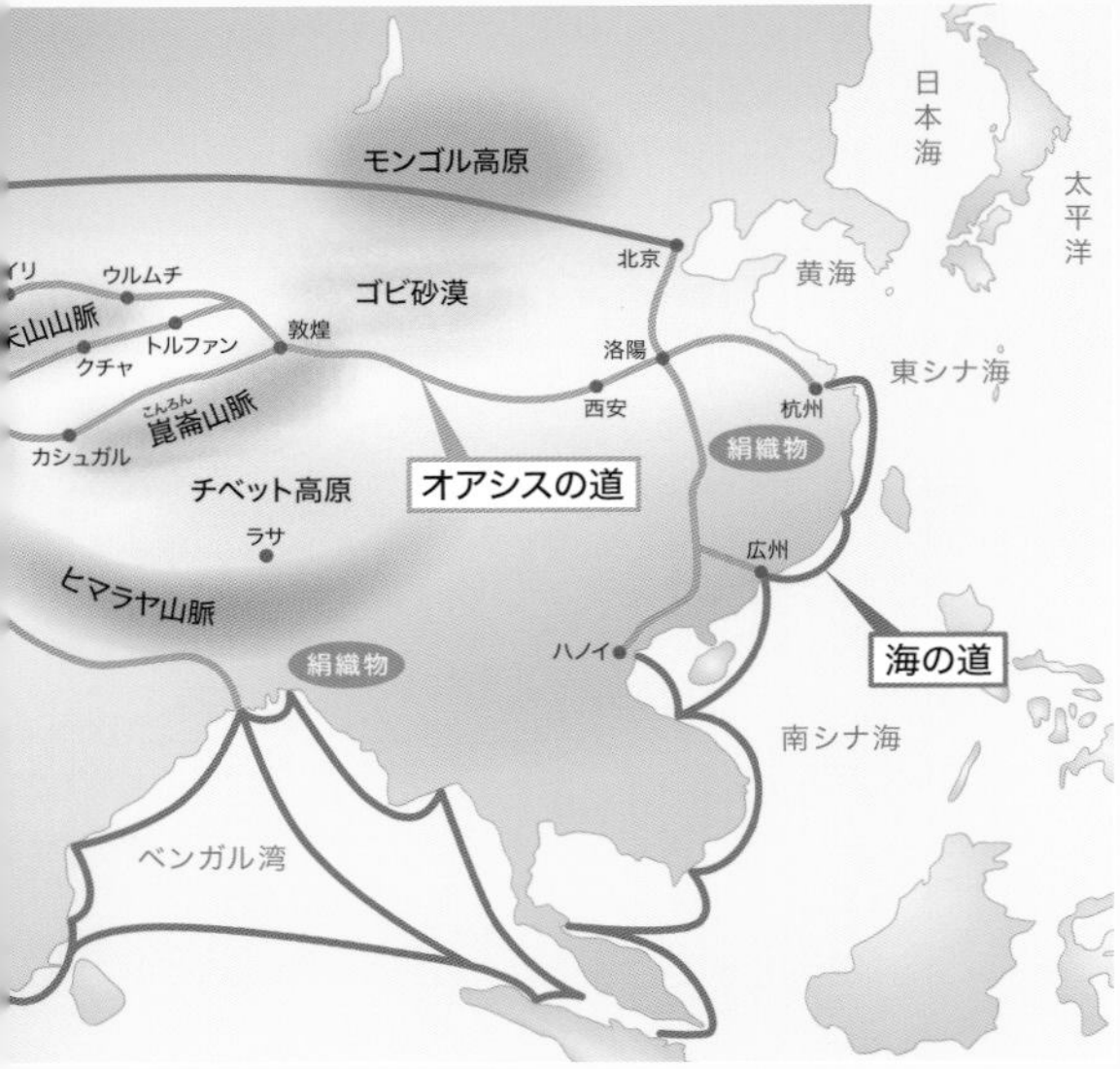

構成資産の1つで西安にある大雁塔《だいがんとう》。唐の僧、玄奘が持ち帰った経典を納めるために、652年に建てられた

交易品は？

中国から絹織物や生糸、陶磁器、茶や紙、銅銭などがヨーロッパへ伝来し、ヨーロッパからは、金銀などの貴金属や毛織物、羊や馬などの動物のほか、ガラス製品や乳香、絨毯などがもたらされた。

ウズベキスタン 登録基準➔(i)(ii)(iv)

サマルカンド-文化交差路

紀元前10世紀頃から発展した中央アジア最古の都市の1つ。東西貿易で繁栄し、8～13世紀に建てられた壮麗なイスラーム建築が残る。

中国 登録基準➔(i)(ii)(iii)(iv)(v)(vi)

莫高窟《ばっこうくつ》

莫高窟は、シルクロードの分岐点、敦煌《とんこう》近郊にある石窟遺跡。インドから中央アジアを経て伝えられた仏教が、中国へ伝播する拠点となった。（→P82）

へは羊毛や金、銀、キリスト教などがもたらされた。シルクロードは、インドで誕生した仏教が中国へ伝来する上でも大きな役割を果たした。全シルクロードのうち約5000kmの範囲にある、紀元前2世紀から後1世紀につくられた建造物が世界遺産に登録されている。

どんな人々が関わった?

オアシスに住むイラン系で商業活動に長けていたソグド人やトルコ系、モンゴル系からヨーロッパ系まで実に多くの民族が関わっている。右の写真は騎馬遊牧民のスキタイ人の金製の櫛。

どんなルートがあった?

最古の南方路で敦煌から天山山脈周辺を通る「オアシスの道」と、モンゴル高原を通る「草原の道」が代表的。南方路のさらに南の崑崙《こんろん》山脈沿いを通る道やヒマラヤ山脈の南を通る道のほか、海上の「海の道」もある。

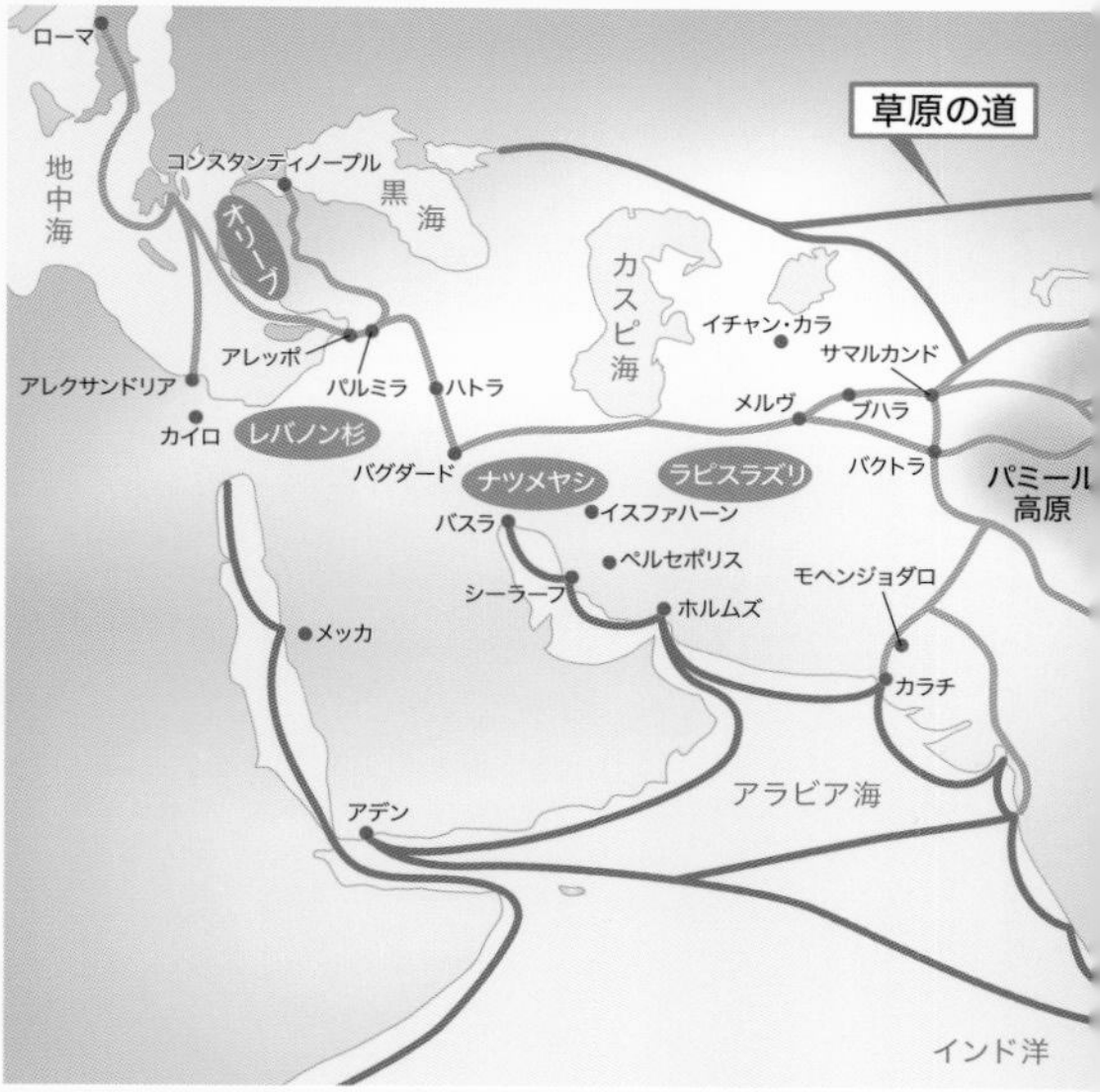

シリア 登録基準➔(iii)(iv)

古都アレッポ

紀元前2世紀からシルクロードの要衝として栄えた町。総延長12kmでオリエント最長のスーク(市場)には、隊商宿もあり、当時の繁栄を伝えている。

シリア 登録基準➔(i)(ii)(iv)

パルミラの遺跡

シリア砂漠中央にあるオアシス都市パルミラは、紀元前1世紀〜後3世紀にシルクロードの隊商都市として繁栄を極めた。ローマ帝国時代の建造物が残る。

イラク 登録基準➔(ii)(iii)(iv)(vi)

ハトラ

毛織物の生産と交易で栄えたパルティア王国の都市ハトラ。ローマ帝国の侵攻を防ぐため、直径約2kmの円形都市の周囲に二重の城壁がつくられた。

ウズベキスタン 登録基準➔(iii)(iv)(v)

イチャン・カラ

16世紀にウズベク人がヒヴァ・ハン国を建国し、シルクロードの中継点ヒヴァに都を築いた。中心部のイチャン・カラには宮殿やモスクが林立する。

メソアメリカとアンデスにおこった古代文明

メソアメリカで栄えた初期文明

　メソアメリカ初の文明は、紀元前1200年頃に成立した**オルメカ文明**だ。王や貴族などの社会階級を形成し、暦を使用。彼らが築いた神殿や巨石人頭像は、**テオティワカン文明**やマヤ文明など周辺地域に影響を及ぼした。

　前2世紀に建設されたテオティワカン文明の都テオティワカンは、綿密に設計された都市で、建造物の寸法が83cmの倍数になるよう統一されていた。400もの黒曜石*の加工所があったことから、その交易で繁栄したとされる。神殿に

★地図で見る文明分布

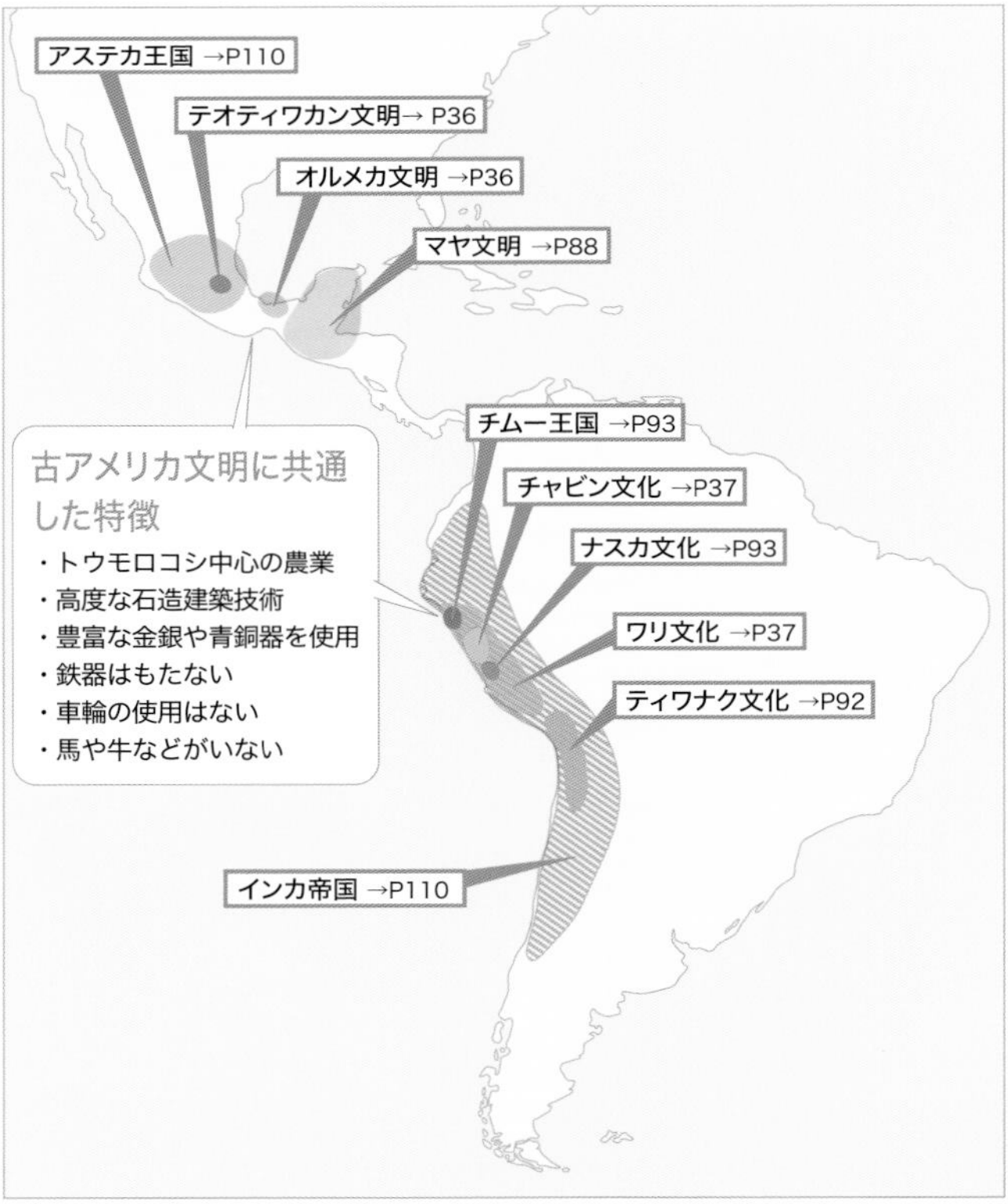

メソアメリカでは、オルメカ文明に端を発し、マヤ文明やアステカ文明が開花した。アンデス山脈周辺では、チャビン文化に始まり、ティワナク文化やインカ文明がおこった。これら古アメリカ文明にはいくつかの共通点が見られる

Keywords

★オルメカ文明
★テオティワカン文明
★チャビン文化
★石造建築

時代

BC12世紀～7世紀頃

エリア

Notes ＊テオティワカンの周辺には、黒曜石の原産地が多く分布する。鉄器が存在しなかったこの地域で、黒曜石は刃物や武器用としてだけでなく、王のシンボルや儀式用のアイテムとして重用された

彫り込まれた、水と農耕の神ケツアルコアトルの頭部像は、この地域一帯にも見られる。

南アメリカでは チャビン文化が成立

一方、南アメリカ大陸のアンデス山脈で最初に成立したのが、前1000年頃から始まる**チャビン文化**だ。リマの北約300kmにあるチャビン・デ・ワンタル遺跡(→P39)がその文明を伝えている。遺跡は面積約4万㎡で、宗教施設と考えられる建物や宮殿などの**石造建築**物が数多く建てられ、豊穣を祈願する儀式が行われていたと考えられている。メソアメリカでもモチーフに使われたジャガー**が見られるなど共通点も多い。

アンデス山脈周辺では、チャビン文化以降、さまざまな文化や王国が現れては消え、やがてインカ帝国の誕生へと向かっていく。

★中南米の文明と特徴

※➡のあとは、その文化や文明に関連する世界遺産の紹介ページ

年代目盛：1000／500／BC／AD／500／1000／1500

メソアメリカ

メキシコ中央高原

テオティワカン文明 ➡P38
・宗教・商業都市の発達
・ピラミッド型神殿
・水と農耕の神ケツァルコアトル

トルテカ文明
・好戦的
・人身供犠の風習

アステカ文明
アステカ王国 ➡P113
・都：テノチティトラン
・青銅器
・都市文明
・太陽暦
・絵文字使用
1521　コルテスにより滅亡

アステカ暦

メキシコ湾岸・南部

オルメカ文明
・メソアメリカ文明の源流
・トウモロコシを主とする焼畑農耕
・都市文明
・ジャガー神信仰
・文字・暦の起源
BC300年頃滅亡

オルメカ文明の巨石人頭像

サポテカ文化 ➡P39
・地下水を使った灌漑農耕
・球戯場
・金銀の装飾品

サポテカ文化の石像

ユカタン半島

マヤ文明 ➡P90,91
・新石器文明
・絵文字の使用
・装飾的彫刻
・天文・暦・法の発達（1年=365.2420日 現在1年=365.2422日)）
・二十進法

シカン文化の黄金のトゥミ

アンデス地方

ペルー北部

モチェ文化
・彩文土器
・日干しレンガ
・太陽と月のピラミッド

シカン文化
・彫金技術
・月の神殿
・長大な水路

チムー文化
チムー王国 ➡P95
・都：チャンチャン
・巨大神殿
・階級社会
・金属工芸品
・織物
15世紀半ば
インカ帝国に征服される

ペルー中央高原

チャビン文化 ➡P36
・アンデス文明の源流
・トウモロコシを主とした灌漑農業
・神権政治
・金細工、織物、土器
・村落社会

チャビン文化の壺

ナスカ文化の土器

ワリ文化
・巨石ピラミッド
・太陽の門
・織物
・農業技術を輸出

ペルー南部〜ボリビア

ティワナク文化 ➡P95
・土器、織物
・石造建造物

ナスカ文化
・地上絵 ➡P94
・彩文土器
・灌漑農耕
・日干しレンガ

インカ文明
インカ帝国 ➡P112, P113
・都：クスコ
・青銅器
・道路・都市建設
・灌漑用水路
・キープの使用
・太陽信仰
・石積み技術
・農耕
1533　ピサロにより滅亡

Notes　**チャビン文化では、シンボル化されたジャガーのモチーフは、ワシやヘビとともに土器や石製品、金細工や建築などに見られる。オルメカ文明との接点はまだ研究途上だ

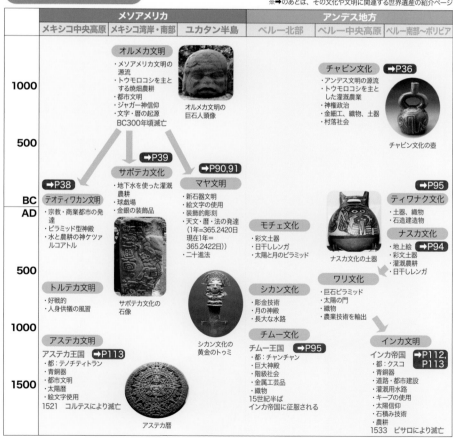

メキシコ

古代都市テオティワカン

登録基準→(i)(ii)(iii)(iv)(vi)

巨大建造物がそびえ立つメキシコ先住民の聖都

メキシコ・シティの北東約50kmにあるテオティワカンは、紀元前2世紀頃に誕生し、黒曜石の交易で栄えたと考えられ、最盛期には人口15万人の大都市となった。中心部を南北に貫く「死者の大通り」周辺には、高さ63mの「太陽のピラミッド」*や高さ46mの「月のピラミッド」をはじめ、600近いピラミッドや宮殿、住居、神殿などが立ち並び、貯水池や下水道も整備されていた。後7世紀半ばに滅亡。後に廃墟を発見したアステカ人は、「神々の集う場所」を意味するテオティワカンと名付けた。

テオティワカン配置図

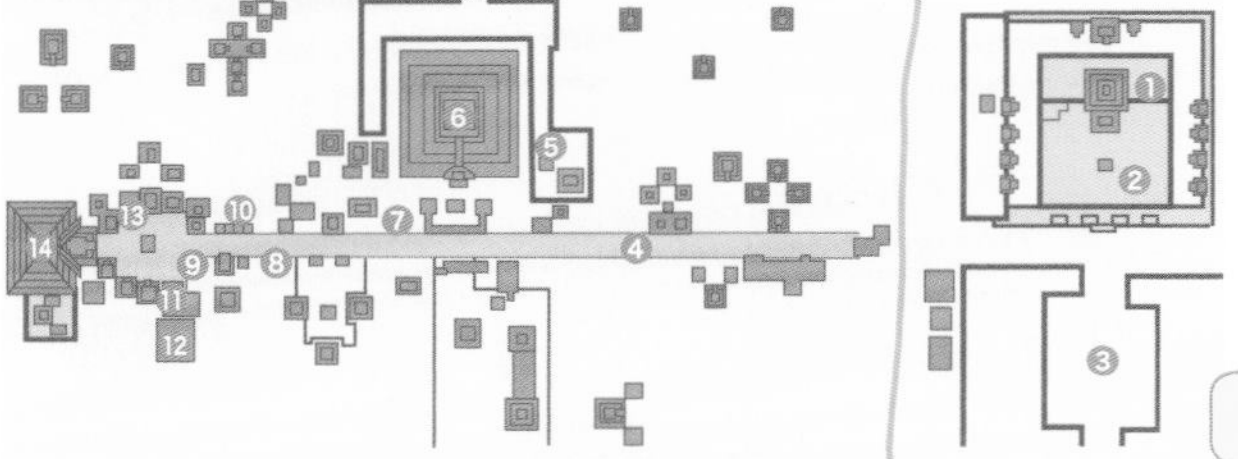

1. ケツァルコアトルの神殿
2. シウダデーラ
3. 大広場（市場）
4. 死者の大通り
5. 神官の家
6. 太陽のピラミッド
7. 太陽の広場
8. 神話動物の神殿
9. 農業の神殿
10. 第17号基壇
11. ケツァルパパロトルの宮殿
12. ジャガーの神殿
13. 月の広場
14. 月のピラミッド

神殿中心の古代都市

人々は神殿にさまざまな神を祀った。特に雨の神トラロックと、農耕の神ケツァルコアトルが篤く信仰された

ケツァルコアトルの神殿

彫像などで装飾された6層建ての神殿。各テラスには366体の神の像が飾られている。ここから、生け贄として捧げられたと思われる133体の人骨が発見された

←テラス部分の復元模型。大きな丸い目を持つのはトラロック

→ケツァルコアトルの頭部像

ムンディ's Eye テオティワカンといえば、熱気球ツアーが有名です。巨大な遺跡群を空から楽しむことができます。夜には巨大なピラミッドを利用したプロジェクションマッピングも行われています。

Notes　＊太陽のピラミッドは、テオティワカンで最大、メキシコで第2の規模を誇る。夏至の日、太陽が正面に沈むように設計されている

メキシコ 登録基準➔(ⅰ)(ⅱ)(ⅲ)(ⅳ)

オアハカ歴史地区とモンテ・アルバンの古代遺跡

モンテ・アルバンは、紀元前500年にサポテカ[**]の人々が築いた都市。スペインの植民都市となったオアハカには先住民文化と融合したバロック様式のサント・ドミンゴ聖堂など、17〜18世紀建造の聖堂がある。

ペルー 登録基準➔(ⅲ)

チャビンの古代遺跡

チャビン・デ・ワンタル遺跡には、紀元前10〜前5世紀建造の旧神殿と前4〜前2世紀建造の新神殿が残る。旧神殿の地下から高さ4.5mの体は人、顔はジャガー、髪はヘビの「ランソン像」が発見された。

月のピラミッドから見る死者の通り

幅40m、長さ5kmの死者の大通りの左奥は太陽のピラミッド。月のピラミッドからは、推定後3世紀頃の翡翠製の人形が人骨とともに発掘された

↑都はこの月のピラミッドを中心に発展した

→高位聖職者の住居跡と考えられているケツァルパパロトルの宮殿

↑石積みでつくられたジャガーの神殿
→神殿内部の地下にある彩色壁画

Notes ＊＊オアハカ盆地でサポテカの人々が築いたサポテカ文化は、テオティワカンやマヤ文明の影響を受けつつ発展。サポテカ文字や、マヤ文明同様の365日暦と260日暦の2種の暦を使用した

日本の縄文遺跡

日本　登録基準➔(iii)(v)

北海道・北東北の縄文遺跡群

2021年に世界文化遺産に登録された「北海道・北東北の縄文遺跡群」。北海道、青森県、岩手県、秋田県に点在する17の史跡と２つの関連資産がその対象。ここでは17の史跡を紹介する。

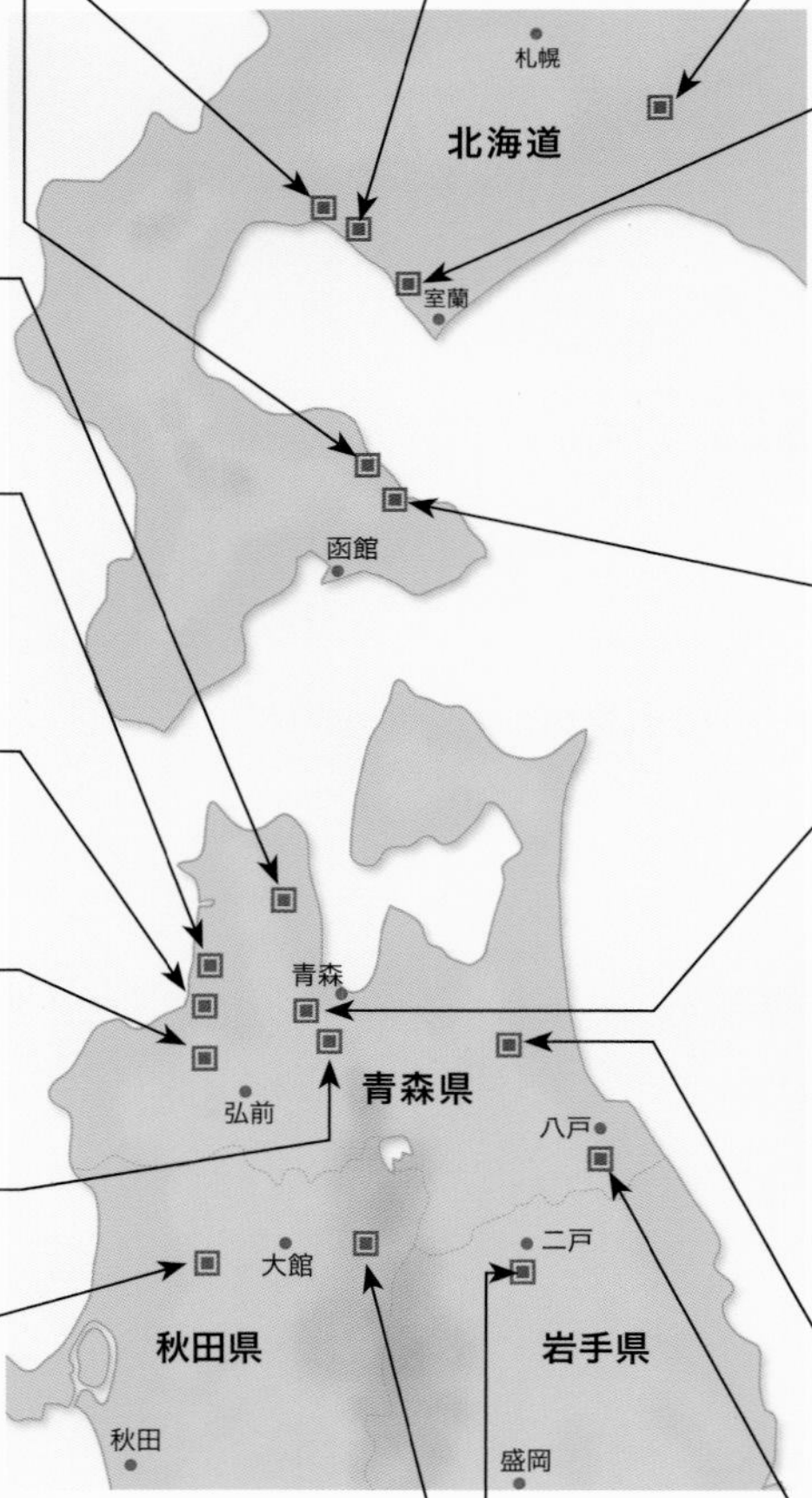

大船《おおふね》遺跡

前3500～前2000年頃。太平洋を望む段丘上にあり、竪穴建物や貯蔵穴、墓などがある

高砂《たかさご》貝塚

紀元前3500～前800年頃。内浦湾を望む低地にある貝塚を伴う共同墓地。人骨も出土

入江《いりえ》貝塚

前3500～前800年頃。内浦湾を望む段丘上にあり、竪穴建物の居住域と墓域で構成

キウス周堤《しゅうてい》墓《ぼ》群《ぐん》

前1200年頃。９基の周堤墓が現存。石狩低地帯を望む斜面に立地する、高い土手を伴う大規模な共同墓地

北黄金《きたこがね》貝塚

前5000～前2000年頃。内浦湾を望む丘陵上に立地する、貝塚のある集落跡

大平山元《おおだいやまもと》遺跡

前1万3000年頃。移動生活から定住へ変化したことを示す縄文時代初期の遺跡

田《た》小《ご》屋《や》野《の》貝塚

前4000～前2000年頃。海進期に形成された古十三湖に面した貝塚のある集落跡

垣《かき》ノ島《しま》遺跡

前7000～前1000年頃。太平洋を望む段丘上にある集落跡。居住域と墓域が分離している

亀《かめ》ヶ《が》岡《おか》石器時代遺跡

前1000～前400年頃。海進期に形成された古十三湖に面した大規模な共同墓地

三内丸山《さんないまるやま》遺跡

前3900～前2200年頃。竪穴建物、掘立柱建物、祭祀場などからなる大規模な拠点集落

大森勝山《おおもりかつやま》遺跡

前1000年頃。岩木山麓の丘陵上にある環状列石を伴う大規模な祭祀遺跡

小牧野《こまきの》遺跡

前2000年頃。八甲田山西麓の台地にある環状列石を主体とする祭祀遺跡

二ツ森貝塚

前3500～前2000年頃。小川原湖に面した段丘上にある、大規模な貝塚を伴う集落跡

伊《い》勢《せ》堂岱《どうたい》遺跡

前2000～前1700年頃。米代川近くの段丘上にある、環状列石が主体の祭祀遺跡

大湯《おおゆ》環状列石《かんじょうれっせき》

前2000～前1500年頃。大湯川沿いの段丘上で、２つの環状列石がある祭祀遺跡

御所野《ごしょの》遺跡

前2500～前2000年頃。馬淵川沿いの段丘上にある拠点集落。土器や石器、土偶などが出土

是川《これかわ》石器時代遺跡

前4000～前400年頃。中居、一王寺、堀田の３つの遺跡からなる

第2章 中世

4世紀末~15世紀

西洋史でいう中世とは、ローマ帝国の分裂からおよそ1000年のことをさし、ここではルネサンス以前の時代を紹介する。

ヨーロッパやアジア、中南米の各地で、現代の国々のルーツとなる国家が登場していった。

ピサのドゥオモ広場
(イタリア)

年表でみる中世の世界

中世のヨーロッパ

中世のヨーロッパは封建制に基づいた社会であった。キリスト教の権威が強く、時には王権を上回ることもあった。各地に建てられた荘厳なキリスト教の聖堂はそうした権威をうかがわせる。中世後期には多くの中世都市が誕生した。

中世のアジア

中国や東南アジアでは、多くの王朝が興亡し、仏教やヒンドゥー教が広がった。一方、西アジアではイスラームが生まれ、多くのイスラーム王朝が成立した。13世紀末にはオスマン帝国が成立。次第に勢力をのばし、強大さを誇った。

中世の中南米

メソアメリカではユカタン半島におこったマヤ文明が発展。その後、メキシコにアステカ王国が誕生した。南米のアンデス山脈周辺では、各地にアンデスの諸文明がおこり、巨石を使った石造建築が建てられた。その後、インカ帝国がこの地域を統一した。

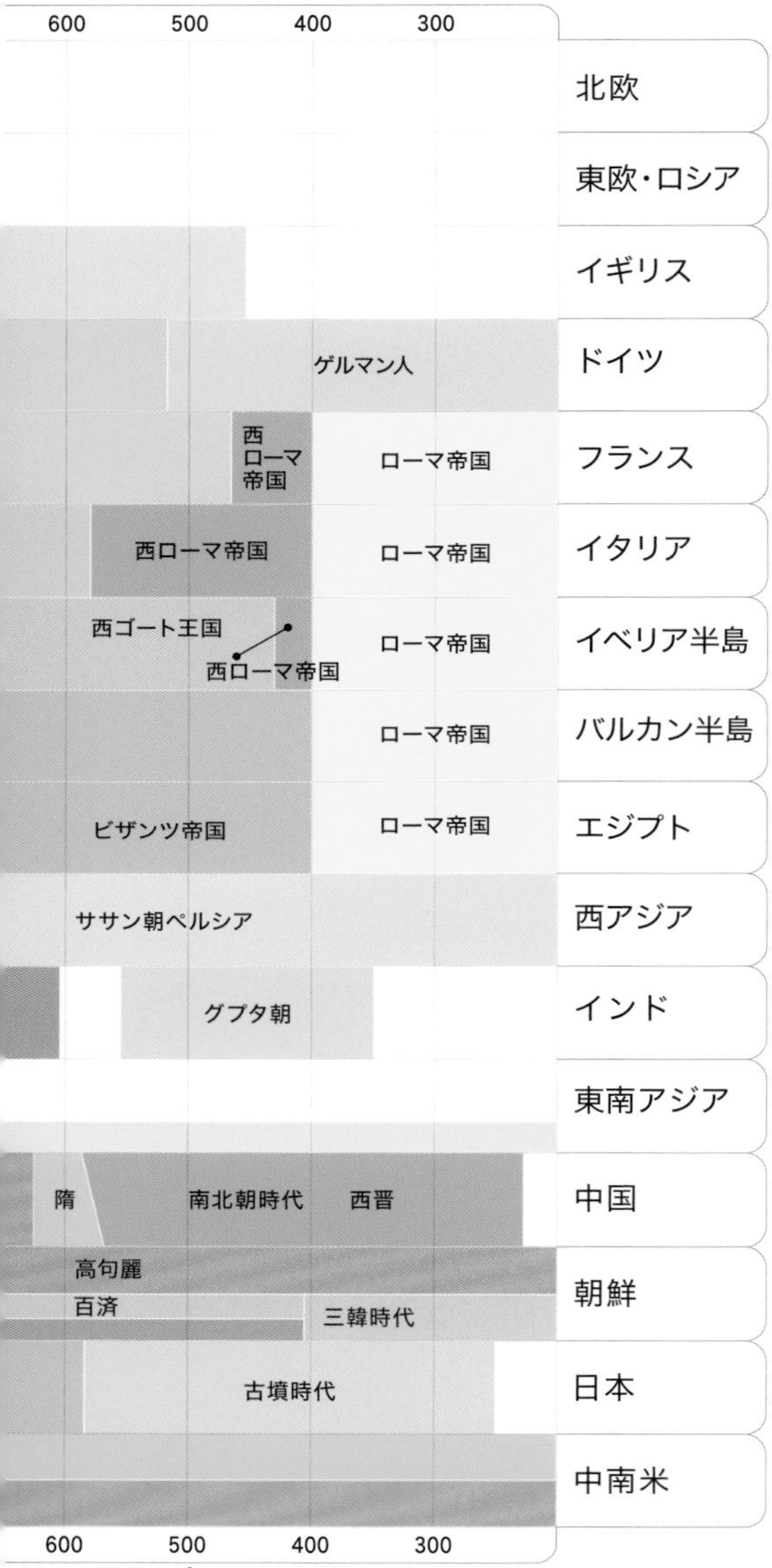

5〜6世紀、中国では初期仏教美術が最盛期を迎えた。雲崗石窟など仏像を刻んだ石窟が誕生

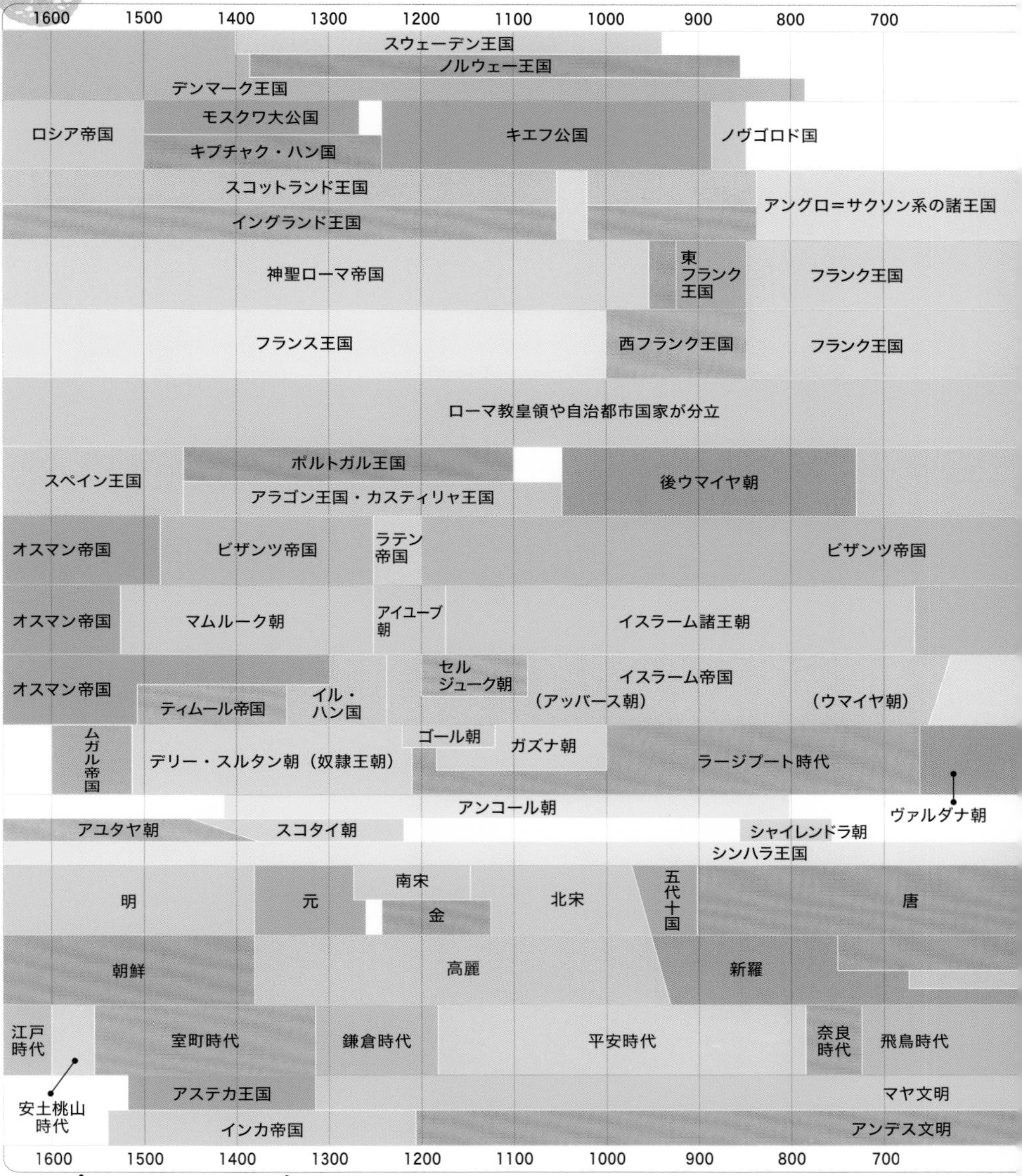

13世紀建国のオスマン帝国は領土を拡大。イスタンブールの宮殿やモスクが栄華を伝える

神聖ローマ帝国の都にもなったプラハには、聖ヴィート大聖堂ほか数多くの建造物が立つ

中世西ヨーロッパの始まり フランク王国の繁栄

ゲルマン人の大移動で始まった王国の誕生

4～6世紀にかけ、バルト海周辺に暮らすゲルマン人＊は、温暖な気候の耕地を求めて南下した。

4世紀後半、アジア系のフン人が西に進み、ゲルマンの諸民族を圧迫したことも、大移動が促進された一因となった。ゲルマン人は、西・東ゴート王国などを建国するが、総じて短命に終わってしまう。

そんな中、481年にメロヴィング家のクローヴィスが建国した**フランク王国**は、着実に領土を広げ、中世西ヨーロッパ世界の形成に貢献することになるのである。

ローマ教皇と手を結びともに勢力拡大へ

8世紀、イスラーム勢力を撃退したフランク王国に、ローマ教皇が接近した。当時、キリスト教勢力は、西方のローマ教会と東方のコンスタンティノープル教会に二分。東方のビザンツ帝国とならぶ強大なフランク王国の力を必要としたローマ教皇は、ピピンの王位継承を認め、ピピンは土地を教皇に寄進。これによりローマ教皇領が成立し、教会国家の基盤が築かれた。その後、**カール大帝**にローマ皇帝の冠を与え、ローマ教皇とローマ皇帝の提携が成立した。

★ゲルマン人の大移動

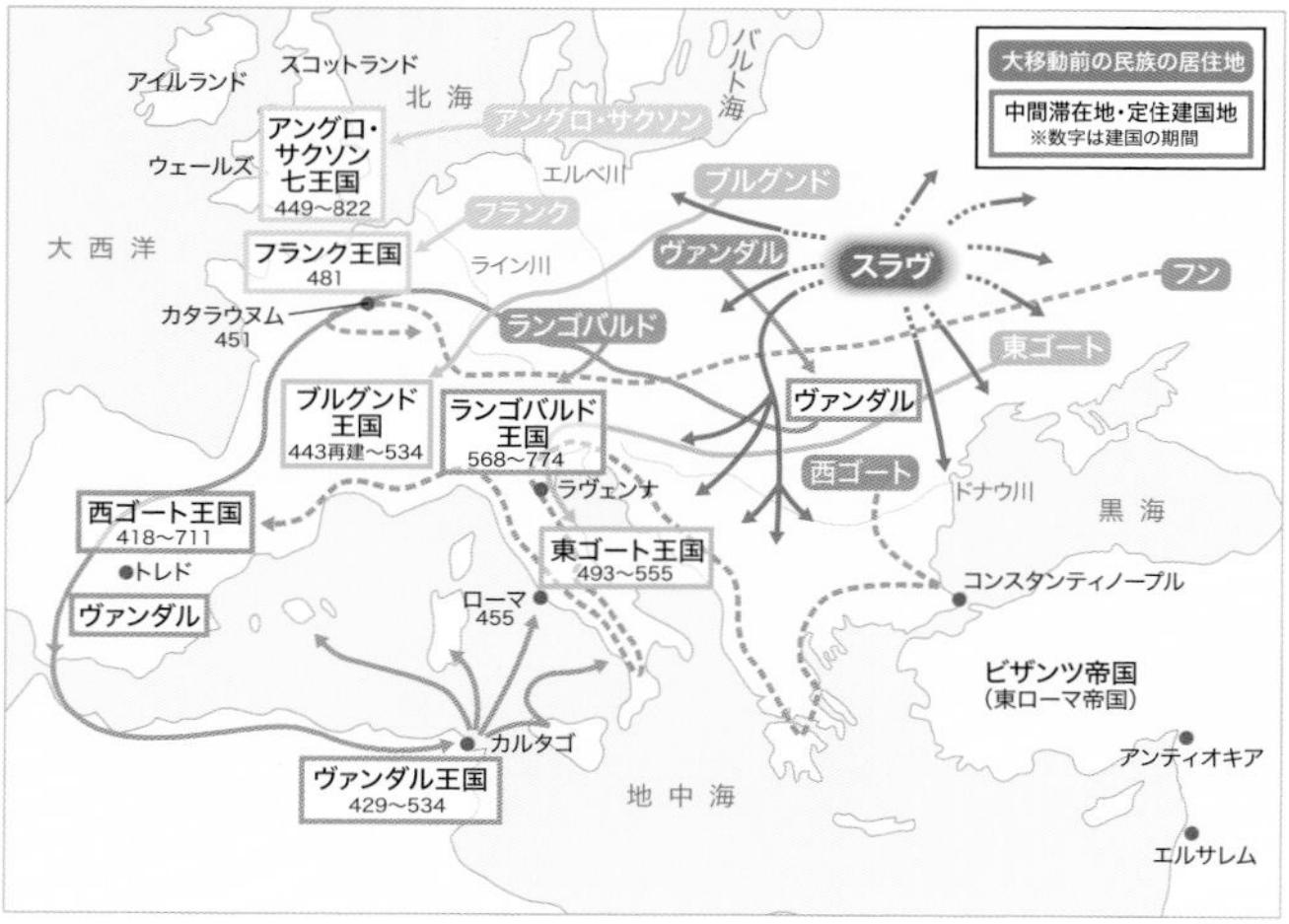

Keywords

★ゲルマン人の大移動
★フランク王国
★カール大帝
（シャルルマーニュ）

時代

381～987年

エリア

Notes ＊ゲルマン人とは、インド=ヨーロッパ語族に属する人々で、南欧のギリシア人、イタリア人、スペイン人、西欧のゲルマン人、東欧のスラヴ人などがインド=ヨーロッパ語族にあたる

フランク王国盛衰史

フランク王国の形成

- 451 ●**カタラウヌムの戦い**
- 476 ●**西ローマ帝国滅亡**
- 481 ●**クローヴィス即位(～511)**、フランク王国建国。メロヴィング朝を開く
- 496 ●**クローヴィス、カトリックに改宗**
- 534 ●**ブルグンド王国を併合**
- 7世紀 ●**カロリング家の台頭**
- 732 ●**トゥール・ポワティエ間の戦いでイスラーム勢力を撃退**

フランク王国発展期

- 751 ●**ピピン3世即位(～763)**。カロリング朝を開く
- 756 ●**ピピンのローマ教皇への寄進**　（ローマ教皇領の始まり）
- 768 ●**カール大帝即位(～814)**
- 774 ●**ランゴバルド王国を倒す**
- 8世紀末 ●**アヴァール人を撃退**。この頃から、カロリング・ルネサンスが発展
- 800 ●**カールの戴冠**　（西ヨーロッパ世界の成立）

フランク王国の分裂

- 843 ●**ヴェルダン条約**。カールの孫により領土が分割される

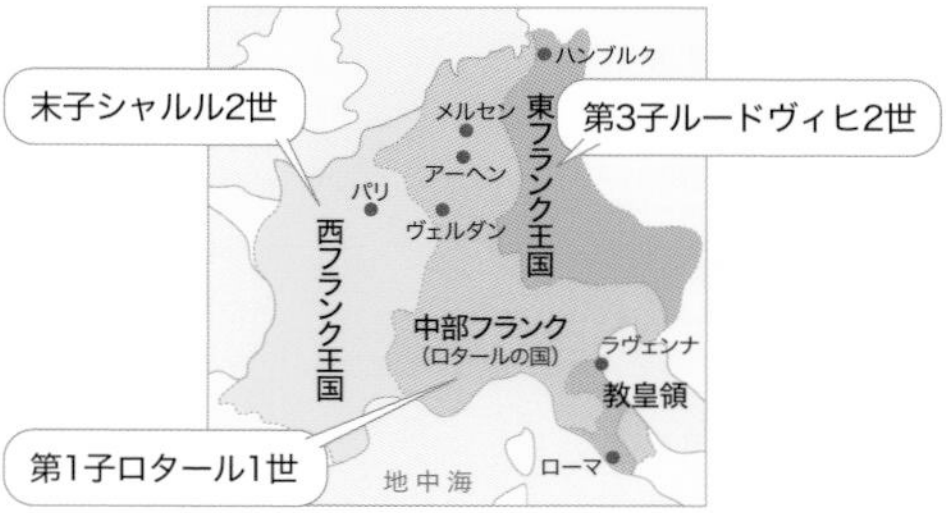

- 870 ●**メルセン条約**。現在のフランス、イタリア、ドイツの基礎が成立

- 875 ●**イタリア王国のカロリング朝断絶**
- 911 ●**東フランク王国のカロリング朝断絶**
- 936 ●**オットー1世(大帝)即位(～973)**
- 962 ●**オットー1世がローマ皇帝の帝冠を受ける**
- 987 ●**西フランク王国のカロリング朝断絶**

★繁栄を導いたカール大帝

フランク王国カロリング朝の国王(位768～814)。父はピピン、祖父は、イスラーム軍を撃退したカール・マルテル。多数のゲルマン部族を統合し、全盛期を出現させた**

領土拡大　774年にはランゴバルド王国を征服して現北イタリアを併合。西方ではイベリア半島北東部、東方では現ドイツ、796年には現ハンガリーなども征服し、最大領土は西ヨーロッパの大部分を占めた

賢い領土経営　領土を州に分け、地方の有力豪族を各州の長官である「伯」に任命。派遣した巡察使に伯を監督させることで、広大な領域を統治した。ただ、実際には大帝と伯との個人的な結びつきが土台だったため、カール大帝の死後は内紛に

ローマ帝国皇帝　800年の「カールの戴冠」によって、ローマ教皇レオ3世からローマ帝国皇帝の冠を授けられた。これにより、ローマ帝国の後継者兼、西ヨーロッパのキリスト教世界の守護者としての存在が公然となった

文芸の保護　カール大帝が宮廷に多くの学者を招いたことから、ラテン語による文芸復興「カロリング・ルネサンス」がおこる。アルファベットの小文字が発明され、教会や修道院に学校を設置。後の大学誕生につながった

Notes　**カール・マルテル(688頃～741)は、732年のトゥール・ポワティエ間の戦いでスペインから侵入したイスラーム教徒を撃退。これでカロリング家の権威を高め、カロリング朝への道を開いた

ドイツ 登録基準↓(i)(ii)(iv)(vi)

アーヘン大聖堂

カロリング・ルネサンスの象徴

＊カール大帝が785年頃に建設を命じた宮廷礼拝堂を起源とするアーヘン大聖堂は、カロリング・ルネサンスの象徴的建造物。八角形の中心部を十六角形の周歩廊が取り囲む集中式の構造は、イタリアのラヴェンナにあるサン・ヴィターレ聖堂を模したといわれる。ラヴェンナは、カール大帝の父ピピンがローマ教会を圧迫していたランゴバルド王国から奪い、ローマ教皇に寄進した地。

15世紀初頭にゴシック様式の内陣、17世紀半ばに礼拝堂にバロック様式のドーム天井が架けられた。

→カール大帝はアーヘン大聖堂のある町を愛し、宮廷を構えて恒常的に滞在した

←アーヘン大聖堂にはカール大帝の遺骨が埋葬され、黄金の銅像も展示されている

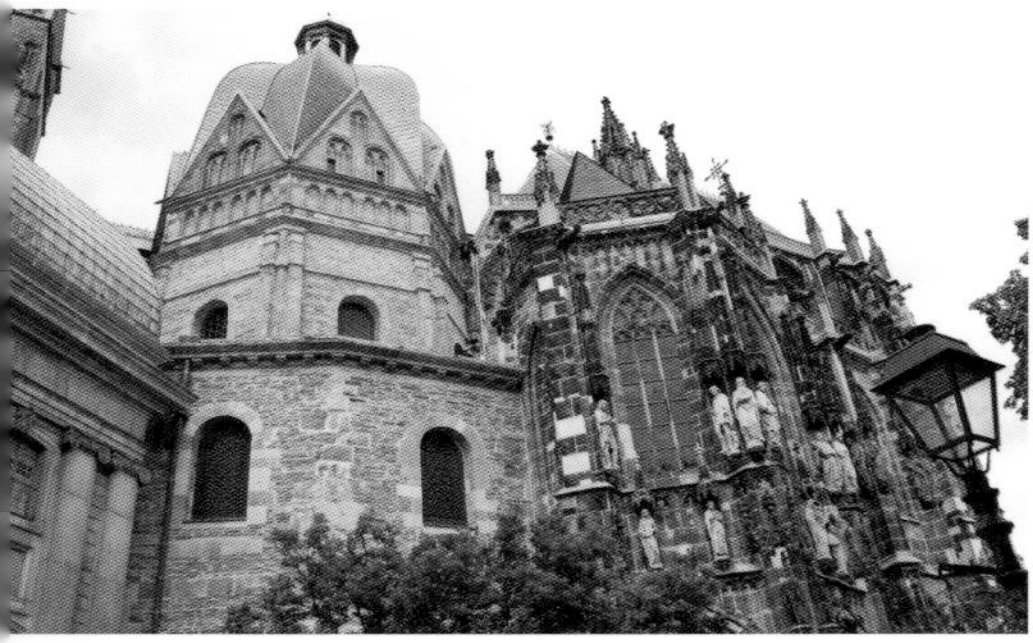

カロリング・ルネサンスの代表

古代ローマの復興を目指したカール大帝。ビザンツ文化の影響を受けつつ、古代ローマの初期キリスト教建築やモザイクを使用した大聖堂は、カロリング・ルネサンスの白眉とされる

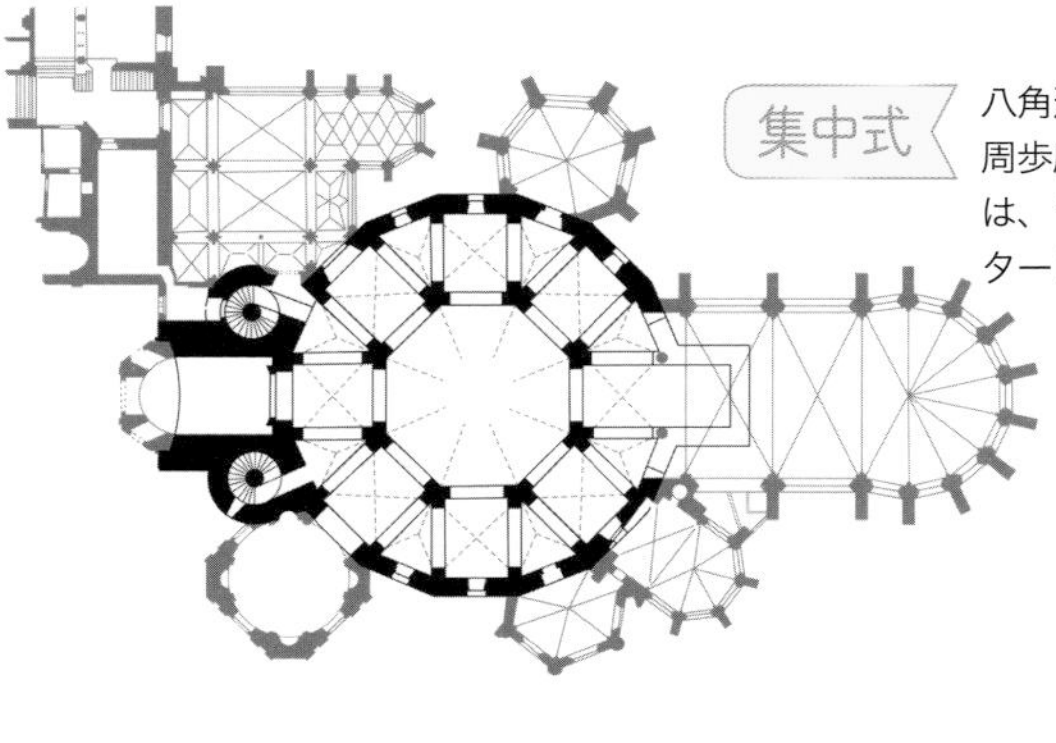

集中式

八角形の中心部と十六角形の周歩廊からなる集中式の聖堂は、ラヴェンナのサン・ヴィターレ聖堂に酷似している

ムンディ's Eye

アーヘン大聖堂は高い塔とぽっこり屋根、そしてゴシック様式の礼拝堂と、複雑な形が長い歴史を感じさせます。薄暗い中に青いステンドグラスが輝く神秘的な礼拝堂は必見です。

Notes ＊カール大帝(1世)は、ドイツやオーストリアだけでなく、フランスの始祖ともみなされるため、フランス語読みのシャルル1世もしくは、シャルルマーニュとも呼ばれる

ドイツ　登録基準➔(ii)(iii)(iv)

コルヴァイのカロリング朝ヴェストヴェルクとキウィタス

ドイツ北部にあるコルヴァイ修道院は、フランク王国カロリング朝時代の822〜885年の建造。西側に塔を伴う建築は後の教会建築の西正面の原形となった。

バチカン市国　登録基準➔(i)(ii)(iii)(iv)(vi)

**バチカン市国

世界最小の国全体が世界遺産。なかでもサン・ピエトロ大聖堂はカール大帝の戴冠式が行われた場所であり、ルネサンス期以降は芸術家たちの才能が結集した。

聖遺物が安置された内陣。25mのステンドグラスも圧巻

↑シャンデリアは12世紀にフリードリヒ1世が奉献したもの
←ステンドグラスが各所に施されている

ビザンツ文化の影響

周歩廊を構成するアーチ状の天井や壁のほか、ドーム型の天井に施された装飾に、ビザンツ美術の影響が見て取れる

Notes　**バチカン市国の面積は0.44㎢。そのなかに、サン・ピエトロ大聖堂のほか、システィーナ礼拝堂やラファエッロの間、地図のギャラリーなどを含むバチカン美術館などを有する

諸侯の連合体を統治した神聖ローマ帝国の盛衰

19世紀まで続いた神聖ローマ帝国の誕生

東フランク王国ではカロリング朝の血統が絶え、新しくザクセン朝が成立した。2代目の**オットー1世**は、962年にローマ・カトリック教会*の守護者としてローマ教皇から帝冠を授かり、神聖ローマ帝国が成立した。

帝国内で、各地を治めたのは世俗諸侯たち。オットー1世に続く皇帝は、親しい聖職者を各地方の大司教や修道院長にする任命権(叙任権)を持ち、彼らに行政権を与えることで、世俗諸侯たちを従属させ、帝国を運営していった。

★神聖ローマ帝国の5大要素

大空位時代

1256～1273年まで、神聖ローマ皇帝の帝位が実質的に空位となった時代。ホーエンシュタウフェン家の断絶からハプスブルク朝の成立までで、この間に各地方国家が勢力を増し、領邦国家への分裂傾向が高まった

カノッサの屈辱

神聖ローマ皇帝が行使した叙任権にローマ教皇が反発し、神聖ローマ皇帝を破門して、皇帝が謝罪した事件

オットー1世

ドイツ王でもあり、相次ぐ外敵の侵入を阻止し、国内も平定。学芸の保護にも貢献した

ハプスブルク家の台頭

起源はスイス北部。1273年、ルドルフ1世がオーストリア公領を没収。1438年以降、皇帝位を独占。スペインとブルグンド(フランスとスイスにまたがる地域)を併合し、スペイン・オーストリアを兼ねるハプスブルク家はカール5世の代に最盛期を迎えた

金印勅書

選帝侯の家柄を規定し、7人とした選帝侯に、最高裁判権、鉱山採掘、貨幣鋳造、関税徴収などの特権を付与することなどを定めた帝国法のこと

Keywords

★オットー1世
★カノッサの屈辱
★金印勅書
★ハプスブルク家

時代

962～1806年

エリア

Notes ＊ローマ・カトリック教会は、ローマ教皇を最高首長とするキリスト教最大の教会。1054年に東方正教会と分立した。16世紀の宗教改革後は、プロテスタント教会に対して用いられている

ハプスブルク家台頭までの道程

やがて皇帝と教皇が叙任権をめぐって対立し、**カノッサの屈辱**と呼ばれる事件が発生。この事件後、皇帝の支配力が弱まり、13世紀には大空位時代へ。そんななか、聖俗の諸侯が力を伸ばし、「**金印勅書**」の発令で、7人の選帝侯によって皇帝が選ばれることに。そこで台頭したのが**ハプスブルク家**だ。

帝国はスペイン王と神聖ローマ皇帝を兼ねたカール5世のときに全盛期を迎える。

宗教改革の中心となったドイツではしばしば宗教戦争が発生した。ドイツ全土を巻き込んだ三十年戦争**がその代表である。この戦争後、神聖ローマ帝国は有名無実化し、諸侯に主権が与えられて帝国は小国家の集合体と化し、皇帝の権威は低下した。

★神聖ローマ帝国の版図変遷

10世紀

16世紀

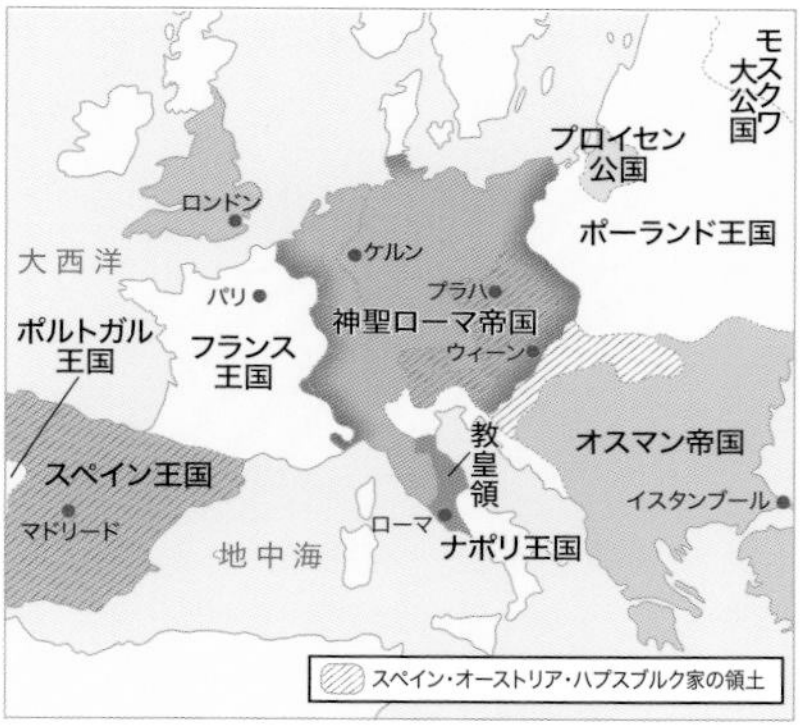

神聖ローマ帝国史

911 ●諸部族が連合し、ドイツ王国誕生
962 ●オットー1世がローマ教皇よりローマ皇帝として戴冠され、神聖ローマ帝国が始まる
1027 ●コンラート2世即位(～1037)。ザリエル朝神聖ローマ帝国が始まる(～1125)
1077 ●カノッサの屈辱が起こる
1256 ●大空位時代が始まる(～1273)
1356 ●カール4世が「金印勅書」を発令
1438 ●ハプスブルク家のアルブレヒト2世が皇帝即位し、ハプスブルク家の帝位独占が始まる
1517 ●マルティン・ルターが「九十五カ条の論題」を発表。宗教改革が始まる
1519 ●カール5世が神聖ローマ皇帝に即位(～1556)
1555 ●アウクスブルク宗教和議が成立
1618 ●三十年戦争勃発(～1648)
1648 ●ウェストファリア条約締結(三十年戦争の終結)
1740 ●オーストリア大公マリア・テレジア即位(～1780)
1756 ●7年戦争勃発(～1763)。プロイセンがザクセンに侵入
1789 ●フランス革命が起こる
1806 ●神聖ローマ帝国消滅
1813 ●対ナポレオン解放戦争(～1814)
1815 ●ドイツ連邦結成(～1866)
1862 ●ビスマルクがプロイセン首相に就任
1871 ●ドイツ帝国成立

Notes ＊＊三十年戦争は、神聖ローマ帝国内で、ハプスブルク家によるカトリック信仰の強制に、新教徒が反抗して勃発した。後に周辺諸国を巻き込む対ハプスブルク家への抗争へ発展した

ドイツ

ヴュルツブルク司教館、その庭園群と広場

登録基準→(i)(iv)

60年かけて完成した芸術の館

神聖ローマ帝国において大司教や司教は、高位聖職者でもあり領主でもあった。11世紀から司教に統治された司教座都市*ヴュルツブルクに残るこの館は、１７１９年に領主司教となった、ヨハン・フィリップ・フランツが建設させたもの。有力貴族の一員で、芸術庇護者でもあった彼は、天才と謳われる**バルタザール・ノイマンに設計を依頼。各国から著名な画家や装飾家も招聘した。１７２０年に着工し、内装や造園を含め完成したのは１７８０年のことだった。

バロック様式の傑作

3階分の吹き抜けの宮廷礼拝堂(写真上)。ウィーンの建築家ルーカス・フォン・ヒルデブラントが内部装飾を手掛けた。宮廷の敷地の3倍弱の広さの皇帝庭園(写真下)

ストゥッコ装飾の「白の間」

イタリアの名匠アントニオ・ボッシの作で、天井と壁が精緻なストゥッコ(漆喰)装飾で埋め尽くされている。階段室の南隣にある「白の間」は、「皇帝の間」の控え室にあたり、日本製の壺などが置かれた

→支柱のない階段のドーム型天井に描かれたティエポロのフレスコ画。長さ33m、幅18mで1枚のフレスコ画としては世界最大

ムンディ's Eye

司教館はまるで王宮のような豪華さで、カトリック教会の聖職者がいかに勢威を誇り、豊かであったかがわかります。豪華で、人目をひく装飾はバロック様式の特徴です。

Notes ＊司教座都市とは、中世ヨーロッパで、大聖堂や修道院の所在地を大司教や司教、修道院長が支配した都市のこと。ライン川流域のケルンやマインツ、ドナウ川流域のアウクスブルクなどがある

ドイツ

ヴァルトブルク城

登録基準↓(iii)(vi)

中世ドイツ城郭の代表的存在

11世紀中頃に建造、12世紀後半に大改築された城で、中世ドイツの城郭の様子を今に伝える。13世紀初めに「ヴァルトブルクの歌合戦」が開かれ、16世紀にはマルティン・ルターがここに籠り、『新約聖書』のドイツ語版を完成させた。

↑チューリンゲンの森の北西部、ヴァルトブルク山の山頂にある

ルターの部屋

宗教改革者ルター(→P114)は、「九十五カ条の論題」を発表したことで、ローマ教皇から追放された。その際、ルターを擁護したのが、ザクセン選帝侯フリードリヒ3世だ。王に匿われて、10カ月間、身を隠したのが城内のこの部屋。当時の姿に復元されている

チェコ

プラハ歴史地区

登録基準↓(ii)(iv)(vi)

カレル1世のプラハ城

14世紀再建の歴代ボヘミア王の居城で、城の全長は580m、幅は平均128m。聖イジー聖堂などもある

中欧を彩る「黄金のプラハ」

14世紀に神聖ローマ帝国の首都として、「黄金のプラハ」と謳われるほど繁栄した。プラハ城や聖ヴィート大聖堂をはじめ、旧市庁舎、カレル橋など、歴史的、文化的価値のある建造物が数多くあり、美しい町並みもほぼ昔のまま残る。

↓カレル1世の命で1344年に着工した聖ヴィート大聖堂

Notes ＊＊バルタザール・ノイマン(1687〜1753)は、ドイツ後期バロックの代表的建築家であり、後年には優美なロココ主義も展開。世界遺産のブリュールのアウグストゥスブルク城も手掛けた

ロシアの基礎となった キエフ公国とモスクワ大公国

ロシアの起源となった キエフ公国の成立

8～10世紀、ヨーロッパは民族の移動が絶えない混乱の時代だった。ドニエプル川*中流域に展開していたロシア人やウクライナ人などの東スラヴ人の居住地に、ノルマン人が侵入したのもこの頃。9世紀、スウェーデン系ノルマン人はこの地にノヴゴロド国を、続いて**キエフ公国**を建国。ロシアの起源の誕生である。ノルマン人は先住のスラヴ人と同化しながら、10世紀末には、ウラジーミル1世が領土を広げ、キエフ公国は最盛期を迎える。ウラジーミル1世のも

★2つの時代の版図

10～11世紀

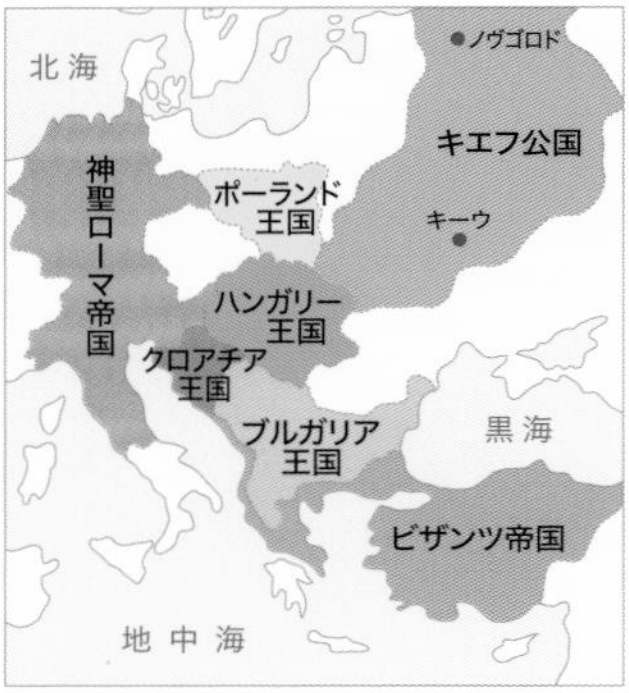

10～11世紀、キエフ公国の領土は、北はロシアの北西部のノヴゴロドから南はウクライナの首都キーウの南まで及んだ

15～16世紀

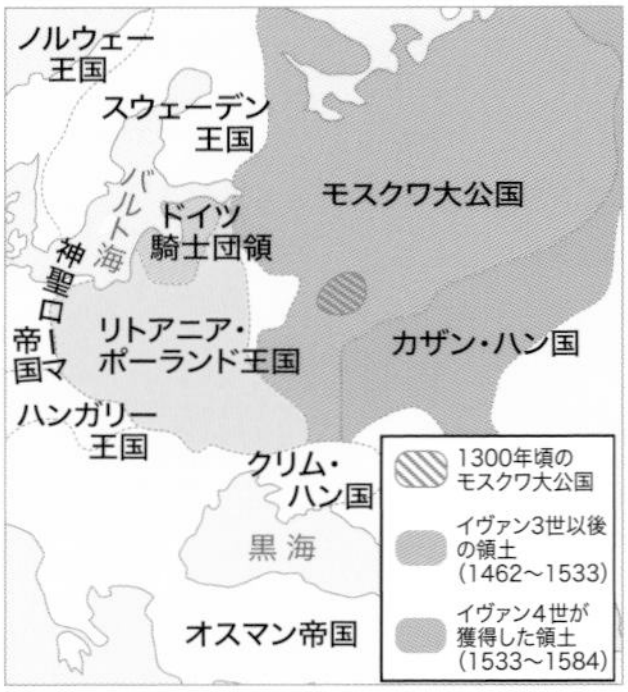

1300年にはモスクワ周辺のみだったモスクワ大公国は、イヴァン3世、4世の時代に東方と北方へも領土を拡大した

★古代ロシア(キエフ公国)の皇帝

ウラジーミル1世

兄を殺害してキーウを奪取。988年にビザンツ皇帝の妹を妃に迎え、ギリシア正教を国教に。そのため聖ウラジーミルとも呼ばれる

ヤロスラフ1世

ウラジーミル1世の子。父の死後、兄弟を殺して大公位についた長兄を退け、自ら大公に。ビザンツ文化を奨励し、ロシア最古の法典を編纂

Keywords

★キエフ公国
★ギリシア正教
★タタールのくびき
★モスクワ大公国

時代

9世紀末～
17世紀初頭

エリア

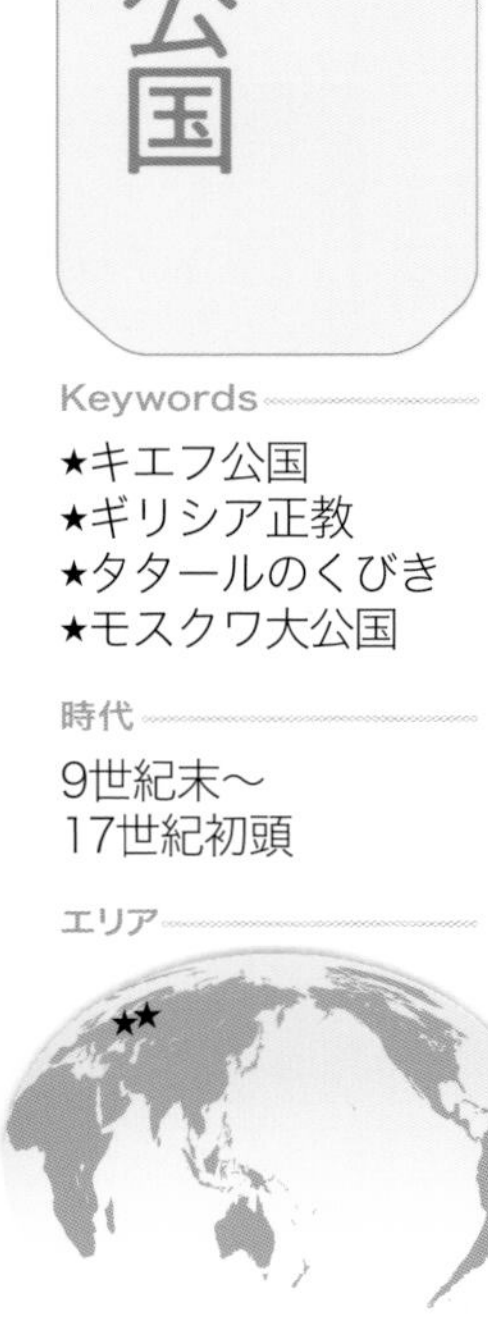

Notes ＊ドニエプル川は、現ロシア、ベラルーシ、ウクライナを経て黒海に注ぐ総延長約2200㎞の大河。上流部は氷河地帯で、キーウからザポリージャまでは黒土からなるステップ地帯を通過する

と、**ギリシア正教**に改宗し、ビザンツ風の専制君主制を取り入れたため、以後、この地域は西欧とは異なる文化圏を築いていく。

モスクワ大公国の誕生と勢力の拡大

キエフ公国は13世紀にモンゴルの侵入を受け、約２４０年にわたってモンゴルの支配下に置かれる。**タタール**（モンゴル人）**のくびき**と呼ばれるこの状況下で台頭したのが、商業都市モスクワを中心に勢力を拡大した**モスクワ大公国**だ。

13世紀、キエフ公国がモンゴル人のキプチャク・ハン国の支配下に置かれたが、その一族のイヴァン1世はキプチャク・ハン国から大公位を得て、モスクワ大公国が成立。イヴァン3世の治世下で東北ロシアを統一すると、１４８０年にはモンゴル人からの支配を脱し、強大な権力を握った。

★民族と宗教の変遷

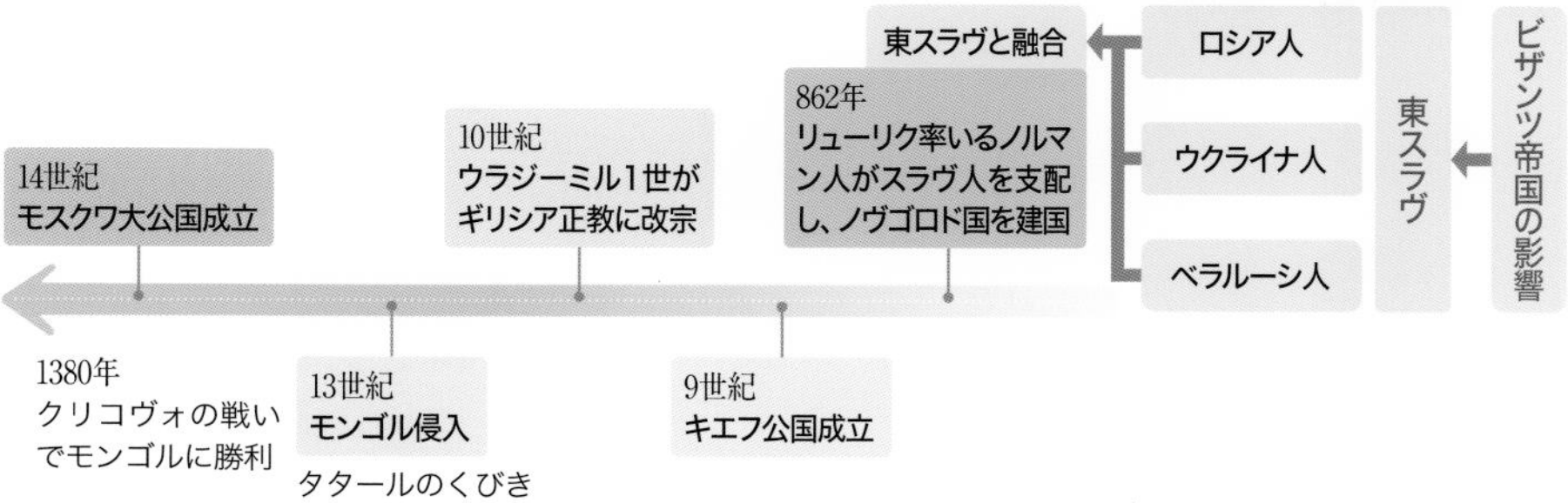
ビザンツ帝国の影響
東スラヴ
ロシア人
ウクライナ人
ベラルーシ人
東スラヴと融合
862年
リューリク率いるノルマン人がスラヴ人を支配し、ノヴゴロド国を建国
9世紀
キエフ公国成立
10世紀
ウラジーミル1世がギリシア正教に改宗
13世紀
モンゴル侵入
タタールのくびき
14世紀
モスクワ大公国成立
1380年
クリコヴォの戦いでモンゴルに勝利

ギリシア正教の誕生

西ローマ帝国崩壊後、キリスト教は、西ヨーロッパ世界で信仰を集めたローマ・カトリック教会と、コンスタンティノープルを中心に東ヨーロッパに広がったギリシア正教に分裂。ロシアは後者に属した

ビザンツ帝国の影響

キエフ公国大公のウラジーミル1世は、ビザンツ風の専制君主制を取り入れ、15世紀のモスクワ大公国イヴァン3世もビザンツ帝国から妃を迎えるなど、ビザンツ帝国の影響を大きく受けている

多民族の合体

先住民の東スラヴ人、占領したノルマン人が暮らし、モンゴル人による征服などを経たキエフ公国はもとより、モンゴルから自立し、ロシアの領土を回復したモスクワ大公国は、多民族の合体国家だったといえる

★ロシア正教**

モスクワにある聖ヴァシーリー聖堂は、ロシア正教の典型的な建造物

★中世ロシア（モスクワ大公国）の皇帝

イヴァン4世（雷帝）

在位1533～1584年。南ロシアにあったモンゴル系の国家、カザン・ハン国を併合し、イヴァン3世の代の領土をさらに東方へ拡大した

イヴァン3世（大帝）

在位1462～1505年。モスクワを中心とする国土統一を成し遂げ、ビザンツ帝国最後の皇帝の姪を妃にし、ツァーリ（皇帝）の称号を引き継いだ

Notes　＊＊ロシア正教会は、ギリシア正教会とともに、ローマ・カトリック教会に対する、東方正教会の中核をなす教会に位置づけられている。そのため、ギリシア正教会の建築物と類似点が多い

ウクライナ キーウ：聖ソフィア大聖堂と関連する修道院建築物群

登録基準→(i)(ii)(iii)(iv)

キエフ公国初のキリスト教聖堂

聖ソフィア大聖堂は、キエフ公国に初めてキリスト教をもたらしたウラジーミル1世の息子、ヤロスラフ1世が1037年に創建。ノヴゴロドやスーズダリなどの聖堂建築に大きな影響を与えた。18世紀に*ピョートル大帝によってバロック様式に改装されたが、内部の装飾は創建時を保つ。

↑金色のドームの聖ソフィア大聖堂

聖ソフィア大聖堂

モザイク画とフレスコ画で装飾された聖ソフィア大聖堂内部

→11世紀の洞窟修道院が起源のペチェルスカヤ大修道院

ロシア ウラジーミルとスーズダリの白い建造物群

登録基準→(i)(ii)(iv)

芸術美あふれる白亜の聖堂

モスクワ北東にあるウラジーミルとスーズダリは、12～13世紀にウラジーミル・スーズダリ派と呼ばれる芸術集団が活躍した場所。イコンや壁画などビザンツ建築の要素を取り入れた、この地域ならではの白亜の建造物が特徴だ。

↑白い外壁がまぶしいウラジーミルにある生神女就寝《しょうしんじょしゅうしん》大聖堂

白く輝く聖堂群

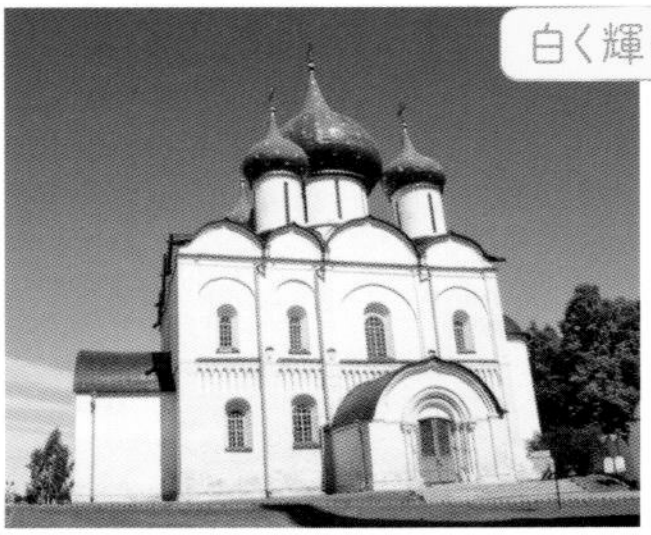

スーズダリのラジヂェストヴェンスキー聖堂。石灰岩の白い外壁と浮き彫りが地域の共通点

ムンディ's Eye キーウはロシアにとっては、日本の「京都」にあたるような古都で、キーウと京都市は姉妹都市です。玉ねぎ形の屋根は、雪が効率よく下に落ちるように、との説があります。

Notes ＊ピョートル大帝はイギリスやオランダに留学して西欧の文化や技術を取り入れ、近代化政策と富国強兵、領土拡大に徹し、ロシアを強国に押し上げた。新都をサンクト・ペテルブルグに建設

ロシア　登録基準→(ii)(iv)(vi)

ノヴゴロドの文化財とその周辺地区

ロシア最古の都市の記憶

9世紀半ばに起源をもつロシア最古の都市ノヴゴロド。11世紀建造のクレムリン(城塞)やロシア最古級の石造建築物とされる聖ソフィア聖堂など、中世ロシアでこの町が文化の中枢であったことを示す数多くの建造物が残る。

聖ソフィア聖堂

ロシア伝統の聖堂建築とビザンツ様式を折衷して1050年に完成した聖ソフィア聖堂は、ノヴゴロドにあるクレムリン内に立つ。ウクライナの首都キーウにある同名の大聖堂に次ぐ、ロシア最古級の石造建築物の1つ

14世紀に建てられた、ひときわ高い玉ねぎ形のドームをいただく、スパソ・プレオブラジェーニエ聖堂。ギリシア人画家の貴重な壁画が残る

ロシア　登録基準→(i)(ii)(iv)(vi)

モスクワのクレムリンと赤の広場

長いロシア史を伝える政治の中枢

12世紀の木造要塞を起源とし、15〜19世紀に三角形の城壁内に建てられた複数の建築物を有するクレムリン。宮殿や数々の聖堂は、ロシア伝統の様式にイタリア・ルネサンスの要素も持つ。レーニン廟がある赤の広場**も構成資産だ。

クレムリン内にあるイヴァン3世(大帝)の鐘楼は、息子の治世にイタリア人建築家が建造した八角形の建物。増築の末、高さは81mになった

クレムリン全貌

クレムリンの敷地、約28万m²には、17世紀以降のロマノフ朝の繁栄が見られる。約7万5000m²の赤の広場は、15世紀末は市場として栄えた場所だった(→P160)

皇帝戴冠式の場、ウスペンスキー大聖堂

Notes　**赤の広場の南東に立つ聖ヴァシーリー聖堂は、イヴァン4世(雷帝)が1560年に建造。ロシアで最も美しい建造物のひとつといわれる。創建時のドームは金色だったが、17世紀に現在の色に

商業で栄えたヨーロッパの中世都市

自由と自治を求め発展した中世都市

ここでいう中世都市とは、ローマ帝政末期以降のヨーロッパの都市のこと。初期の頃は、司教座都市(→P50)を中心に、封建領主の支配下にあったが、商工業の発達によって市民の意識に変革が起きていく。手工業者の製造する商品が流通し、東方やヨーロッパ各地から農産物などが流入し始めると、商人や手工業者は、相互補助のために、同職組合の**ギルド***を結成。

一方、各都市は次々と自治権を獲得し、**自治都市**を形成していった。

北イタリアの都市では、領主や司教から自治権を獲得し、コムーネと呼ばれる**都市国家**が確立し、周辺の農村も併合して領域国家になっていった。ドイツの諸都市は、皇帝から特許状を得て、皇帝直属の自由都市に成長した。「都市の空気は人々を自由にする」といわれ、農奴が荘園から逃れて都市に1年と1日暮らせば、自由の身分を得られたことから、多くの農奴が都市に集まった。こうして都市が諸侯と同等の地位を獲得すると、その勢力は組織化していく。その代表が、北ドイツに誕生した**ハンザ同盟**や北イタリアのロンバルディア同盟**だ。

★ハンザ商人の家

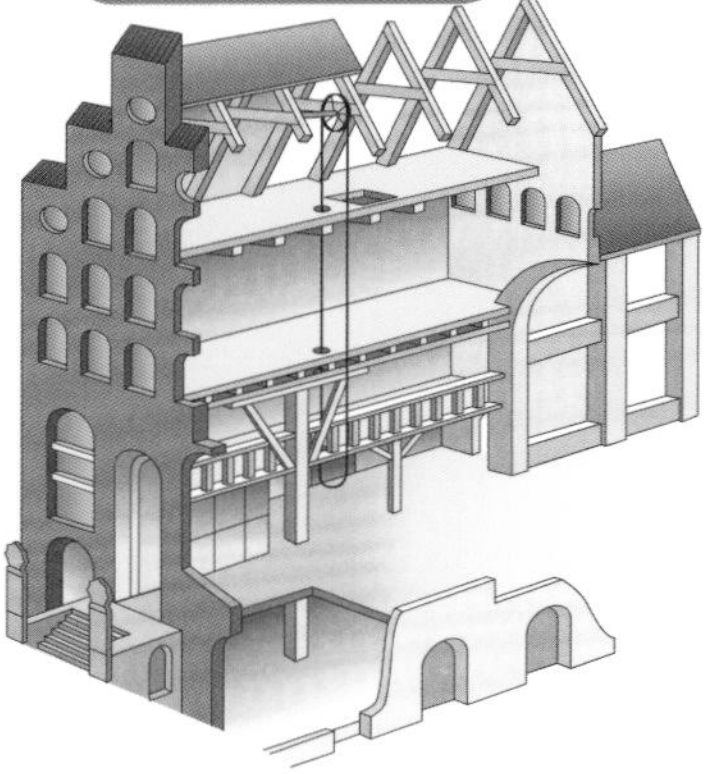

地下には貯蔵室、上階には穀物貯蔵室があり、滑車で荷物の運搬を行った。建物の奥は、商人用の住居

★都市の成立

中世初期の都市
中世都市の核

・司教座都市
・封建領主の居城を中心とした都市

↓

商業の発達
都市発展の背景

・商工業の発達
遠隔地交易の発達
・農業の発達
余剰生産物の増加

↓

中世都市の繁栄

・自治都市、自由都市の形成
（イタリア）（ドイツ）
・都市同盟の結成

Keywords
★ギルド
★自治都市
★都市国家
★ハンザ同盟

時代
11～15世紀

エリア

Notes ＊ギルドとは、中世西ヨーロッパ都市で結成された同業者組合のこと。11世紀頃から有力な商人を中心に商人ギルドがつくられ、13世紀以降は、手工業者が職種別に同職ギルドを結成した

中世都市の繁栄を支えたハンザ同盟とは

通商交通路の安全確保など、共通の利害のため、1241年にリューベックとハンブルクの間で交わされた都市協定に始まった自由都市の連合体がハンザ同盟だ。

商人たちは、デンマークの侵入や海賊からの被害、海難事故などに備えて協力体制を敷いたのである。これにより商業が活発化。ハンザ商人が扱ったのは、スウェーデンの木材や鉱石、ノルウェーの干鱈、フランドルの毛織物など多岐にわたり、14~15世紀の最盛期、加盟都市は100以上に及んだ。

ハンザ都市は、町の構造も類似。町を城壁で囲み、街路は碁盤目状で、門から続く大通りは広場と市庁舎へ向かう。市街地は商人街や職人街、船員街などに分かれ、街区ごとに聖堂も建てられた。

★都市の自治

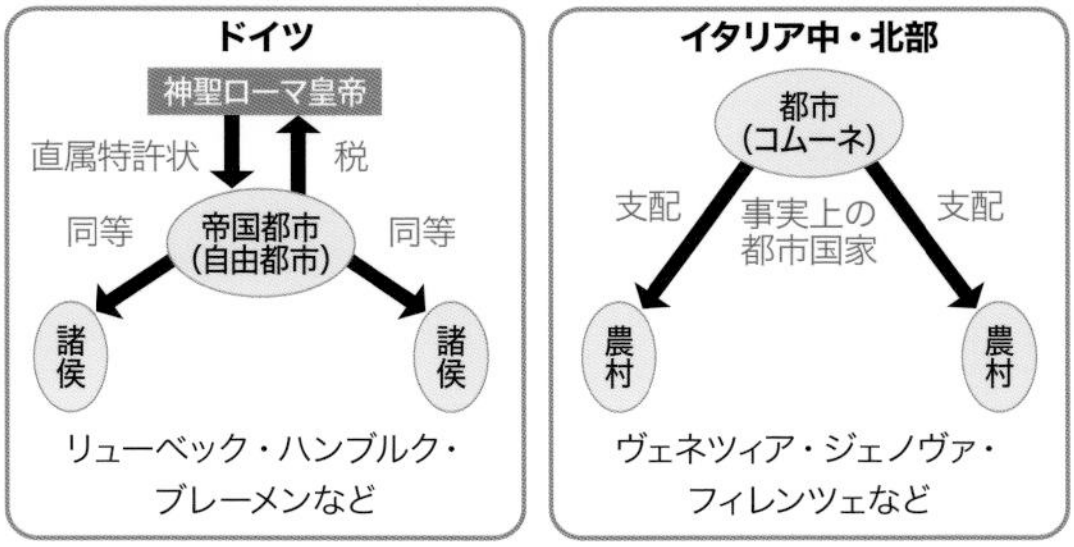

イタリアでは自治権をもつ都市国家が形成され、ドイツの帝国都市は皇帝に対して軍役や税を負担する代わりに、自治権を獲得した

★商人ギルドと同職ギルド

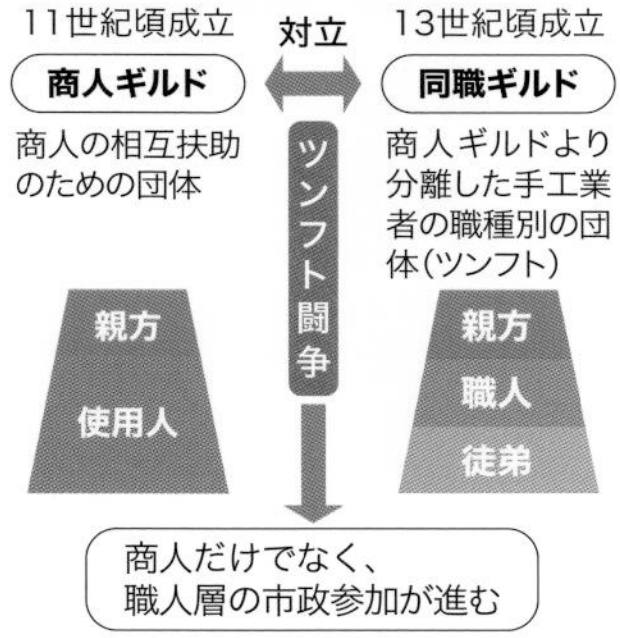

★遠隔地商業

北の北海やバルト海交易圏、地中海交易圏からの商品がイタリアやドイツ、フランスなどのヨーロッパ中心部に集まった

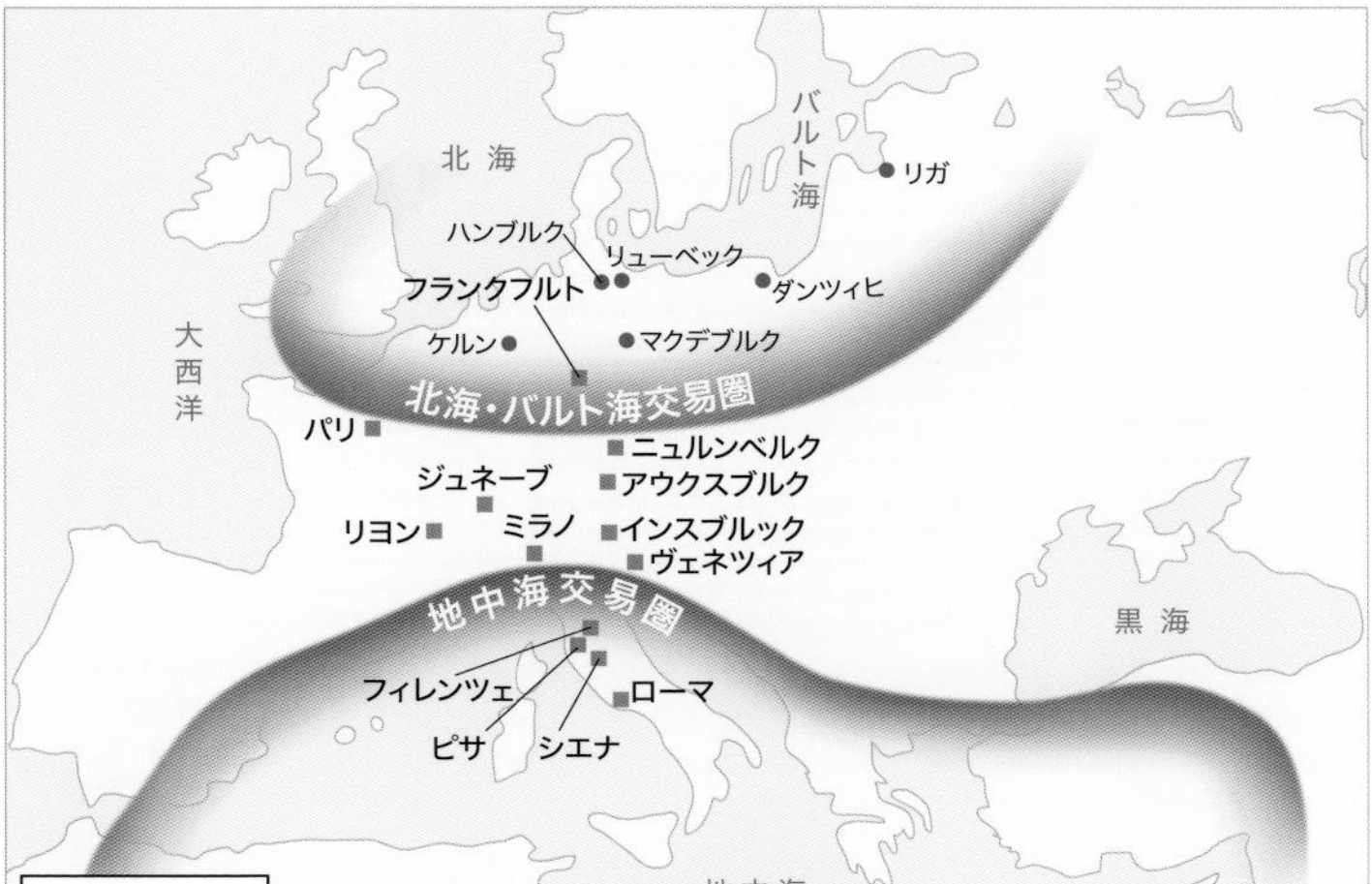

Notes　＊＊ロンバルディア同盟は、神聖ローマ皇帝フリードリヒ1世の相次ぐイタリア遠征に対抗して、ロンバルディア(北イタリア)の諸都市が、自治権防衛のために結成した都市同盟のこと

イタリア 登録基準➔(i)(ii)(iv)

シエナ歴史地区

トスカーナの丘陵地帯にあるシエナは、13～14世紀に金融業の中心地として栄えた。隣国*フィレンツェとの覇権争いの最中に建てられたロマネスクとゴシック様式の大聖堂やカンポ広場に注目。

→12世紀半ば着工の大聖堂

シエナの中心部にあるカンポ広場(写真中央部)は、「世界一美しい広場」といわれる

イタリア 登録基準➔(i)(ii)(iii)(iv)(v)(vi)

ヴェネツィアとその潟《かた》

6世紀頃、湿地に杭を打ってつくられた人工の浮き島には、サン・マルコ大聖堂やドゥカーレ宮殿、運河沿いに点在する館など、500年前の景観が残る。アドリア海の潟に浮かぶ島々とともに世界遺産に登録された。

↑118の小島を約400の橋でつないだ水の都ヴェネツィア。近年は水没の危機に

→運河にかかるリアルト橋も世界遺産の構成資産

ドイツ 登録基準➔(iv)

ハンザ同盟都市リューベック

リューベックは、12世紀中頃に交易拠点として開かれ、13世紀初めに神聖ローマ皇帝により自治権が認められて発展した。旧市街にはホルステン門や、5つの聖堂など、13世紀末から17世紀の建物が数多く残る。

↑ハンザ同盟の中核都市だったリューベックの旧市街

→ホルステン門は外敵を防ぐ要塞門。「内に結束を、外に平和を」の刻印がある

イタリア 登録基準➔(i)(ii)(iv)(vi)

ピサのドゥオモ広場

11～13世紀、海運都市国家として繁栄したピサ。その富を背景に、ドゥオモ広場に立つ大聖堂、鐘楼、洗礼堂、墓所の4大建築がつくられた。

"ピサの斜塔"の愛称で知られる高さ約55mの鐘楼

ムンディ's Eye 小さな砂州から発展したヴェネツィアは、水路が道路の役割を果たし、家の玄関は水路に向かって作られています。車道がないため、車の出入りができず、車は一台も走っていません。

Notes ＊13～14世紀のイタリアは多くのコムーネに分かれていた時代で、フィレンツェ共和国もその1つとして勢力を誇っていた。14世紀には共和政が確立。ルネサンス期に入る

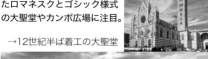

ベルギー　登録基準➔(ii)(iv)

ブリュッセルのグラン・プラス

グラン・プラスは、ブリュッセル旧市街の中心にある110m×70mの広場。高さ96mの尖塔をもつゴシック様式の市庁舎やギルドハウスなど、広場は15～17世紀建造の建物に囲まれている。

→グラン・プラス周辺の商館群

2年に1度、グラン・プラスが花で埋め尽くされるイベント、フラワー・カーペットが開催される

ベルギー　登録基準➔(ii)(iv)(vi)

ブリュージュ歴史地区

13世紀後半にヨーロッパ最大の商業都市となった。運河が町を巡り、旧市街には迷路のような石畳が続く。マルクト(市場)広場にはネオ・ゴシック様式の市庁舎や、ハンザ同盟の外地商館が並ぶ。

↑ギザギザした三角屋根は、ハンザ同盟都市の商館の代表的な建築様式だ

→町の中心部、マルクト広場にある市庁舎

ノルウェー　登録基準➔(iii)

ブリッゲン

ノルウェー最大の港湾都市ベルゲンのブリッゲン地区は、14世紀半ばに在外ハンザ商人の拠点となり、ドイツ人商人がドイツ人居住区を設けた地。ハンザ都市共通の赤い三角屋根の町並みが、往時の繁栄を伝える。

↑「ドイツのふ頭」を意味する「ティスクブリッゲン」が地区名の語源となった

→三角屋根とカラフルな外壁が特徴のブリッゲンの町

スウェーデン　登録基準➔(iv)(v)

ハンザ同盟都市ヴィスビュー

13～14世紀、ハンザ同盟のバルト海の拠点として栄えた町。＊＊城壁内には、13世紀初頭に建てられた倉庫などが並ぶ。16世紀にリューベック(→P58)により町は破壊されたが、約200軒が現存。

→聖堂は宗教改革で廃墟に

13世紀初頭に倉庫として建てられた赤い切妻屋根の家々や、1225年建造の聖母マリア大聖堂などが残る

Notes　＊＊全長約3.5kmのヴィスビューの城壁は、ほぼ完全な形で残る。街の三方を囲み、北、南、東にメインゲートを備え、50基の塔を持つ。城壁内に2つの聖堂が建てられた

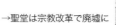

キリスト教徒による 国土回復運動・レコンキスタ

イベリア半島を支配したイスラーム勢力

7世紀初頭、アラビア半島のメッカで、ムハンマドが唯一神アッラーの預言者と自覚し、創始した**イスラーム**。**キリスト教**やユダヤ教の流れをくむ厳格な一神教だ。

イスラーム教徒(ムスリム)は、その後、1世紀の間に東の中央アジアから西は北アフリカまで、勢力を拡大。ウマイヤ朝が北アフリカから**イベリア半島**に侵入し、711年には、*西ゴート王国を滅ぼして、さらにフランス国境まで支配を広げた。

西ゴート王国滅亡をきっかけにイスラーム帝国に対抗して西ゴートの貴族ペラーヨが立ち上がった戦いが、カトリック教徒による**レコンキスタ**(国土回復運動)の始まりだ。レコンキスタとは、スペイン語で「再征服」を意味する。

レコンキスタがイスラーム勢力を駆逐

756年におこった**後ウマイヤ朝**は、首都コルドバを中心に大いに繁栄した。その間に、ムスリムたちはキリスト教の聖堂をモスクに転用するなど、さまざまな改築を行い、同時に、コルドバにメスキータを建設するなど、建設ラッシュも起こった。

★ムデハル様式

レコンキスタ完了後、スペインとポルトガルで発展した建築様式。イベリア半島に残留したムスリムがもたらしたイスラーム建築とキリスト教建築が融合したスタイル

★レコンキスタ変遷図

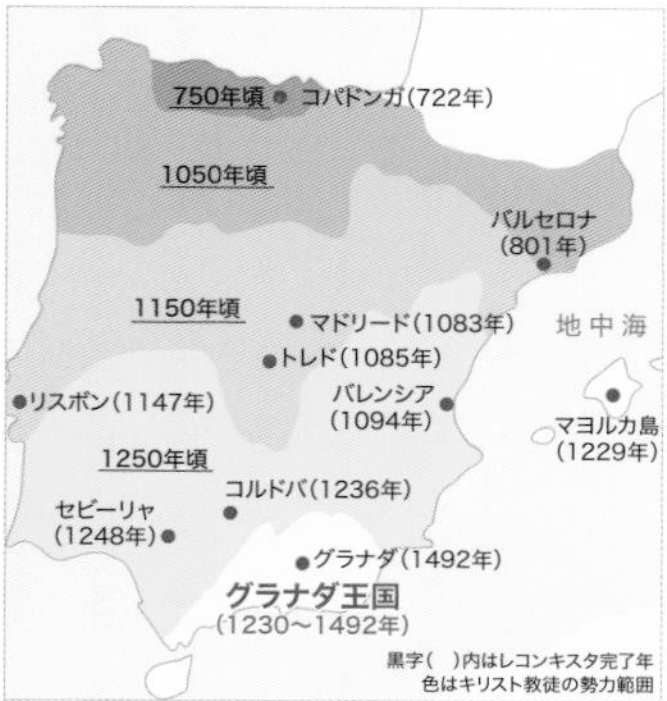

8世紀にイベリア半島北西部にあったアストゥリアス王国から始まったレコンキスタは、約800年かけて南下しながら、ムスリムの地を奪還していった

Keywords

- ★イスラーム
- ★キリスト教
- ★イベリア半島
- ★レコンキスタ
- ★後ウマイヤ朝
- ★カスティリャ王国

時代

8〜15世紀

エリア

Notes ＊5世紀に北方から侵入した西ゴート族が、イベリア半島に築いたのが、西ゴート王国。カトリックを信仰したが、711年にイスラーム勢力に滅亡に追い込まれた

しかし、11世紀に後ウマイヤ朝が滅亡すると、キリスト教徒が反撃の狼煙を上げる。特にイベリア半島東部のアラゴン王国と**カスティリヤ王国**がレコンキスタの中核を担うと、勢いは増してトレドを奪還。武将エル・シッドは、ムーア人**を半島南部に追いやった。13世紀にはコルドバを奪還、そして1492年、グラナダの陥落によって、約800年続いたレコンキスタは幕を閉じた。

レコンキスタ年表

711 ●イスラーム王朝のウマイヤ朝がイベリア半島に侵入し、ゲルマン人の**西ゴート王国が崩壊**

718頃 ●ペラーヨによるキリスト教王国**アストゥリアスが建国**
●**レコンキスタ開始**

756 ●**後ウマイヤ朝が成立**し、首都コルドバを中心にイスラーム文化が開花

803 ●聖ヤコブの遺体が発見された地にサンティアゴ・デ・コンポステーラ大聖堂が建立され、巡礼ブームが起こる

914 ●アストゥリアス王国の首都がレオンに遷され、**レオン王国が成立**

929 ●後ウマイヤ朝アブド・アッラフマーン3世の最盛期に、イスラーム世界の最高位を示す**カリフを宣言**

930頃 ●レオン王国のブルゴス辺境伯が周辺を征服し、**カスティリャ王国をおこす**

1031 ●**後ウマイヤ朝が滅亡**し、イスラーム勢力は分裂と統合をくり返しながら、弱体化していく

1037 ●カスティリャ王国がレオン王国を併合し、レコンキスタを先導

1056 ●モロッコのイスラーム王朝ムラービト朝がイベリア半島に侵入を開始

1085 ●カスティリャ王国アルフォンソ6世がイスラーム勢力よりかつての西ゴート王国の首都**トレドを奪還**。以後、レコンキスタが再度、活発化

1094 ●エル・シッドがバレンシアを征服

1230 ●グラナダを首都とするナスル朝の**グラナダ王国が誕生**

1236 ●カスティリャ王国フェルナンド3世率いるキリスト教軍がコルドバを占領し、グラナダ王国をのぞくスペイン全土を掌握

1377 ●アルハンブラ宮殿に「ライオンの中庭」完成

1469 ●カスティリャ王国イサベル1世がアラゴン王子フェルナンドと結婚

1479 ●アラゴン王国とカスティリャ王国が連合し、**スペイン王国**が誕生

1492 ●イベリア半島最後のイスラーム王朝グラナダ王国がキリスト教勢力により滅亡。**レコンキスタ完了**

★知っておきたい主要3人物

ドン・ペラーヨ

西ゴート王国滅亡後、半島北部の山中に逃れたキリスト教徒を率いアストゥリアス王国（後のレオン王国）を建国。722年にムスリムを破る

エル・シッド

カスティリャ王サンチョ2世のもとで軍人として仕えた。サンチョ2世の死後、カスティーリャ・レオン王国にも仕え、ムーア人に勝利した

イサベル1世

カスティリャ王女で、アラゴン王子フェルナンドとの結婚で両国は統合されスペイン王国が成立。共同統治の時代にグラナダ陥落を導いた

Notes ＊＊ムーア人とは、北アフリカ北西部に住みアラビア語を話すイスラーム教徒のこと

スペイン 登録基準↓(i)(iii)(iv)

グラナダのアルハンブラ、ヘネラリーフェ、アルバイシン地区

王国の栄華を伝えるイスラーム建築の宮殿

イベリア半島南端の町グラナダは、8世紀初頭から15世紀末にキリスト教が奪回するまでイスラーム教徒の支配のもとにあった。13世紀に成立したグラナダ王国は、イベリア半島のイスラーム支配の最後の王朝である。アルハンブラ宮殿(写真上)は、同国滅亡までの260年間の栄華を伝えるイスラーム建築の最高峰で、1230～40年頃、城塞アルカサバが造営されて以来、次々と増築されていった。アルハンブラ宮殿の向かいの丘にある*アルバイシン地区には、グラナダ最古の町並みが残る。

イスラーム鍾乳石飾り

アルハンブラ宮殿にある「ライオンの中庭」を囲む柱廊や部屋の天井に施された精緻な装飾は、鍾乳石飾りと呼ばれる。イスラームでは人や動物のモチーフは禁じられていた

↓二姉妹の間の天井

水と緑のヘネラリーフェ宮殿

1319年、王族の夏の離宮として建てられた。中世イスラーム世界特有の造園技術を駆使し、ネバダ山脈の雪解け水を使った泉や噴水が各所に設けられ、「水の宮殿」とも呼ばれる

ムンディ's Eye

必見はコルドバのメスキータ。円柱の森は、まさに森に迷い込んだような幻想的な空間です。イスラームのモスクの中に、後からキリスト教の聖堂が作られ、現在の形となりました。

Notes ＊ダロ川を挟んでアルハンブラ宮殿と向かい合う丘にあるアルバイシン地区は、急勾配の細い坂道が迷路のように入り組んでいる。敵の侵入を防ぐ、イスラーム都市ならではのつくりだ

スペイン 登録基準→(i)(ii)(iii)(iv)

コルドバ歴史地区

複雑な歴史が生んだ異文化が共存する町並み

古都コルドバは、8世紀から10世紀にかけてイスラーム支配下で発展したが、レコンキスタにより13世紀に再びキリスト教のもとに戻った。こうした歴史を背景に、イスラームとキリスト教の文化が共存する町並みが誕生した。

コルドバを代表する祈りの殿堂、メスキータ。突き出た屋根はキリスト教の大聖堂

メスキータ内部の「円柱の森」

キリスト教徒がつくったマヨール礼拝堂

高さ93mの鐘楼

ポルトガル 登録基準→(ii)(iv)(v)

シントラの文化的景観

シントラは、歴代のポルトガル王家がたびたび訪れた避暑地。王宮[**]やペナ宮、貴族の館など贅を尽くした建造物と中世の面影を残す町並みが、シントラ山脈の豊かな自然と調和している。

↑シントラは、ヨーロッパ各地の景観設計に大きな影響を与えた

↓周辺も含めた文化的景観

スペイン 登録基準→(i)(ii)(iii)(vi)

セビージャの大聖堂、アルカサルとインディアス古文書館

イスラーム支配下で繁栄し、大航海時代に発展したセビージャ。1519年完成の大聖堂は、世界最大級のゴシック建築の聖堂。ルネサンス様式のインディアス古文書館は1583年にフェリペ2世の命で建設された。

↑アルカサルの大使の間。アルカサル(王宮)は、君主が交わるたびに増改築が重ねられ、複数の様式が混在

→アルカサルの外観

Notes ＊＊シントラの王宮は、イスラーム教徒の建物を増改築したため、ムデハル様式やゴシック、ルネサンス様式などが混在。ポルトガル独特の青い装飾タイルで壁を覆いつくした部屋もある

中東とアフリカにおける イスラーム世界の形成と発展

破竹の勢いで イスラーム世界が拡大

イスラームの創始者**ムハンマド**は630年にメッカを征服し、晩年にはアラビア半島をほぼ統一した。ムハンマドの後継者のもと、周辺への**ジハード**（聖戦）が開始され、ササン朝やビザンツ帝国からシリアやエジプトを奪取。661年にダマスクスに誕生した**ウマイヤ朝**はイベリア半島へ進出した（P60）。750年にはシーア派におされた**アッバース朝**が成立、都をバグダードに移し、9世紀には黄金時代を迎える。

東方では、11世紀にトルコ人のセルジューク朝がバグダードに入城し、スルタン（支配者）の称号を授かって、アナトリアやシリアまで勢力を拡大。1258年、アッバース朝を倒したモンゴル軍は、イランとイラクを支配するイル・ハン国を建国し、後にイスラームを国教にしたことで、イラン・イスラーム文化が開花していく。

西方では、11世紀半ばに北アフリカの先住民ベルベル人のイスラームへの改宗が進み、勢いは西アフリカまで及んだ。一方、サラディンがエジプトに興した**アイユーブ朝**は、12世紀後半に聖地エルサレムを奪回し、十字軍と戦う。

11世紀後半のイスラーム世界

Keywords
- ★ムハンマド
- ★ジハード
- ★ウマイヤ朝
- ★アッバース朝
- ★アイユーブ朝
- ★コーラン
- ★アッラー

時代

7〜14世紀

エリア

Notes ＊六信五行とは、神、天使、各種の啓典、預言者たち、来世、神の予定を信じ（六信）、信仰告白、礼拝、喜捨、断食、メッカ巡礼を実践（五行）するムスリムの信仰と行為をまとめたもの

イスラーム化は、10世紀末からインドや東南アジアにも及び、インドではデリーを中心とするデリー・スルタン朝へと発展し、ヒンドゥー教とイスラームの要素を融合した、インド・イスラーム文化へと昇華していった。

各地で花開いたイスラーム文化

イスラームのおきては、六信五行*を軸に、政治や社会、文化全般で共有された。支配した土地では、支配地の文化が取り込まれ、地域ごとのイスラーム文化が開花。モスクには学院(マドラサ)を併設させて教育にも力を注いだ。文学では『千夜一夜物語』やメッカ巡礼記などが流行り、美術・工芸分野ではアラベスク文様が、モスク建築やミナレット(モスクに附属する塔)などに採用された。その多くが世界遺産に登録されている。

★イスラーム世界を知るキーワード7

コーラン

ムハンマドに下された神の言葉の集大成で、アラビア語で記されたイスラームの聖典。声に出して読むべきものとされる

ムハンマド

メッカの有力な氏族の出身。610年に山上での修行中に**アッラー**から啓示を受け、アッラーの使徒であると確信、イスラームを創始

文化の融合

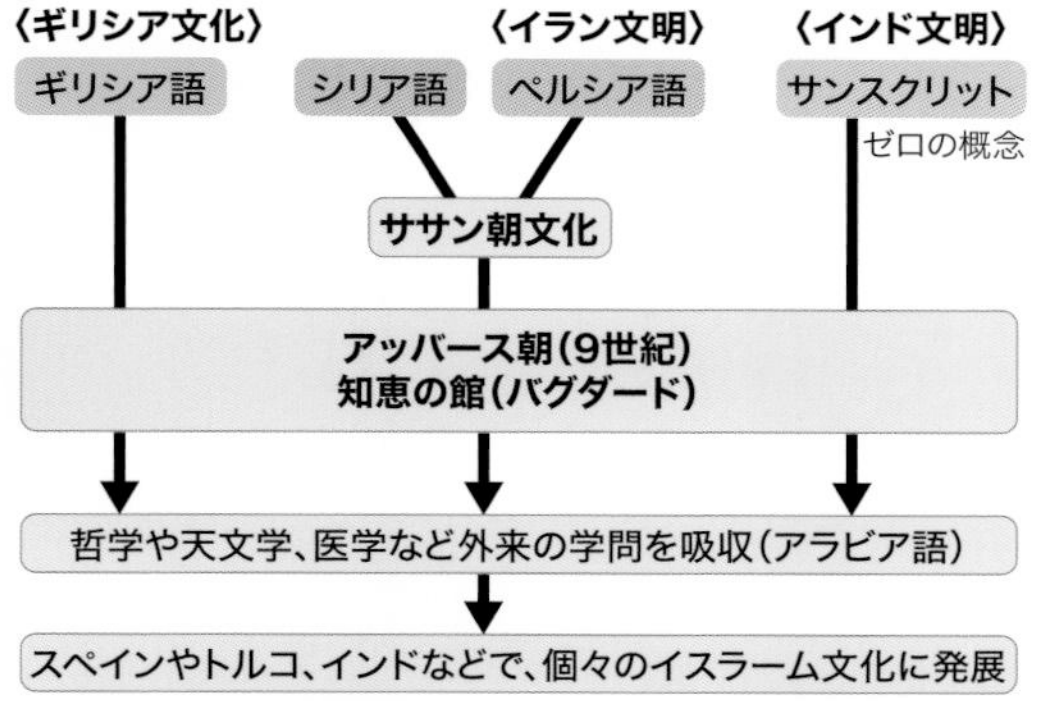

支配下の国々の文化を取り込み、イスラーム文化は発展。知恵の館はギリシア語の書物収集とアラビア語への翻訳を目的とした研究機関

マドラサ

イスラーム世界で、神学や法学など、高等教育を授ける学校。モスクに併設されることが多い

カリフ

イスラーム最高指導者の称号。4人の正統[**]カリフが選ばれたのち、イスラームの実力者がカリフを世襲

スンナ派とシーア派

イスラームの慣例を重視する多数派のスンナ派とムハンマドの血縁を重視するシーア派がある

アラベスク

優美な植物が絡み合った唐草模様など、曲線的な装飾模様で、イスラーム建築に多用される

Notes　＊＊正統カリフとは、ムハンマド直系の4人の後継者のこと。初代はアブー・バクル(位632〜634)。4代目アリーの没後、後継者争いで分派ができる契機に

イラン 登録基準➡(i)(v)(vi)

イスファハーンのイマーム広場

地上に現れた楽園

1598年にサファヴィー朝のアッバース1世が『コーラン』に記された楽園を理想として築いた町がイスファハーンだ。その象徴が、東西160m、南北510mのイマーム広場である。広場を囲む2層構造のアーケードに組み込まれるように、複数のモスクやアリー・カプー宮殿が立ち並ぶ。

スタラクタイト装飾

スタラクタイト装飾とは、イスラーム建築特有の鍾乳石状の装飾。ドームや半ドームなどアーチ曲線を優美に彩る。金曜モスク(写真右)の入り口でも見られる

イマーム・モスクのアーチ型天井の上にスタラクタイト装飾がある

イエメン 登録基準➡(iv)(v)(vi)

サナア旧市街

＊サナアは、『旧約聖書』にも登場する世界最古の町の1つ。旧市街には、103のモスクなどが立ち並ぶ。

チュニジア 登録基準➡(ii)(iii)(v)

チュニス旧市街

古代から港湾都市として栄え、7世紀以降はイスラーム化し、モスクを中心に旧市街が広がった。

アルジェリア 登録基準➡(ii)(iii)(v)

ムザブの谷

11世紀初頭に故郷を追われたムザブの人々がサハラ砂漠北部に築造。立方体の家屋が密集する5つの町からなる。

ムンディ's Eye

イスファハーンの美しさはこの誌面ではとても表現しきれません。ぜひ「イスファハーン」で画像検索して「イスファハーンは世界の半分」と言われた栄華の跡を感じてほしいです。

Notes ＊サナアの旧市街には、103のモスクのほかに、6000棟近い家屋と64基のミナレットなどが林立。今も変わらず約400～500年前の町の姿を見ることができる

シリア
登録基準↓(i)(ii)(iii)(iv)(vi)

古都ダマスクス

城壁に囲まれた世界最古の町

ダマスクスは、5000年以上前から続く世界最古の都市の1つで、ウマイヤ朝の首都として繁栄。城壁に囲まれた旧市街には715年に完成し、現存する最古のモスクといわれるウマイヤ・モスクや宮殿など、各時代の建造物が残る。

ウマイヤ・モスク

ダマスクスが首都になったことで、増加した信徒のために、時のカリフが建造した。中庭の三方を回廊が囲み、一方が礼拝堂になっている

アゼム宮殿

オスマン帝国時代の1749年にダマスクス州総督アゼムが在任中に建てた邸宅。現在は民俗資料館として公開されている

エジプト
登録基準↓(i)(v)(vi)

カイロ歴史地区

イスラーム王朝の歴史が刻まれた都

アフリカ大陸初のイスラーム都市フスタートを前身に、10世紀にファーティマ朝によって築かれたカイロは、その後、大都市に発展。シタデルやアズハル・モスクをはじめ、7～20世紀に建てられた建築が世界遺産に登録されている。

アズハル・モスク

972年に完成したモスクで、併設する988年完成のマドラサは、イスラーム世界最古の教育施設。現アズハル大学の前身となった

シタデル

無血でカイロを制したアイユーブ朝の創始者＊＊サラディンが、あまりに無防備な都市を案じて築いた城塞。壮大なモスクも併設

Notes　＊＊31歳でファーティマ朝の宰相についたサラディンは、政治手腕を発揮して十字軍を撃退。ファーティマ朝最後のカリフが死去すると、エジプトを支配下に収め、1171年、アイユーブ朝を創設

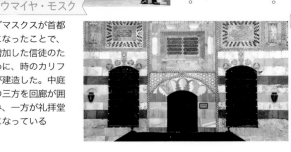

三大陸をまたぐ巨大勢力、オスマン帝国

オスマン帝国の栄枯盛衰の流れ

アナトリア*では、セルジューク朝系の王朝が13世紀にモンゴルに服属し、混乱した。この状況で誕生したのが**オスマン帝国**だ。バルカン半島に進出後、ティムールに敗れて混乱に陥るが、その後、メフメト2世の時代にビザンツ帝国を滅亡へ追い込んだ。セリム1世はサファヴィー朝を倒してシリアに進出し、マムルーク朝をも滅ぼし、管理下にあった聖都メッカとメディナの保護権を獲得。イスラーム守護者の中心となる。

最盛期はスレイマン1世の治世。ウィーンを包囲し、スペイン・ヴェネツィア連合艦隊を破って地中海の制海権を獲得。ヨーロッパ諸国の脅威となる一方、異教徒の自治を認める政策で安定は続いた。

一時はアジアやアフリカまで領土を拡大したが、17世紀末の第2次ウィーン包囲の失敗からハンガリーをオーストリアに奪われ、弱体化へ。18世紀にはクリミア半島をロシアに奪われ、滅亡へ向かう。

オスマン帝国の繁栄の背景にあったもの

ビザンツ帝国の首都であったコンスタンティノープルは**イスタンブール**と改称され、**トプカプ宮殿**

★オスマン帝国の版図

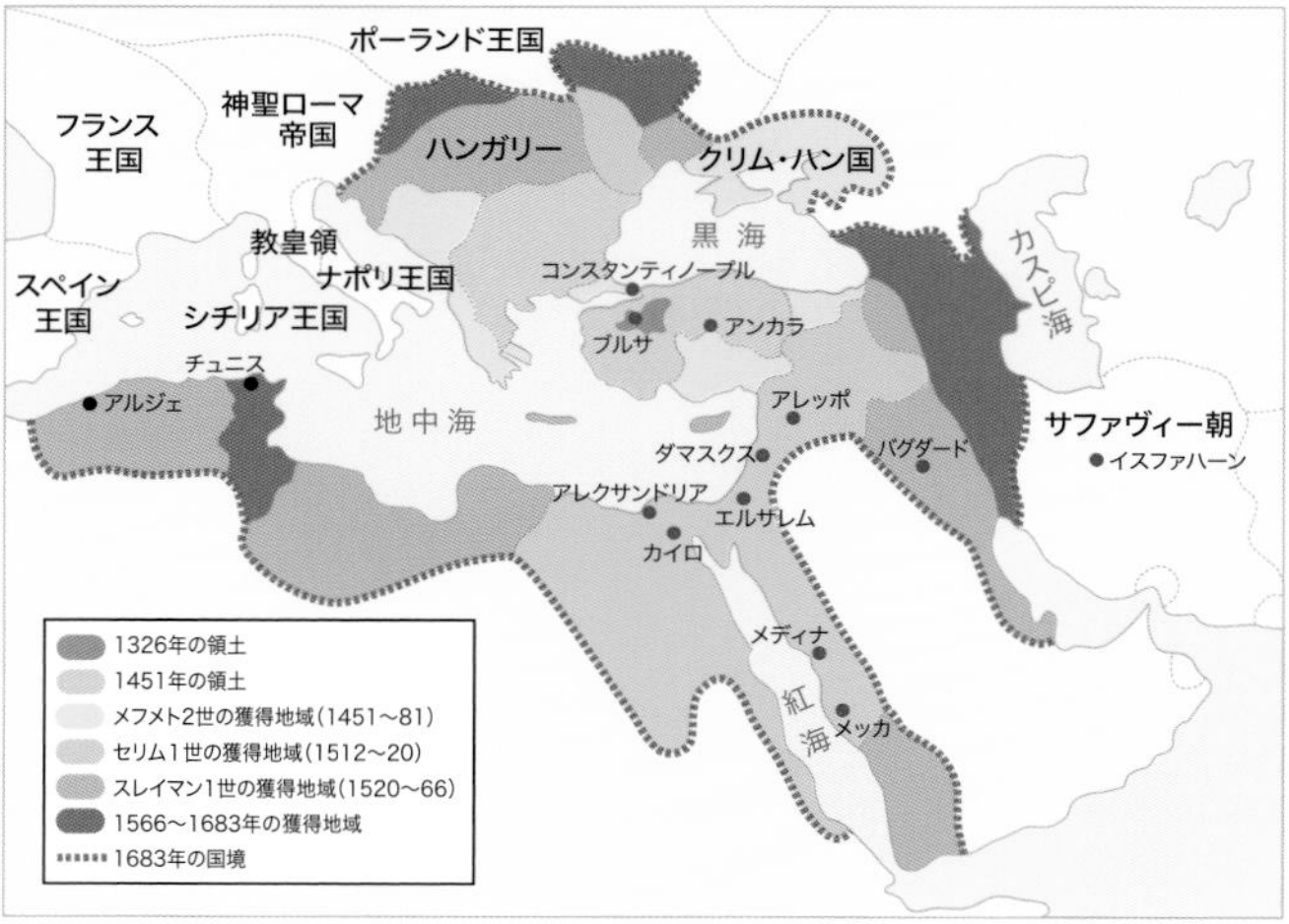

Keywords
★オスマン帝国
★イスタンブール
★トプカプ宮殿
★スルタン

時代
13～20世紀

エリア

Notes ＊アナトリアとは、現・トルコのアジア側。黒海、エーゲ海、地中海に囲まれた半島で、マルマラ海を隔てるとバルカン半島。アジアとヨーロッパを結ぶ要。古くはヒッタイト王国があった

では贅を極めた**スルタン****の生活が繰り広げられた。

600年もの長期繁栄を保ったオスマン帝国の秘密は、多様性の尊重にあったといわれる。帝国内には、トルコ人、アラブ人、ギリシア人ほか多くの民族が共存し、イスラーム教国でありながら、キリスト教徒やユダヤ教徒の自治も容認。女性や文化人も活躍でき、出自を問わずエリートになれたという。

オスマン帝国興亡史

- 1299 ●オスマン1世(在位1299～1326)がアナトリア西部に**オスマン帝国を建国**
- 1326 ●ブルサを征服し、首都に
- 14世紀後半 ●イェニチェリ軍団誕生
- 1389 ●**コソヴォの戦いに勝利**し、バルカン半島を支配
- ●バヤジット1世即位(～1402)
- 1402 ●アンカラ(アンゴラ)の戦いでティムールに敗れ、オスマン帝国混乱
- 1413 ●**メフメト1世がオスマン帝国を再統一**
- 1444 ●メフメト2世即位(～1446、1451～81)
- 1453 ●コンスタンティノープル(現・イスタンブール)を征服、遷都。**ビザンツ帝国滅亡**
- 1475 ●クリム・ハン国を服属させ、黒海制海権を掌握
- 1512 ●セリム1世即位(～1520)
- 1517 ●マムルーク朝を破り、メッカとメディナの保護権を掌握
- 1520 ●スレイマン1世即位(～1566)
- 1526 ●モハーチの戦いで、ハンガリーを併合
- 1529 ●**第1次ウィーン包囲**
- 1538 ●スペイン・教皇連合艦隊との**プレヴェザの戦いで勝利**。東地中海の制海権を掌握(帝国最盛期)
- 1571 ●**レパントの海戦**で、スペイン・教皇・ヴェネツィア連合艦隊に敗れる
- 1683 ●**第2次ウィーン包囲に失敗**
- 1699 ●カルロヴィッツ条約を締結。オーストリアにハンガリーを割譲
- 1703 ●アフメト3世即位(～1730)
- 1811 ●エジプトがオスマン帝国から事実上独立
- 1821 ●ギリシア独立戦争
- 1922 ●**オスマン帝国滅亡**

★発展に導いた5人のスルタン

ムラト1世

帝国の始祖オスマン1世の孫(在位1362～89)。征服活動の末、バルカン半島を領土に。有給の歩兵新鋭軍団イェニチェリを創設し、帝国の基礎を固めた人物

バヤジット1世(雷帝)

ムラト1世の子。軍事の天才で「雷帝」の異名を持つ。ハンガリー王率いるキリスト教国連合軍を打倒し、コンスタンティノープルをたびたび包囲した

メフメト2世(征服王)

コンスタンティノープルを攻略し、ビザンツ帝国を滅ぼしたことから、征服王と呼ばれる。ボスニア、ヘルツェゴビナを併合、アナトリア全土を支配下においた

セリム1世(冷酷者)

兄や甥たちを殺したことから冷酷者と呼ばれる。エジプトのマムルーク朝を滅ぼし、シリアやサウジアラビア西部のビジャーズ地方を併合した

スレイマン1世(立法者)

帝国の最大版図を支配。神聖ローマ帝国カール5世が治めるウィーンを包囲し、フランスのフランソワ1世と同盟関係を結ぶなど外交面でも力を発揮

Notes　**スルタンとは、イスラームの最高権威者カリフから授けられる、政治的有力支配者の称号。トルコ系君主が好んで使用した

トルコ 登録基準→(i)(ii)(iii)(iv)

イスタンブール歴史地域

2つの宗教の建築が融合する町

ヨーロッパとアジアの両大陸にまたがるイスタンブールには、キリスト教国のビザンツ帝国、イスラーム教国のオスマン帝国という、2つの宗教国家の都として栄えた歴史が色濃く残る。なかでも、ビザンツ様式の傑作アヤ・ソフィアとオスマン建築の代表作ブルー・モスクを中心とする建築物は、ヨーロッパとアジアにおける*宗教建築の模範に。オスマン帝国の栄華を象徴するトプカプ宮殿やスレイマニエ・モスクなども歴史地区(旧市街)の秀作だ。

ブルー・モスク

1616年、アフメト1世の命で建造されたスルタン・アフメト・モスク。壁、天井、柱を覆うタイルの色から、ブルー・モスクと呼ばれる

アヤ・ソフィア

537年再建の初期ビザンツ様式のバシリカ聖堂。大聖堂からモスクに転用された

↓皇帝の間(上)と割礼の間(下)

トプカプ宮殿

約70万㎡の宮殿。メフメト2世が1459年に着工。歴代スルタンの居城で、政治の中枢でもあった

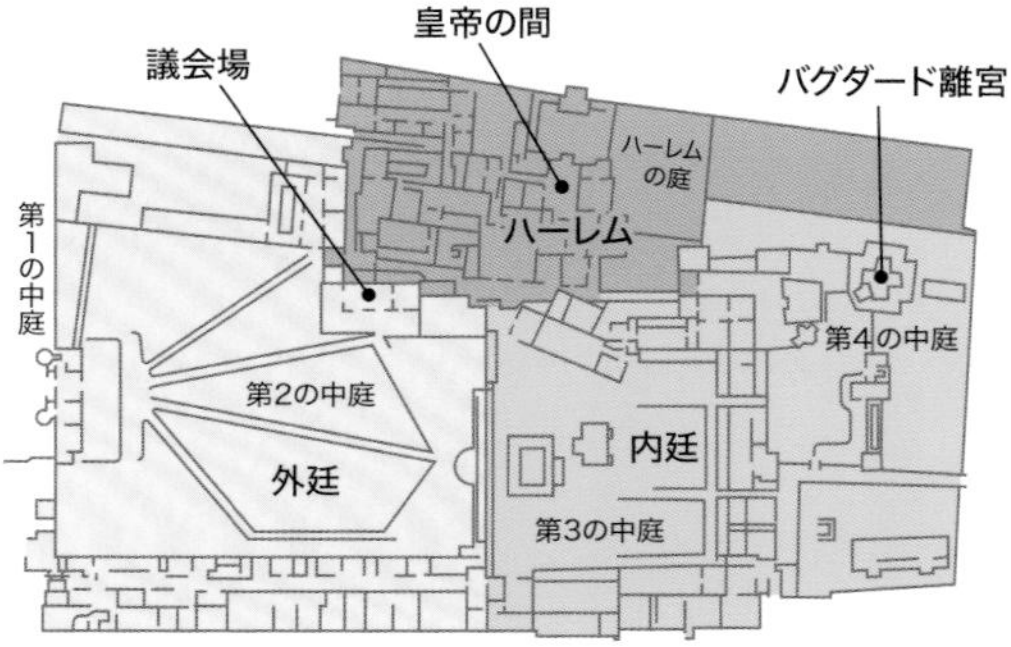

ムンディ's Eye イスタンブールは約1000年間ビザンツ帝国の都で、その後約500年間オスマン帝国の都でした。1500年間もキリスト教帝国・イスラーム帝国の中心地だったため、歴史遺産が豊富なのです。

Notes ＊オスマン帝国に代わった際、多くの宗教建築物は、キリスト教の聖堂からイスラームのモスクに転用された。ミフラーブ(祈り用の壁龕)やミナレットはオスマン帝国時代に付け加えられた

トルコ 登録基準→(i)(ii)(iii)(iv)(vi)

ブルサとジュマルクズック：オスマン帝国発祥の地

14世紀初頭にオスマン帝国がビザンツ時代の建築をオスマンの伝統的様式につくり替えた建物が並ぶ。

←ブルサにあるウル・ジャーミィ
↓ブルサの隊商宿

アルジェリア 登録基準→(ii)(v)

アルジェのカスバ

→ジャマー・アルジェディッド・モスク

小高いの丘にあるアルジェのカスバ**は、16世紀に海賊が発展させた町。迷路のような路地、急勾配の階段や坂道、密集する家屋が特徴だ。

←1436年建造のケチャウア・モスク

地下宮殿

4世紀にコンスタンティヌス帝の命でつくられた地下貯水池。141m×73mの空間に、1列28本の大理石柱が12列並ぶ様子から地下宮殿と呼ばれる

至宝

宮殿内に展示されている礼装用兜。金の象嵌細工にトルコ石とルビーがはめ込まれている。軍事用の甲冑にも宝石を使用。スルタンの豊かさがうかがい知れる

↑ハーレム入口にある議会場。スルタンと家臣が定期的に御前会議を開いた
←庭園にあるバグダード離宮

Notes ＊＊カスバとは、アラビア語で「城塞」「城壁で囲まれた区域」を意味する。迷路のような路地は敵の攻撃から町を守るのに役立った

古典文化が開花した インドのグプタ朝

文化面でも繁栄を見せた グプタ朝とヴァルダナ朝

インダス文明の後、アーリヤ人の進出を受け、マウリヤ朝やクシャーナ朝などを経たインドに、4世紀、新たな王朝が誕生した。**グプタ朝**である。滅亡する6世紀半ばまでに、北インド全域を統一する一大王国となった。

最盛期はチャンドラグプタ2世(在位376頃〜414頃)の時代。

ガンジス川河畔のパータリプトラ(現パトナ)に都を構えた王朝は、政治的には、王国直轄領、従来の支配者の統治地域、領主の属領に分権し、統治を徹底した。

マウリヤ朝やクシャーナ朝が仏教を重んじたのに対し、グプタ朝では、シヴァ神やヴィシュヌ神などを信仰する**ヒンドゥー教**が定着した。仏教にも保護を与え、中国の僧、法顕《ほっけん》が**仏教**を学びに訪れている。

際立つのが文化面だ。*二大叙事詩『マハーバーラタ』や『ラーマーヤナ』が完成し、**ゼロの概念**が生まれ、百科全書的な宗教聖典であるマヌ法典が成立。純インド的な美術表現のグプタ様式も誕生した。

7世紀に北インドを支配したのは**ヴァルダナ朝**。支配者はヒンド

3人の王

チャンドラグプタ1世

在位318〜335頃。ガンジス川流域を領土としてグプタ朝を興した。「大王の王」

チャンドラグプタ2世

在位376〜414頃。ベンガル湾からアラビア湾まで領土を拡大。貿易で繁栄

ハルシャ・ヴァルダナ王

在位606〜647頃。ヴァルダナ朝を創設。文武両面で優れ、宗教と学芸を保護

グプタ朝とヴァルダナ朝の版図

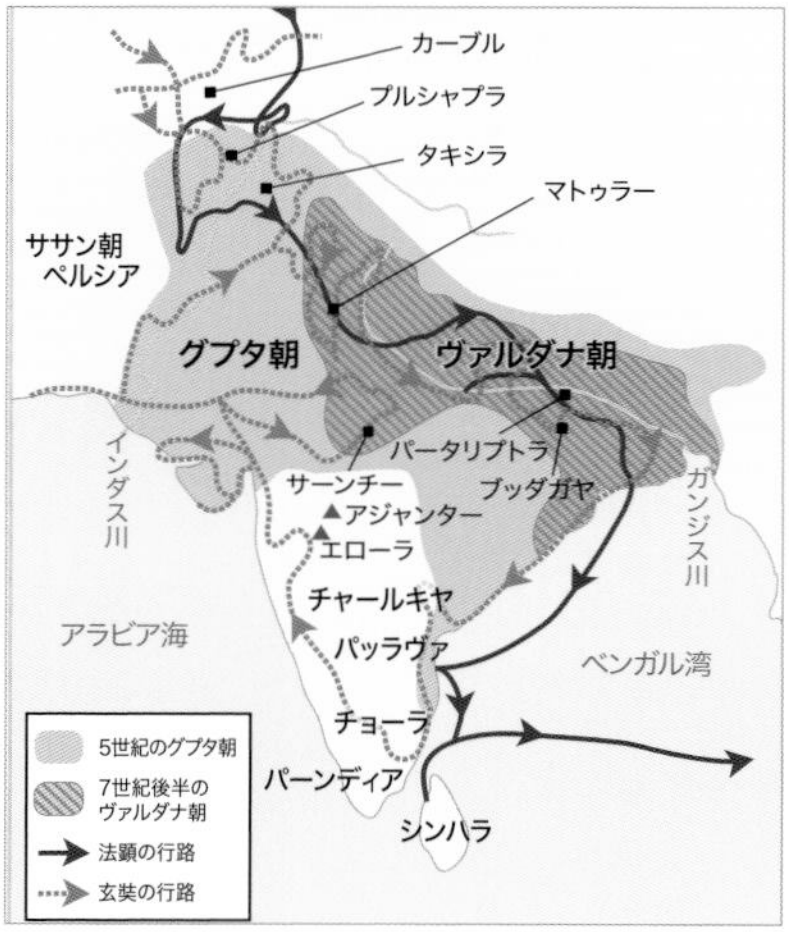

Keywords

★グプタ朝
★ヒンドゥー教
★仏教
★ゼロの概念
★ヴァルダナ朝
★デリー・スルタン朝

時代

5〜15世紀

エリア

Notes ＊『ラーマーヤナ』は、王子ラーマと妻シーターとの物語。『マハーバーラタ』は、2つの王族による大戦争の経緯を描いた物語。インドの二大叙事詩といわれる

ウー教を信仰したが、他の宗教にも寛容で、唐からインドへ旅した玄奘《げんじょう》は王の庇護のもと、ナーランダー僧院で仏教を学んだ。この旅をまとめたのが『大唐西域記』**だ。

イスラーム王朝が続いた時代の北インド

8〜10世紀の諸王朝分裂時代を経て、インドでは、11世紀のガズナ朝、12世紀のゴール朝の侵入により、イスラーム化が進み、13世紀の奴隷王朝から15世紀まで続く5つの王朝、**デリー・スルタン朝**もすべてイスラームを支持した。

イスラーム勢力の進出により、初期の頃はヒンドゥー教寺院が破壊されることもあった。しかし、どちらの宗教も、神への献身や苦行を通じて神との合体を求める信仰に共通点があったため、両宗教は融合。インド・イスラーム文化の誕生に至った。

★グプタ朝の功績

ヒンドゥー教の発展

バラモン教に民間宗教が融合して生まれたヒンドゥー教を保護した。また、本格的なヒンドゥー教寺院が建設されたのも、グプタ朝の時代である

ナーランダー僧院建設

グプタ朝の王の保護のもとに、仏教の教義を学ぶ学院として建てられた。唐の名僧、玄奘や義浄もここで学んだ。大乗仏教研究の中心地とされた

グプタ文化の繁栄

数学
ゼロの概念や十進法による数字の表記法が生み出され、後の自然科学の発展に貢献

文学
サンスクリット語の二大叙事詩や、宮廷詩人カーリダーサの戯曲『シャクンタラー』が有名

芸術・建築
細密画や建築様式に代表されるグプタ様式は、寺院建築や壁画などの表現手段になった

★ヴァルダナ朝以降

南インドでは

南インドでは、8世紀のチョーラ朝から15世紀のヴィジャヤナガル王国まで、一貫してヒンドゥー教が信仰された。灌漑施設の建設で農業が安定。地中海から続く「海の道」の交易の中心地としても繁栄した

イスラーム化

13世紀に将軍アイバクが建国した奴隷王朝からインドにおけるイスラーム王朝が始まった。イスラームのモスクが建てられ、細密画が流行し、文学がペルシア語に翻訳されるなど、イスラーム要素が取り入れられた

ラージプート時代

7世紀後半から13世紀初頭にインドが分裂期を迎えていた時代をラージプート時代という。ヒンドゥー教を信仰していたラージプート諸国に、中央アジア方面からイスラーム勢力が侵入、対抗した時代

Notes ＊＊『大唐西域記』は、玄奘が西域からインドにいたる17年にわたる旅を、後に弟子たちがまとめた旅行記。三蔵法師(玄奘)を主人公とする『西遊記』の素材となった

インド 登録基準➔(i)(ii)(iii)(vi)

アジャンター石窟群

1819年、デカン高原北西のアジャンターで発見された30の仏教石窟寺院群。紀元前2〜後2世紀に最初に開窟されたと考えられ、後5〜7世紀に再度開窟された。石造彫刻のほか、6〜7世紀の壁画群は高く評価されている。

仏教美術

第26窟の左廊にある、全長7.3mのインド最大の涅槃仏。壁画の多くはテンペラ技法の一種で描かれた

第26窟のストゥーパの奥行は約21m

インド 登録基準➔(i)(iii)(vi)

エローラ石窟群

3つの宗教の34の石窟寺院が残る。7〜9世紀頃、南側に仏教寺院、中央にヒンドゥー教寺院、北側にジャイナ教寺院が順に開窟された。ヒンドゥー教の*カイラーサ寺院は、岩山を掘削して建造物を掘り出したインド最大の"石彫寺院"。

石彫寺院の特徴

拝堂の奥に本堂が聳え、それを回廊が囲む。インドの寺院建築の代表的なつくりで、すべて岩山を掘削したもの。左は16窟カイラーサ寺院

32窟にあるジャイナ教の女神像

インド 登録基準➔(iv)

デリーのクトゥブ・ミナールとその建造物群

彫刻美

ミナレットの表面には、精緻な彫刻が施されている。表現されているのは、つる状に植物を表現した唐草模様と『コーラン』の章句

クトゥブ・ミナールは、デリーにある高さ72.5mのミナレット(モスクに附属する塔)。1206年に奴隷王朝を築いたアイバクが権力を誇示するために建造した。

ムンディ's Eye アジャンターの石窟群は、狩りをしていたイギリス人士官が虎に襲われて渓谷に迷い込み、偶然発見したといわれます。壮麗な寺院の柱や仏像などすべてが岩を彫り込んで作られています。

Notes | *カイラーサ寺院の名は、シヴァ神が棲むといわれるヒマラヤ山脈北側のカイラーサ山に由来する。寺院は、この聖山を表しており、幅46m、奥行き80m、高さ34mの威容を誇る

インド　登録基準➔(ⅰ)(ⅱ)(ⅲ)(ⅳ)(ⅵ)

ブッダガヤの大菩提寺

釈迦が悟りを開いた地として知られるブッダガヤは、仏教4大聖地の1つ。大菩提寺の建物は19世紀後半の復元だが、グプタ朝の建築様式を伝える。アショーカ王が贈ったとされる宝座や石造の欄干は、芸術的価値が高い。

釈迦悟りの地

釈迦が悟りを開いたと伝わる菩提樹があった場所。根本にはアショーカ王寄贈と伝わる宝座がある

大菩提寺にある高さ約50mの大塔

インド　登録基準➔(ⅰ)(ⅲ)(ⅳ)

ハンピの建造物群

ハンピは、14世紀にヴィジャヤナガル王国の都として築かれた。16世紀前半、豪華な建物が次々と建てられたが、1565年にイスラーム軍に敗れ、廃墟と化した。現在は修復により、ヴィルパークシャ寺院、ロータス・マハルなどが蘇っている。

ヴィシュヌ神の化身

寺院地区西端にあるヒンドゥー教の神でヴィシュヌ神の化身、ナラシンハ(人獅子)の坐像。高さは6.7m

←寺院地区中央にある寺院跡

アフガニスタン　登録基準➔(ⅱ)(ⅲ)(ⅳ)

ジャムのミナレットと考古遺跡群

＊＊ゴール朝のスルタンが建立した高さ65mのミナレット。基部が八角形のレンガ造りで、精緻な装飾で覆われ、青タイルの銘が埋め込まれている。武力紛争による損傷や不法発掘のため、危機遺産にも登録された。

ゴール朝時代の遺構

幾何学模様や植物模様が施されたミナレットは、この地方の伝統的建築の代表例とされている

←ミナレットに施された精緻な彫刻

Notes　＊＊ゴール朝は、12世紀半ばから13世紀前半まで続いたトルコ系イスラーム王朝。ガズナ朝を倒し、アフガニスタンからイランまでを支配。ナーランダー僧院を破壊し、仏教は決定的に衰退した

仏教やヒンドゥー教を信仰した東南アジアの諸王朝時代

宗教文化を開花させたアンコール朝

　802年にベトナム南部を含むカンボジア地域を統一した**アンコール朝**の繁栄は600年に及んだ。彼らクメール人の心をとらえたのは、多神教*の**ヒンドゥー教**。王たちは自らを神格化し、権力の集中を図った。スールヤヴァルマン2世は、アンコール・ワットを建設。**大乗仏教に帰依したジャヤヴァルマン7世は、アンコール・トムを完成させた。歴代の王たちは、乾季の農業に備え、大規模な貯水池も造営し、二期作、三期作を可能にして、王国の繁栄を支えた。

微笑みの国を支えたスコータイ朝とアユタヤ朝

　13世紀半ば、タイ北部にタイ人による最古の王朝**スコータイ朝**がおこり、14世紀にはタイ中部に**アユタヤ朝**がおこった。これらの王朝の王たちが信仰したのは**上座部仏教**。上座部仏教とは、出家者自身が禁欲的な修行を行い、悟りを開こうという宗派であり、227条ともいわれる厳格な戒律が存在する。

　一方、民衆は托鉢僧にお布施を渡し、寺院へ寄進することで功徳を積むことができた。この2つの王朝時代に、仏教寺院が数多く建造された。

★東南アジアの王朝の変遷

9世紀頃

11世紀頃

Keywords
★アンコール朝
★ヒンドゥー教
★スコータイ朝
★アユタヤ朝
★上座部仏教
★シャイレンドラ朝

時代
9〜19世紀

エリア

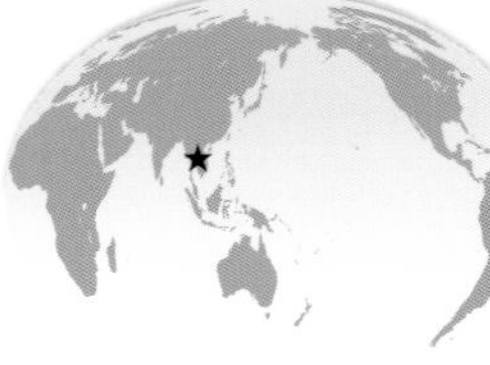

Notes ＊多神教のヒンドゥー教では、宇宙の守護神ヴィシュヌ神や破壊と創造の神シヴァ神、幸運と繁栄の女神ラクシュミー、知恵と幸運の神ガネーシャから山川草木に宿る神まで無数の神が存在

島々でも誕生した諸王朝

スリランカでは、紀元前3世紀からイギリス領になるまで上座部仏教を支持するシンハラ王国の時代。インドネシアのジャワ島周辺では、仏教国の**シャイレンドラ朝**やヒンドゥー教の王朝が登場。ジャワ文学や影絵芝居が発展した。

チュノム文字

Tôi nói tiếng Việt Nam
碎呐㗂越南

13世紀、ベトナム陳朝の時代に漢字をもとにつくられたベトナム独自の文字。下の段がそれで、漢字に酷似している

影絵芝居

ワヤン・クリと呼ばれる人形を用いた影絵芝居。10世紀頃にはすでに演じられていたとされる

★東南アジアの主な王朝

エリア	時代		特徴	世界遺産
カンボジア	アンコール朝	802〜1432	クメール人による王朝。12世紀後半に即位したジャヤヴァルマン7世の時代に、インドシナ半島のほぼ全域を領土とし、全盛期を迎える	アンコール・ワット／アンコール・トム
ベトナム中・南部	アンコール朝	802〜1432	中部にはチャム人によるチャンパー、南部にはクメール人の扶南などの国があったが、8世紀頃からアンコール朝の支配下に	
ベトナム中・南部	広南朝	1532〜1777	アンコール朝、大越国黎朝などの支配を経て、広南阮氏が、中部から南部に半独立政権を樹立。ホイアンは、16世紀には貿易都市として繁栄した	古都ホイアン
ベトナム北部	大越国(李朝・陳朝)	1009〜1400	1009年に中国から独立した後、李朝、陳朝、胡朝と続き、永楽帝の治世下で中国の明に従属	
ベトナム北部	大越国(黎朝)	1428〜1789	1428年に治世を回復。大越国黎朝から莫氏を経て黎氏・鄭氏の黎朝時代に入る	
ベトナム北部	越南国(阮朝)	1802〜1859	ベトナムを統一した阮福暎が、国号を越南国に改め、フランス領になるまで続いた	フエの建造物群
ビルマ(ミャンマー)	ピュー民族	1世紀〜832	イラワジ川中流域で栄えた民族。インドの影響を受け、仏教が広がっていた	ピュー古代都市群
ビルマ(ミャンマー)	パガン朝	1044〜1299	ビルマ最初の王朝。上座部仏教が広がり、仏教寺院やパゴダが多く建設された	バガン
タイ	スコータイ朝	1238年頃〜1438	タイ族がアンコール朝から自立して建国した、タイ最古の王朝。13世紀末〜14世紀初め、ラーマカムヘン王の時代に全盛期を迎える。タイ文字が確立し、仏教が発展	スコータイと周辺の歴史地区
タイ	アユタヤ朝	1351〜1767	アユタヤを首都として成立した王朝。1432年のアンコール攻略以降、カンボジア化したインド文化の影響を強く受ける。17世紀に全盛期を迎え、18世紀半ばにビルマ軍の侵攻を受け滅亡	古都アユタヤ
マラッカ海峡周辺	シュリーヴィジャヤ王国	7〜14世紀	スマトラ島やマレー半島にかけて繁栄したマレー人の王国。貿易の中心地として栄え、都はスマトラ島のパレンバン	
ジャワ島	シャイレンドラ朝	8〜9世紀	インドネシア中部ジャワ島で栄えた王朝。短期ではあるが、大乗仏教を積極的に保護し、仏教寺院の建設も盛ん	ボロブドゥル寺院遺跡群／プランバナンの寺院群
スリランカ	シンハラ王国	紀元前3世紀頃〜1815	スリランカの民族、シンハラ人による王国。後3世紀に上座部仏教が伝わった。10世紀末以降、ヒンドゥー教徒の侵攻を受け、遷都を繰り返す。15世紀後半には王国内の小国家、キャンディ王国が誕生。1815年にイギリス領に	聖地アヌラーダプラ／古代都市シギリヤ／古代都市ポロンナルワ／聖地キャンディ

Notes　＊＊大乗仏教とは、仏教の二大宗派のひとつで、「多数の人々を乗せる広大な乗り物」の意。それまでの上座部仏教とは異なり、在家信者を主とし、悟りを求める人はすべて救われると説く

カンボジア
アンコール

登録基準↓(ⅰ)(ⅱ)(ⅲ)(ⅳ)

東南アジア最大級の石造伽藍の遺跡

首都プノンペンの北西約240kmにあるアンコール遺跡群*は、9世紀初頭から15世紀にかけて、約600年間この地を支配したアンコール朝の栄華の証である。

歴代の王たちは次々と都城を築き、神格化した自らの力を、都城の中心となるヒンドゥー教や仏教の寺院に反映させた。巨大寺院アンコール・ワットや城郭都市アンコール・トムをはじめ、無数の遺跡がこの地に集中している。1432年、シャム人の侵攻により破壊されるまでにつくられた建造物の数は、700にも上る。

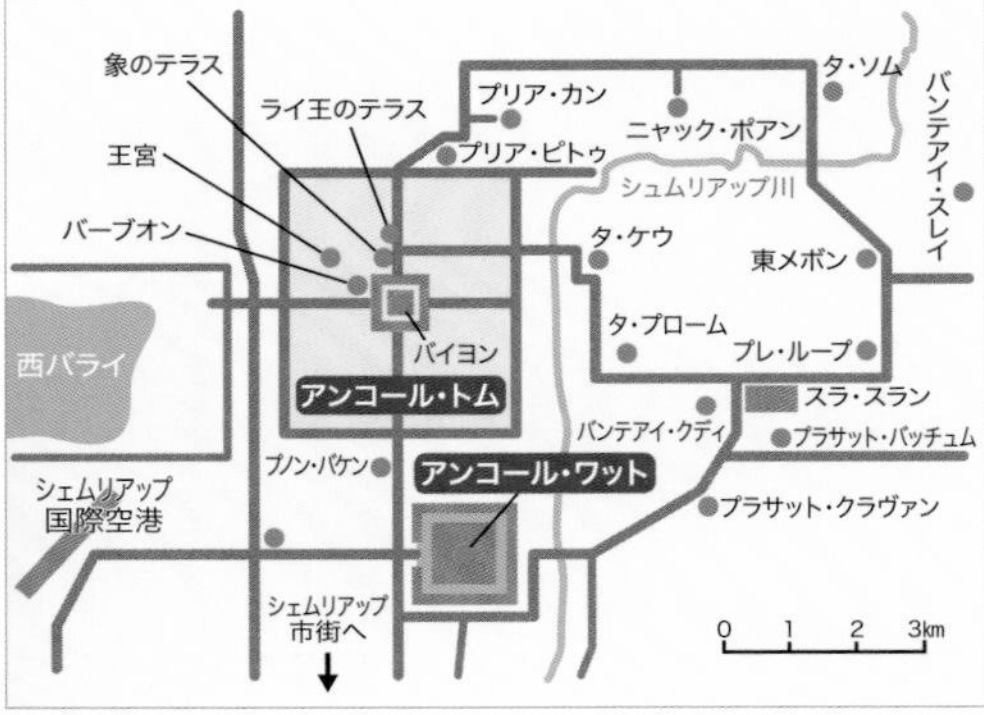

バンテアイ・スレイ

967年、アンコール・ワットの北東約30kmの場所に創建。「東洋のモナ・リザ」と呼ばれるデヴァター(女神)像は、アンコール朝で最も洗練された作品

アンコール・ワット

「寺院によってつくられた都城」を意味し、遺跡中最大の面積2k㎡を誇る。1113年、アンコール朝最盛期の王スールヤヴァルマン2世により着工された

タ・プローム

ジャヤヴァルマン7世が亡き母を弔うため、1186年に建立した仏教寺院。東西1km、南北600mの敷地に60もの塔堂があったが、現在残るのは3割。ガジュマルの巨木の気根が覆う姿は発見時のまま

ムンディ's Eye

アンコール・ワットははじめヒンドゥー教の寺院として建てられ、のちに仏教寺院となりました。中央の塔は世界の中心を、周囲の壁はヒマラヤ山脈を、周りの濠は大海をあらわします。

Notes　*アンコール遺跡群は、アンコール平野の東西22km、南北35km内の範囲に点在する、都城跡や寺院、祠堂、貯水池などの総称。すべてを回るのに、車を利用しても2日はかかる

インドネシア 登録基準➔(i)(ii)(vi)

ボロブドゥル寺院遺跡群

約115m四方の基壇、方壇5層、円壇3層をピラミッド状に積み上げた世界最大規模の仏教遺跡。パウォン寺院、ムンドゥ寺院などもある。

円壇最上層に鎮座する釈迦如来像

タイ 登録基準➔(iii)

古都アユタヤ

約400年続いたアユタヤ朝の首都として栄えた。歴代33人の王により仏教寺院や王宮などが築かれたが、1767年に王朝は滅亡。多くの寺院が廃墟となった。

ワット・プラシー・サンペット

スリランカ 登録基準➔(ii)(iii)(iv)

古代都市シギリヤ

5世紀後半、カッサパ1世が父王の供養のため、高さ約200mの岩山**の山頂に宮殿や庭園などを建設(写真上)。中腹には「シギリヤ・レディ」と呼ばれる壁画がある。

岩山に描かれたシギリヤ・レディ

象のテラス

アンコール・トム内の王宮前広場に設けられた全長約300m、高さ約3mのテラス。テラスの土台に彫刻された象が並ぶことから名づけられた。出陣と凱旋の際は、テラス前の勝利の門をくぐった

バイヨン(アンコール・トム)

アンコール・トムの中心となる寺院バイヨンには、巨大な観世音菩薩の顔を4面に彫り込んだ四面仏顔塔が林立している。中央祠堂の高さは約45mで、周囲を囲むのは、仏顔を施したあまたの塔だ

↑左が四面仏顔塔。穏やかな表情から「バイヨンの微笑」と呼ばれる。右は壁面に彫られた女神像

→バイヨンの回廊の壁一面を飾る浮き彫り。戦闘や庶民の生活が描かれている

Notes ＊＊シギリヤの岩山は、山頂にある宮殿や庭園などを、ライオンが背負うような形で存在することから「獅子の山」とも呼ばれる。建設したカッサパ1世は、シンハラ朝アヌダーダプラ王国の王

王朝が激変した中国
三国時代から元まで

群雄割拠のなか 誕生した数々の王朝

220年に始まる魏《ぎ》・蜀《しょく》・呉《ご》による**三国時代**で、最強の王朝は魏。*屯田制や九品中正を実施。人を9等級に分けて評価し、その評価に基づき役人を採用した。老荘思想が流行し、仏教も次第に広がった。西晋を経ると南北の分裂時代へ。

北は5つの異民族の侵入によって五胡十六国時代に入り、短命な16の王朝の興亡が続いた。386年に平城を都に建国された北魏では、太武帝《たいぶ》が華北を統一して道教を保護。**孝文帝**《こうぶん》の最盛期が過ぎると、西魏と東魏に分裂する。

南では、建康《けんこう》(現・南京)を首都とする東晋から始まる5つの王朝がおこり、書道や絵画、詩など文化が開花した。

581年、大興城(長安)を都とする**隋**が誕生し、役人を学科試験で採用する**科挙**を実行した。618年には李淵《りえん》が**唐**を建国。中央政府に三省六部を設置し、統治体制を整えた。周辺諸国との交流も盛んで、文化も栄えたが、**玄宗の治世から政治が乱れ、滅亡へ向かう。

北宋・南宋の時代を経て、中国を征服したモンゴル人が1271年に**元**を建国。1世紀近くの間、中国を支配した。

★唐の統治体制

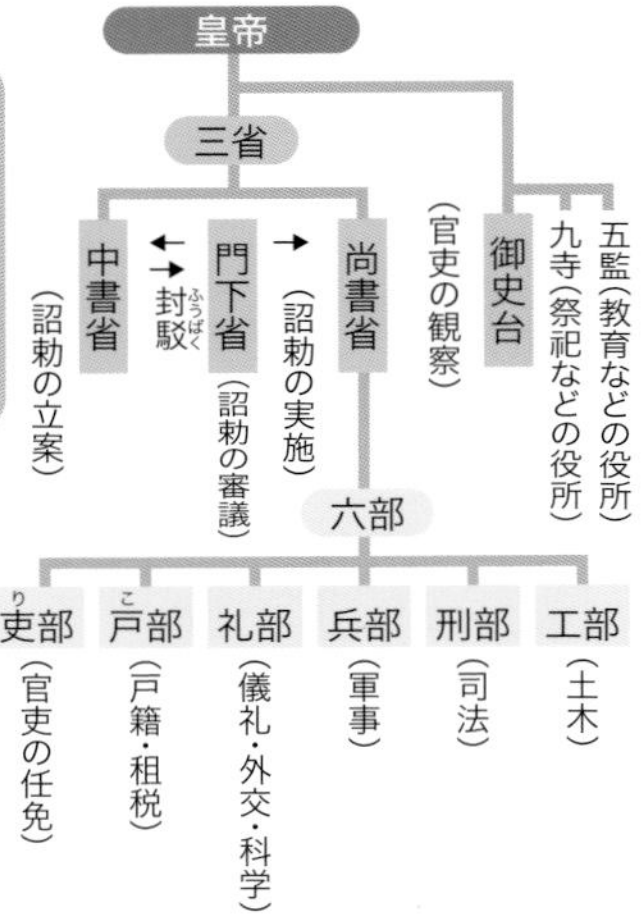

律…刑罰規程
令…行政法規
格…補足改正規定
式…律令の施行規則

★南北朝時代

北魏から隋統一までを南北朝時代、三国時代から隋統一までを魏晋南北朝時代という。各地でめまぐるしい抗争が繰り返された。写真は道教の聖地の1つ、五岳の泰山

Keywords
★三国時代
★南北朝時代
★孝文帝 ★隋
★科挙 ★唐 ★元

時代
4～17世紀

エリア

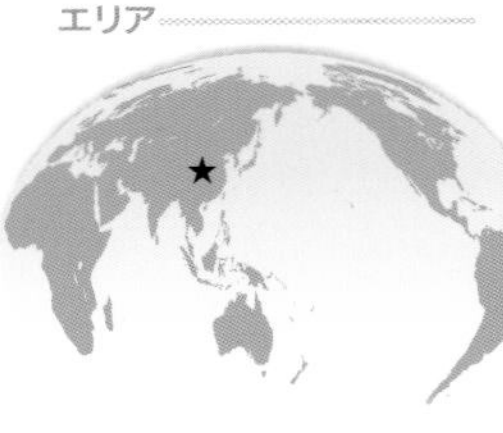

Notes
＊屯田制とは、国有地に農民を割り当てて耕作させ、税をとる制度。北魏の時代には農民に土地を支給して耕作させ、死後返納させる制度である均田制が始まった

★おさえておきたい歴史の流れ

後漢

漢を再建
洛陽を都とし、25～220年まで続いた王朝。全盛期のローマ帝国とも交易があった

魏　蜀　呉

三国最大の勢力（魏）
都は洛陽。乱世の英雄と呼ばれた曹操が築き、その子が皇帝となり成立

西晋

北：五胡十六国

異民族の時代
遊牧騎馬民族の匈《きょう》奴《ど》や鮮《せん》卑《び》、チベット系の氐《てい》などが中国に侵入した

北魏

華北統一の北魏
孝文帝が洛陽に遷都。仏教を保護し、多くの石窟寺院を建造

西魏 → 北周
東魏 → 北斉

南：東晋 → 宋 → 斉 → 梁 → 陳

文化が発展（東晋）
官位を捨て故郷の田園に帰る心境を綴った陶淵明の詩『帰去来の辞』発表

魏晋南北朝時代

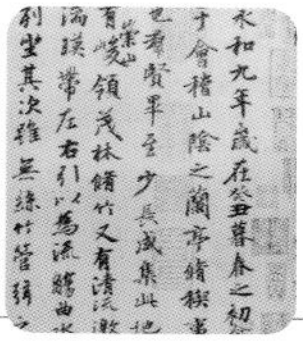

六朝文化
江南地域で貴族文化が発展。写真は王《おう》羲《ぎ》之《し》の書『蘭亭序《らんていじょ》』の部分

隋

久々の統一王朝
煬帝《ようだい》は、政治の中心華北と経済の中心江南を結ぶ大運河を完成させた

唐

女帝が登場
中国唯一の女帝、則天武后は、積極的に科挙官僚を重用した

文化が隆盛
玄奘がインドへ渡った。山水画や仏壁画、陶芸の唐三彩などが流行

北宋

商工業が発展
北宋時代、陶磁器の技術が開花した。白磁、青磁、白釉陶器が生まれた

南宋

北宋を継いだ王朝
景徳鎮や絹織物、木版印刷が盛んに。モンゴルのフビライ・ハンにより滅亡

元

蒙古襲来
日本に２度の遠征を行ったが、鎌倉幕府に撃退された

モンゴル人の征服王朝
元朝初代皇帝フビライ・ハンは、漢人知識人を重用し、中国の経営に実績を上げた

Notes　＊＊6代皇帝玄宗は、治世の前半は善政をとったが、楊貴妃を寵愛した後半は政治姿勢が崩壊。均田制が崩れて荘園制が発達し、自作農民が没落して、府兵制も崩壊。大規模な反乱が起こった

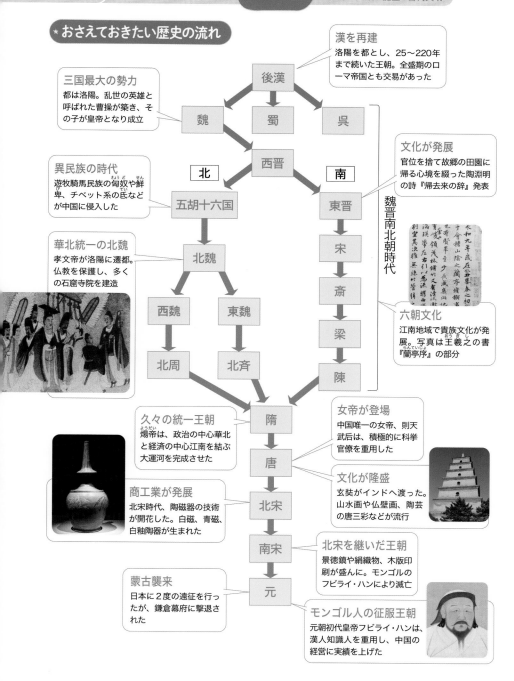

中国 登録基準→(ⅰ)(ⅱ)(ⅲ)(ⅳ)(ⅴ)(ⅵ)

莫《ばっ》高《こう》窟《くつ》

敦煌の南東25㎞に位置する、*前秦時代の4世紀半ばから元王朝の13世紀までの約1000年、16王朝にわたって造営された仏教石窟寺院。インドから中央アジアに伝わった仏教が、シルクロードの要衝として栄えたこの地を拠点に中国へと伝えられたことを示す貴重な遺構である。

洞窟内の美

735もある石窟内は、経典を絵画化した壁画や仏像などで埋め尽くされている。左は、275窟にある脚をX字形に組む弥勒菩薩交脚像

→シンボル的存在の96窟(九層楼)。高さ33mの仏像を安置する

中国 登録基準→(ⅰ)(ⅱ)(ⅲ)(ⅳ)

雲《うん》崗《こう》石窟

5～6世紀の北魏時代に、武周山の断崖につくられた石窟寺院群。北魏の人々は5人の皇帝を模した5体の大仏のほか、252の石窟、5万1000体余の仏像を岩盤に刻んだ。中国の初期仏教美術の傑作で、莫高窟、龍門石窟とともに中国3大石窟の1つ。

巨大石仏

16～20窟に皇帝を模した大仏がある。左の釈迦坐像のモデルは初代皇帝道武帝。高さ13.7m。右は6窟

中国 登録基準→(ⅰ)(ⅱ)(ⅲ)

龍《りゅう》門《もん》石窟

↑川から見た西山の石窟群

洛陽郊外を流れる伊《い》水《すい》の両岸の岩山に掘られた石窟寺院。石窟数1352、仏龕785、仏像は約10万体。494年に北魏の孝文帝が始めた造営は唐代まで続いた。

巨大石仏

唐の高宗の勅願で造営された龍門最大の石窟、奉先《ほうせん》寺《じ》洞《どう》。本尊の盧舎那仏の高さは30m

ムンディ's Eye 雲崗石窟と龍門石窟の仏像の表情の違いに注目してみてください。インドの影響が強い雲崗石窟に比べ、のちの時代まで開削が続いた龍門石窟は、仏像の表情が中国風に変化しています。

Notes ＊前秦(351～394)は、中国の五胡十六国(→P80)の一国。氐《てい》の族長だった苻健《ふけん》が長安を都に建国。甥の苻堅《ふけん》は376年に華北を一時統一した。氐族はチベット系の半農半牧の少数民族

中国 登録基準➔(iv)(vi)(x)

峨《が》眉《び》山《さん》と楽《らく》山《ざん》大《だい》仏《ぶつ》

峨眉山は、中国4大名山の1つで霊場として知られ、山中には報国寺や万年寺をはじめ、多数の寺院が立ち並ぶ。一方、楽山大仏は、峨眉山の東、約20㎞の凌雲山にある磨崖仏。唐代につくられ、磨崖仏としては世界最大級を誇る。

巨大石仏

唐代につくられた楽山の磨崖仏の弥勒菩薩像は、高さ71m、座高28mの巨大仏像だ

←峨眉山の金頂

中国 登録基準➔(ii)(iv)(v)

麗《れい》江《こう》旧市街

海抜2416mの高原に位置する麗江は、少数民族の＊＊納《ナ》西《シ》族がつくった町。13世紀後半に茶葉をはじめとする交易品の集散地として繁栄した。瓦葺きの木造家屋が軒を連ねる旧市街には、独自の文化を育んだ納西族の800余年の歴史が刻まれている。

甍《いらか》の町

麗江の旧市街には4000戸以上の家屋が密集している。俯瞰するとその屋根はまさに甍の波

↓石畳の街路に面して長屋の間口が並ぶ麗江の町

→水路が巡る町は水の都と呼ばれる

モンゴル 登録基準➔(ii)(iii)(iv)

オルホン渓谷文化的景観

オルホン川流域の広大な牧草地には、6～7世紀の考古遺跡、8～9世紀のウイグル王国の都カラ・バルガスン遺跡、13世紀にチンギス・ハンが築いた都カラコルムの遺跡などが残っている。2000年以上にわたり培われてきた遊牧民の伝統を今に伝える。

遊牧民文化

ハラホリン地域にあるエルデニ・ゾー寺院群は、モンゴルで最古のチベット仏教寺院といわれる

↓カラコルムの寺院近くにある亀石

Notes ＊＊納西族は、中国雲南省北部から四川省西南部にかけて居住する少数民族。独自の文字である、表意・象形文字のトンパ(東巴)文字を使用する

世界遺産に見る宗教建築の特徴

世界遺産には、数多くの宗教建築物が登録されている。そして、キリスト教の聖堂や仏教寺院、イスラームのモスクなどには、それぞれ共通する特徴がみられる。建築様式とともに見てみよう。

「キリスト教」

十字形を基本にしたキリスト教の聖堂建築

キリスト教の聖堂建築の特徴は、平面プランと建築様式の2つに表れている。

平面プランとは、真上から見

聖堂の平面プラン

ギリシア十字形

平面プランが正十字形の聖堂のこと。アプシス（半円形の後陣）があり、屋根に複数のドームを備えている。東方正教会の主流形式

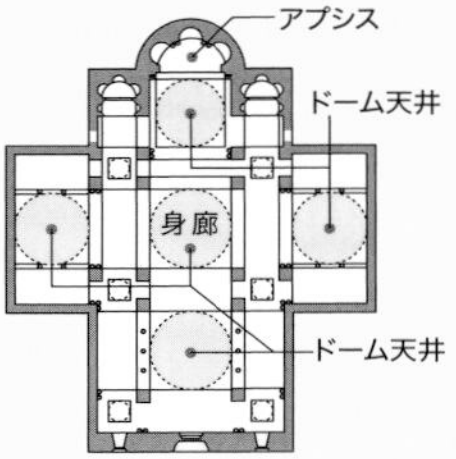

バシリカ式

古代ローマのバシリカ（集会所）を聖堂とした建物が起源。平面は長方形で、身廊（入口から内陣まで）を挟んで、両側に側廊がある

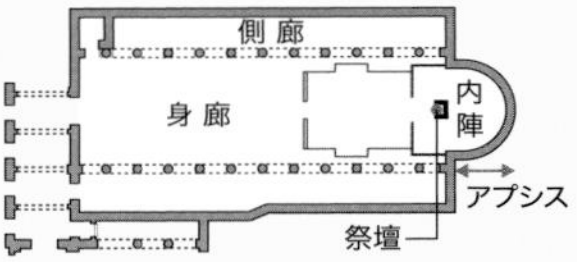

集中式

中心は円堂で、外観は正方形や六角形、八角形であることが多い。中央部が身廊で、その外側に環状の周歩廊が設けられている

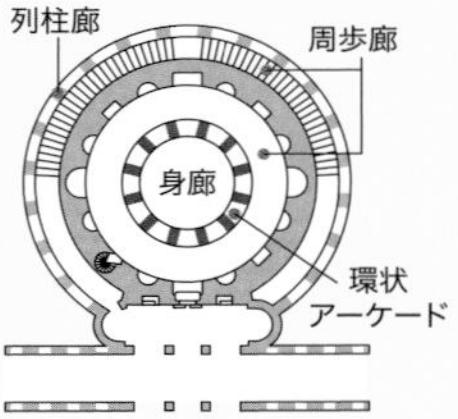

ラテン十字形

バシリカ式の発展形で、平面プランは、長軸と短軸（翼廊）のある十字形が特徴。カトリックとプロテスタントの聖堂で用いられる

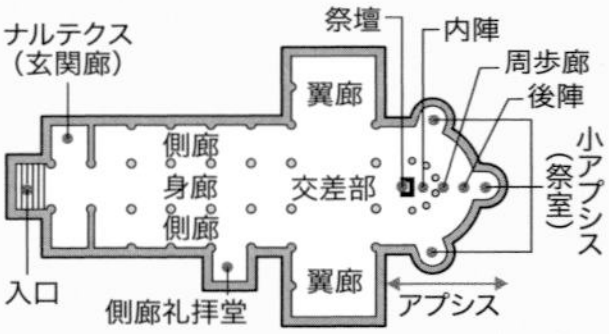

建築様式

バロック様式

端正なルネサンス様式に対し、曲線や楕円形、波打つ壁面など、均衡を崩した形に美を求めた様式

ルネサンス様式

古代ローマ建築を模範とし、円形、正方形、正多角形など幾何学図形が基本。均整がとれた左右対称形

ゴシック様式

12世紀後半～16世紀初頭に流行した。尖頭アーチを用い、高い天井と光を取り入れた造りが特徴

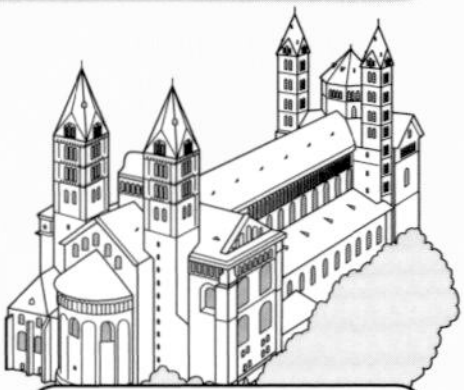

ロマネスク様式

10世紀末から12世紀頃に建てられた様式。厚い壁と小さな窓、円形アーチを特色とする

たときの平面構成で、バシリカ式、ラテン十字形、ギリシア十字形がある。集中式は聖堂に隣接する洗礼堂などによく見られる。
　建築様式では、聖堂建築の初期から時代を追って、ロマネスク様式、ゴシック様式、ルネサンス様式、バロック様式と変遷。宗教観などが建築に反映されていることもある。

ドイツ　登録基準➔(i)(ii)(iv)

ケルン大聖堂

最大のゴシック様式を目指し、1248年に着工。282年の中断を経て1880年に完成した。高さ43mを超える天井や光を取り込むステンドグラスが特徴だ。

ドイツ　登録基準➔(ii)

シュパイヤー大聖堂

神聖ローマ皇帝コンラート2世の命で着工し1061年に完成。ラテン十字形で、ロマネスク様式の代表となった。20世紀の改築で創建当時の姿に。

ドイツ　登録基準➔(i)(iii)

ヴィースの巡礼教会

18世紀半ば建造。質素な外観とは裏腹に、内部はドイツ・ロココ様式を代表する装飾で埋められている。壁画や天井画、彩色木彫像がある祭壇は圧巻。

バチカン市国　登録基準➔(i)(ii)(iv)(vi)

バチカン市国

サン・ピエトロ大聖堂

16～17世紀に改築された聖堂は、カトリック聖堂の伝統的な形式のラテン十字形。巨大な円蓋はミケランジェロの設計で、高さ132.5m、直径42m。

イタリア　登録基準➔(i)(ii)(iii)(iv)

ラヴェンナの初期キリスト教建築物群

サンタポリナーレ・イン・クラッセ聖堂

８つの初期キリスト教建築物群からなる。バシリカ式のサンタポリナーレ・イン・クラッセ聖堂は、後陣を飾るモザイク画の美しさに定評がある。

フランス　登録基準➔(ii)(iv)

ストラスブールのグラン・ディル

ノートル・ダム大聖堂

旧市街にあるノートル・ダム大聖堂は、13世紀後半からゴシック様式に改築された。奥行き118m、幅51m、尖塔の高さは142m。バラ窓が美しい。

ロシア　登録基準➔(i)(ii)(iv)(vi)

モスクワのクレムリンと赤の広場

聖ヴァシーリー聖堂

聖ヴァシーリー聖堂は、ロシア正教会を代表する聖堂建築。ギリシア十字形にドームを載せたビザンツ様式のうち、ドーム部分を玉ねぎ形にした。

イスラーム

装飾が美しい偶像崇拝禁止のモスク

イスラームでは偶像崇拝が禁止のため、モスク内はアラベスク模様やアラビア文字などで装飾されている。メッカの方向を示すミフラーブがあり、そこに向かって祈りを捧げる。天(神)の光を取り込むための窓やミンバル(説教壇)、半ドームのイーワーンやミナレットを設置する。

モスク建築

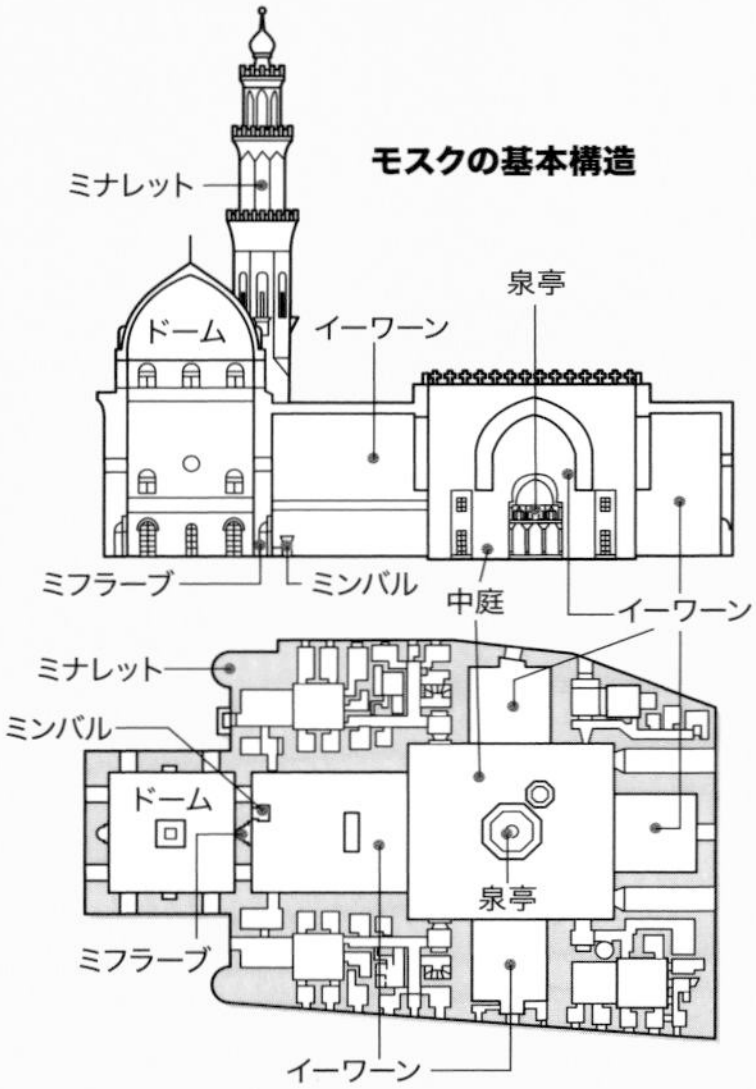

トルコ 登録基準➔(i)(ii)(iii)(iv)

イスタンブール歴史地域

スレイマニエ・モスク

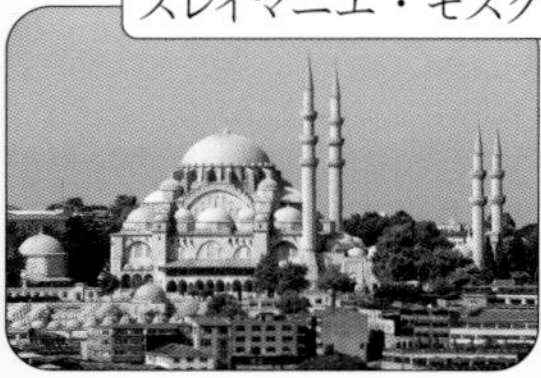

オスマン帝国最盛期のスルタン、スレイマン1世の命で建築家スィナンが手がけた。高いミナレットとビザンツ様式のドーム、249の窓をもつ。

マリ 登録基準➔(iii)(iv)

ジェンネ旧市街

大モスク

サハラ砂漠の隊商がイスラームを伝来。1300年頃に建設された大モスクは、日干しレンガを積み上げ、泥で塗り固めたもの。高い部分がミナレット。

チュニジア 登録基準➔(i)(ii)(iii)(v)(vi)

カイルアン

シディ・ウクバ・モスク

聖都カイルアンには、マグレブ最古の大モスクなど、約50のモスクが立つ。シディ・ウクバ・モスクはウマイヤ朝の総督ウクバが672年に建立し、836～862年に再建されたもの。角筒型のミナレットが特徴。

ウズベキスタン 登録基準➔(i)(ii)(iv)

サマルカンド-文化交差路

ビビハニム・モスク

サマルカンド・ブルーと呼ばれる鮮やかな青の彩釉タイルをドームに施したモスク。ティムールが妃のために建てたといわれる。壁面の装飾も見事。

仏教

ストゥーパをもつ仏教建築

仏教発祥のインドでは、修行僧が集団生活を送ったサンガーラーマ（僧伽藍）が寺院の起源で、施設は簡素な住舎と集会広場のみだった。釈迦の入滅後、各地で仏舎利（釈迦の遺骨）を納めたストゥーパが建てられ、僧院とストゥーパが寺院の構成要素となった。

ストゥーパ

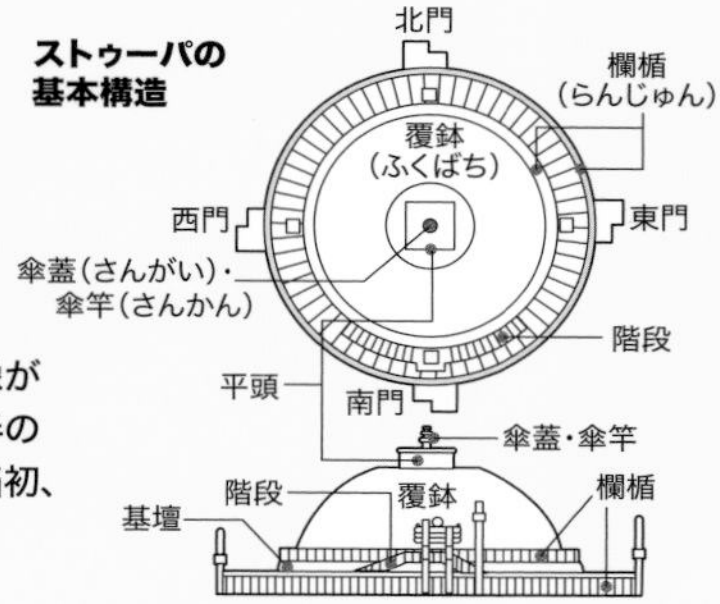

スリランカ　登録基準➔（i）（vi）

タンブッラの黄金寺院

紀元前1世紀から開窟され、後20世紀初頭まで増改築を重ねたスリランカ最大の仏教石窟寺院。5つの石窟内部は極彩色の天井画や壁画で彩られた。

大韓民国　登録基準➔（i）（iv）

石窟庵と仏国寺

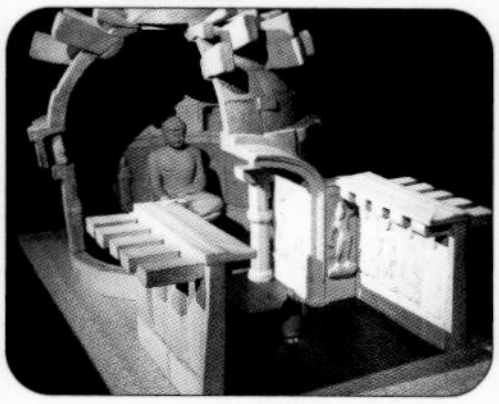

ドーム状の石窟寺院内に如来坐像が鎮座する石窟庵（左）は、8世紀後半の完成。774年建立の仏国寺（上）は当初、現在の10倍もの規模があった。

ヒンドゥー教

ヒンドゥー教の寺院は「神の住居」

ヒンドゥー教では、寺院建造物は「神の住居」と考えられているため、内外ともに数多くの神像で飾られている。ガルバ・グリハ（聖室）は、神の宿る像を安置する場所。聖室がある本堂の前に、祈りの場である拝堂があるのが基本的構造となっている。

ヒンドゥー教寺院建築

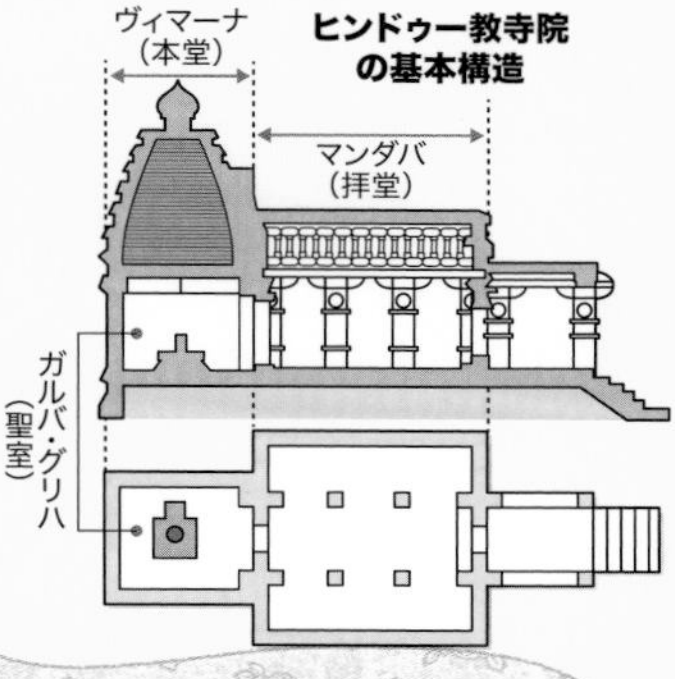

インド　登録基準➔（i）（iii）（vi）

エローラ石窟群

第16窟カイラーサ寺院

インドを代表する3宗教の石窟寺院からなる。1〜12窟は仏教窟、13〜29窟がヒンドゥー教窟、30〜34窟がジャイナ教窟。16窟カイラーサ寺院が有名。

インド　登録基準➔（ii）（iii）

大チョーラ朝寺院群

チョーラ朝の王たちが最盛期の11〜12世紀に建造した3つのヒンドゥー教寺院群。ブリハディーシュワラ寺院（左）の本堂は、13層の塔状屋根をもつ。

独自の文化を築き、メソアメリカで栄えたマヤ文明

Keywords
★マヤ文字　★マヤ暦
★人身供犠
★石造建築

時代
BC10～AD10世紀

エリア

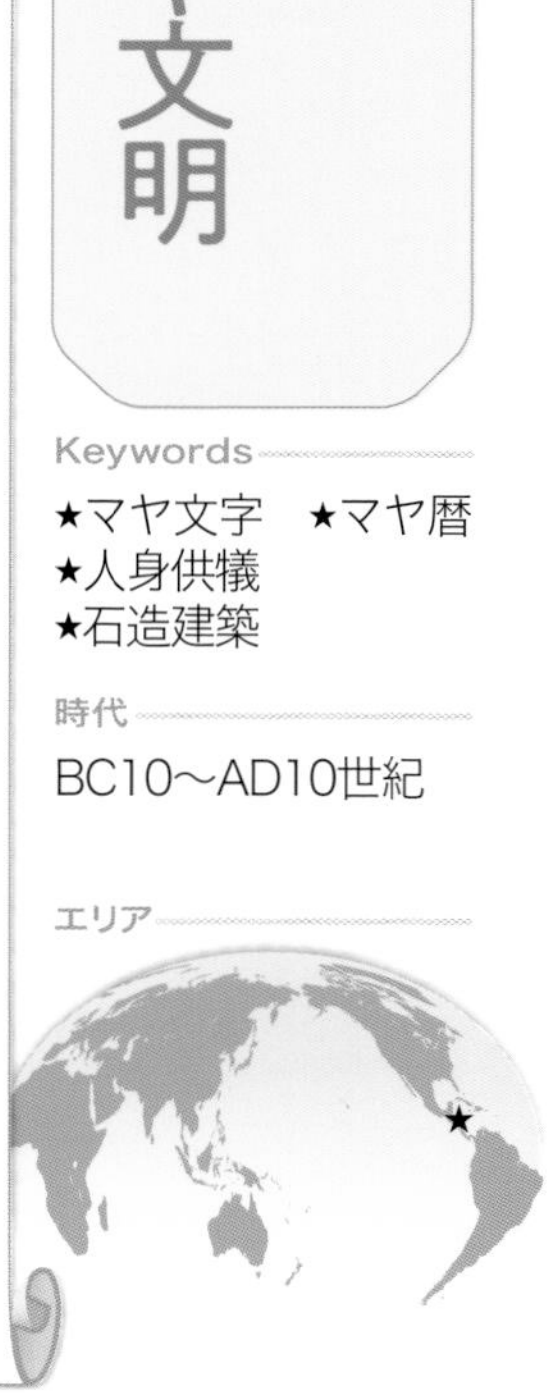

3000年近い歴史を維持したマヤ文明

メキシコ南部、グアテマラ、ベリーズ、エルサルバドルとホンジュラスの一部に暮らし、マヤ語を用いる先住民がマヤ人である。そして、彼らが紀元前1500年頃から滅亡する紀元後16世紀中頃までに築き上げたのがマヤ文明だ。

アステカやインカが、広大な領土に展開されたのに対し、マヤの人々は狭いメソアメリカで、熱帯雨林を切り開きつつ、多くの都市国家を築いた。いずれも王を頂点とする農耕社会だったが、全土を統一する王朝は出現しなかった。

＊メソアメリカ文明の略年表

石期	BC 1万2000頃	●モンゴロイドが、ユーラシア大陸からベーリング海峡を渡り、アメリカ大陸へ
古期	BC7000頃	●初期農耕が始まる
	BC5000頃	●トウモロコシ栽培が始まる
	BC2000頃	●土器の製作が始まる
先古典期	BC1200頃	●オルメカ文明がおこる
	BC600頃	●マヤで最古の文字が記録される
	BC150頃	●メキシコ中央高原にテオティワカンやクィクィルコなどの小集落が出現
	BC100頃	●マヤで長期暦の使用が始まる
古典期	AD350頃	●テオティワカンが交易の中心として繁栄
	400頃	●マヤの地域にテオティワカンの影響が強く表れる
	615頃	●パレンケのパカル王が即位
	800頃	●ユカタン半島中南部のマヤ文明が衰退する
後古典期	1000頃	●マヤ文明とトルテカ文明が融合し、チチェン・イッツァが復興
	1250頃	●チチェン・イッツァ滅亡
	1345	●アステカ王国がテノチティトランを建設
	1450頃	●アステカ王国がメキシコ湾岸地方、オアハカ地方まで勢力を拡大
スペイン植民地時代	1519	●スペイン人がテノチティトランに侵入
	1521	●アステカ王国滅亡
	16世紀中頃	●マヤ文明衰退

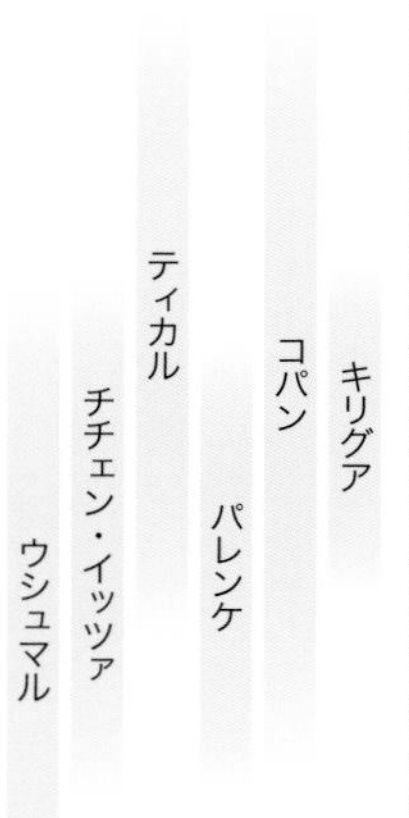

Notes ＊メソアメリカ文明とは、マヤ文明や、テオティワカン文明、アステカ文明を含むメキシコ高原からユカタン半島、中央アメリカにいたる文明の総称

＊＊スペイン人の侵略で文明は衰退し、都市は放棄されたが、マヤの人々は植民地支配には抵抗し、マヤの文化と伝統を守り続けた。

マヤの都市に見る高度な文化

人々は、独自の**マヤ文字**や太陽暦を用い、天体観測も行っていた。石器を用いてピラミッド状の大神殿や祭祀場、裁判所や市場などを建造。国王や貴族、司祭を中心とした貴族政治が発達し、長きにわたる繁栄を維持したのである。

マヤ遺跡分布図

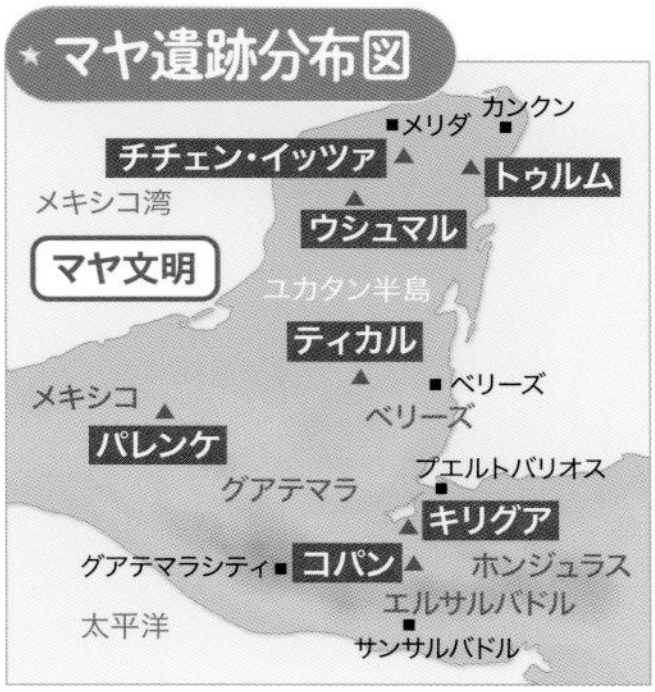

マヤ文明の特色

人身供犠

マヤの人々は、神々を崇めるため生け贄を捧げる儀式を行った。人間の心臓をナイフで切り出す人身供犠だ。時には儀式後に屍体の身体の皮を剥ぎ、神官が身に着けて踊る儀式まであった。写真は、人身供犠の儀式で神に供物を運ぶとされるチャクモール像

マヤ暦

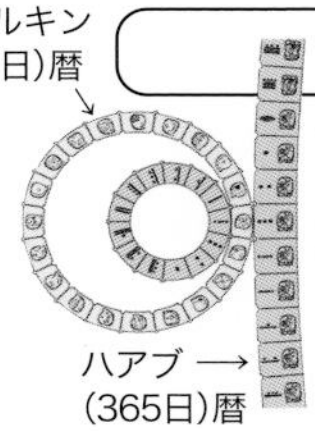

祭祀用の260日周期のツォルキン暦と、農耕用の365日周期のハアブ暦、その組み合わせを採用。1ヵ月は20日で、1年のうち残る5日を不吉な日とした。左は暦の模式図

二十進法

ゼロの概念を含み、20を底にした二十進法では、さまざまな演算が可能。そろばんのような器具で複雑な数値を計算した

マヤ文字

さまざまな文字　ジャガー　即位
都市を表す文字　ティカル　コパン

数字表記

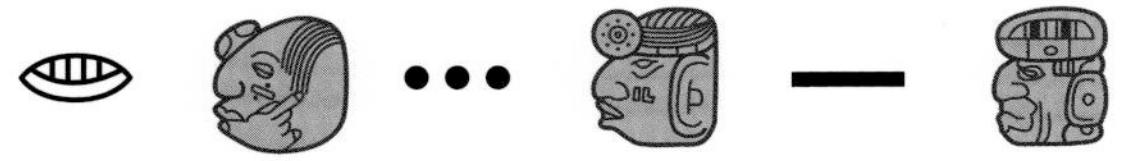

殻、またはウィルナ神の横顔で表現

点3つ、または風と雨の神の横顔で表現

横棒1本、または老人の神トゥンの横顔で表現

石造建築

石造技術に計算式を加え、ピラミッドに暦の考えを投入。階段の段数でハアブ暦、ツォルキン暦とハアブ暦の最小公倍数をテラス層の窪みの数に反映

美意識

マヤでは、平らな額で寄り目が美しく高貴な姿とされ、それに近づくため、幼児の頃に、2枚の板で頭を挟み、頭部を矯正。寄り目にするため、眉間に樹脂の塊をぶら下げ、目で見る訓練をしたという

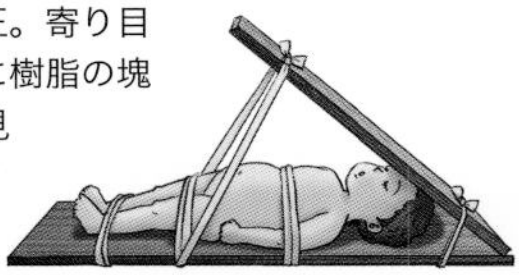

Notes　＊＊大航海時代の16世紀、スペイン人は新大陸に赴き、コルテスはアステカ王国を、ピサロはインカ帝国を征服。植民地となったが、マヤの人々は現在も伝統を維持している

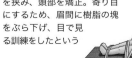

メキシコ

古代都市チチェン・イッツァ

登録基準→(i)(ii)(iii)

神への篤い信仰心に満ちたマヤ遺跡

「泉のほとりの水の魔術師」という意味をもつ、マヤ文明の古代都市チチェン・イッツァは、5世紀半ばにユカタン半島北部の密林に築かれ、セノーテと呼ばれる泉を中心に発展した。建設したのは、マヤ系のイッツァ人で、*ククルカンを信仰。

一度は滅びたが、11～13世紀にマヤとトルテカの2大文明が融合する都市として復興し、栄えた。再び衰退し、廃墟となった遺跡には、総面積約6㎢の敷地に暦を知らせるピラミッド型神殿や生け贄の儀式が行われた神殿などが残る。

神殿を中心にした都市国家

神殿を中心とした都市には多くの建造物があった。下は天体観測所だったとされる高さ12.5mの円筒形の塔。内部のらせん階段の形状から、別名はカラコル(カタツムリ)

↑生け贄用の祭壇もある戦士の神殿

↑戦士の神殿の南側にある千柱の間

↑女子の修道院

↓球戯場。石輪にボールを通すことを競った

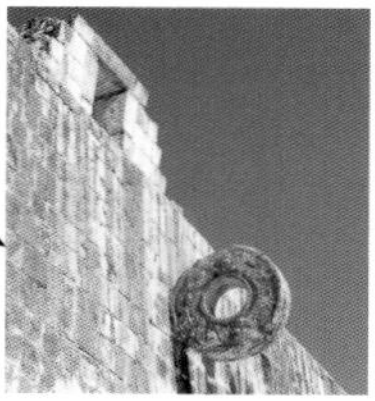

↑ピラミッドの北側にある大蛇の姿をしたククルカンの頭部

→神殿。春分と秋分の日、階段側面に大蛇を想像させる影ができる

ムンディ's Eye チチェン・イッツァの神殿の階段には、春分と秋分の日に大蛇の姿をした影ができるのですが、今は春分・秋分でなくとも、演出付きのプロジェクションマッピングで見ることができます。

Notes ＊ククルカンはマヤの最高神。アステカでは、ケツァルコアトルと呼ばれた。羽毛のある大蛇の姿で表現され、人類に火をもたらしたとされ、太陽神や農耕の創造神としても崇められた

メキシコ　登録基準➡(i)(ii)(iii)(iv)

古代都市パレンケと国立公園

絶大な王権のもとに発展したマヤ都市

「柵に囲まれた砦」を意味するパレンケは、4～10世紀末に熱帯雨林の中に築かれたマヤ文明の都市国家。1952年には、碑文の神殿からパカル[**]王の墓所が発見され、「中部アメリカのピラミッドは墓を持たない」との通説を覆した。

パカル王の墓が見つかった「碑文の神殿」。石棺は、下層の墓室の中にあった

↑縦80m、横100mの宮殿。650年のパカル王の時代に着工
←ヒスイの小片を組み合わせて作られたパカル王の像

ホンジュラス　登録基準➡(iv)(vi)

コパンのマヤ遺跡

発見された遺構は4500以上、彫刻は3万点以上。新大陸最長の碑文をはじめ、多くのマヤ文字が残されている。

メキシコ　登録基準➡(i)(ii)(iii)

古代都市ウシュマル

7～10世紀に繁栄したマヤ都市遺跡。南北約1kmに15の建造物が立ち並び、この地独特のプウク様式が残る。

グアテマラ　登録基準➡(i)(ii)(iv)

キリグアの遺跡公園と遺跡群

神や王族の肖像、マヤ文字が彫られた10余りの石碑が点在。紀元200年頃にコパンの衛星都市として築かれた。

グアテマラ　登録基準➡(i)(iii)(iv)(ix)(x)

ティカル国立公園

マヤの都市の中で最大規模。5基の神殿や、3000以上の建造物が発見されているが、全貌はまだ不明だ。

Notes　**パレンケの王パカル(在位615頃～683)は、パレンケを大国に成長させ、全盛期をもたらした。王墓は9つの基壇からなる。9は、マヤでは死に関する数字と考えられている

ペルーを中心に発展したアンデス文明

プレ・インカ文明を代表するティワナク文化

アンデス文明*とは、南アメリカ西部を走るアンデス山脈の高原や隣接する海岸沿いに生まれた文明のこと。ペルーの中央高原でチャビン文化(→P36)が栄えた後、ペルーとボリビアにまたがるチチカカ湖の沿岸で、紀元直前から紀元後12世紀頃まで、**ティワナク文化**が繁栄した。インカ帝国以前を意味するプレ・インカ文明の代表的文化として知られる。ティワナクでは巨石を使った石造建築が建てられ、その特徴は後のインカ文明につながったとされる。

★ナスカ文化の特徴

死生観

地下深く掘られた墓から、織物をまとったミイラや金細工の装飾品、壺などの副葬品が多く出土。死者を手厚く葬っているが、その目的はまだ解明されていない

土器

海岸地帯の山から採取した鉱物を顔料にした、美しい多彩色土器を制作。貴重な水を貯える壺だけでなく、シャーマンや楽師の土器などもつくった

地上絵

ナスカ文化の最大の特徴は、現在発見されているだけでも700以上ある地上絵だ。山形大学による近年の調査研究でも、新たな地上絵が見つかっている

水道設備

ナスカの人々は、涸れ川の伏流水を利用するため、プキオと呼ばれるらせん状の穴をつくり地下水道を造営。貯水した水を農耕作業に使ったと考えられている

Keywords

★アンデス文明
★ティワナク文化
★ナスカ文化
★チムー王国

時代

BC6〜AD15世紀

エリア

Notes ＊アンデス山脈は、ベネズエラ、コロンビア、エクアドル、ペルー、ボリビア、チリ、アルゼンチンにまたがる全長約9000㎞の大山脈。幅は中央のボリビア付近で最も広く、約750kmに及ぶ

アンデス文明を支えたナスカとチムー

ティワナクにやや遅れて、ペルー南部の海岸部に生まれたのが**ナスカ文化**だ。乾燥地帯に地下水路を設けて、アンデス山脈の雪解け水を引き、農耕を行ったことは、ナスカの人々の高度な技術をうかがわせる。そして、そうした技術によって、巨大な地上絵の作成も可能になったのである。

ペルー北部の海岸地帯に11〜15世紀に繁栄したのは、チャン・チャンを都とする**チムー王国**だ。月と海を信仰し、神殿や宮殿、灌漑施設などを建設。さらに土器や織物、黄金**を含む金属工芸にも卓越した技術を見せた。貴族、平民、奴隷という階級社会と中央集権的な国家組織も構成したと考えられているが、アンデスを席巻したインカ帝国によって征服された。

★ティワナク文化の特徴

巨石建築

高度な技術で数々の巨石建造物を造ったが、石材はチチカカ湖を隔てた岩山から運んだ巨石と考えられている。写真はアカパナのピラミッド

鳥人

太陽の門や半地下神殿に見られる鳥人の彫刻。空・地上・地下からなる世界観のうち、鳥人を空と地上の仲介者としたのではと推測されている

半地下式の神殿

ティワナク遺跡では、大規模な半地下式の神殿が見つかっている。壁には多くの石でできた顔がはめ込まれ、謎めいた印象を与える

★チムー王国の特徴

黄金細工

黄金の儀礼用ナイフ（トゥミ）などの黄金製品が数多くつくられた。この特徴はアンデス一帯でも見られ、制作技術は後のインカ帝国にも伝承された

黒色土器

焼成時に空気を遮断する還元焼成によって、黒色土器が大量に生産された。土器の表面には人物やジャガー、鳥などの浮き彫りも施された

神殿中心の都市

チムー王国の各都市は、神殿を中心に複数の区画からなっている。巨大な建物が要塞と呼ばれたのは、スペイン人の解釈と考えられている

Notes　＊＊チムーの王の装身具に代表されるように、豊富な金が産出したアンデス地方では、黄金文化が開花した。それを目にしたスペイン人たちは、この地をエル・ドラード（黄金郷）と呼んだ

ペルー 登録基準→(i)(iii)(iv)

ナスカとパルパの地上絵

古代人が大地に刻んだ巨大な謎のメッセージ

ペルー中南部の450㎢にわたる平原に、約70の動植物の絵、700以上に及ぶ幾何学模様が描かれている。1940年代にマリア・ライヘ*によって本格的な調査が始まってから続々と見つかったものだが、調査が進む現在もその数は増え続けている。

動物や人物などモチーフは多岐にわたり、ひとつの地上絵の大きさは約10～300m。1～7世紀にこの地で栄えたナスカ文化の人々が残した遺構だが、制作方法や目的は未だ謎に包まれている。

クモ
全長46m。アマゾンに生息するクモとされる

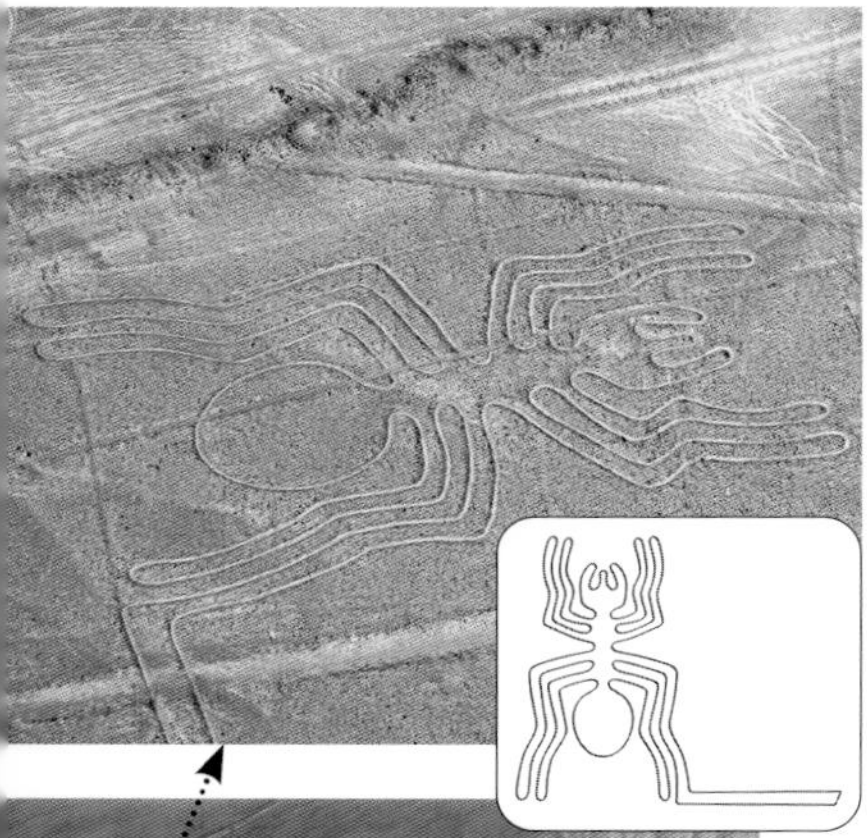

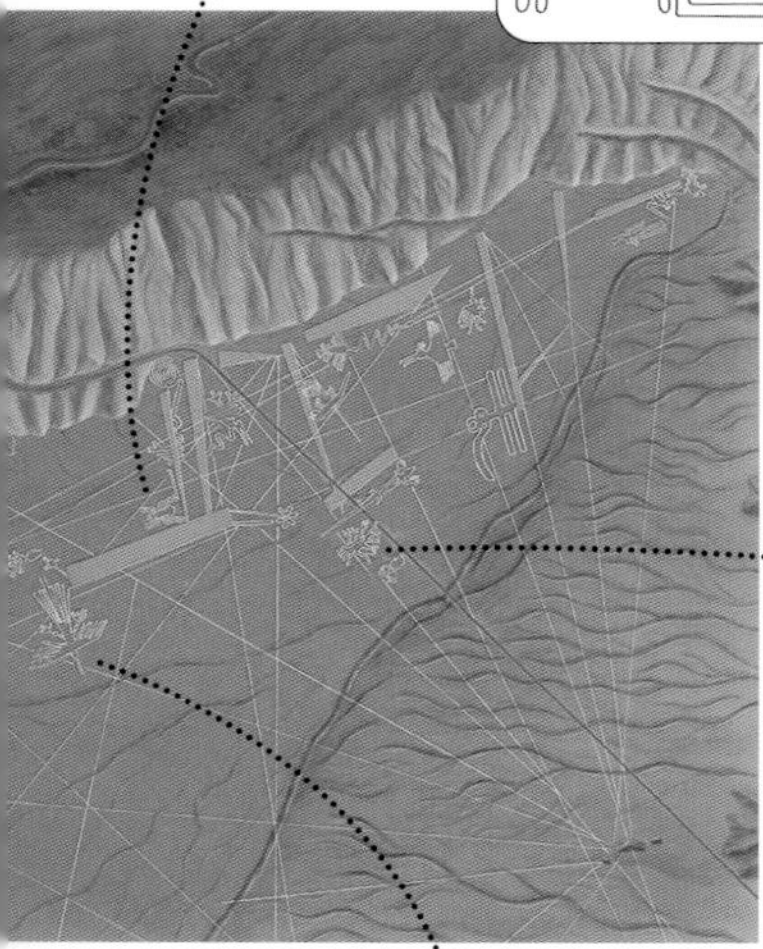

線画いろいろ

ツリー（木）
線画では主に直線と自由曲線の2種を用いるが、この絵は両方を使用

コンドル
地上絵が集中する地区で最大級のコンドルは、全長135m。鳥は最も多く描かれたモチーフだ

ムンディ's Eye
ナスカの地上絵があるペルー沿岸は、世界で最も雨が降らない地域のひとつです。そのため、一度描いた地上絵がずっと残るのです。近年は、「ゆるキャラ」のような絵も発見されています。

Notes ＊マリア・ライヘ（1903～98）は、ドイツ出身の数学者。1932年にペルーへ。1941年から本格的に地上絵の研究に没頭した。彼女が建てた観察塔から多くの地上絵を見ることができる

ペルー 登録基準➔(i)(iii)

チャン・チャン遺跡地帯

チムー王国の首都で、面積約20㎢の南米最大規模の都市遺跡。中心部に10の＊＊シウダデーラがある。

↓建物の外壁に施された装飾。魚や鳥の模様が特徴的

ボリビア 登録基準➔(iii)(iv)

ティワナク

→半地下神殿にある人面石数は177

高さ18mのピラミッド神殿や約130m四方のカラササヤ(広場)が残る、ティワナク文化の中心地。高さ1.5〜7mの石彫人像が多数発掘された。

一枚岩を彫り出してつくった太陽の門

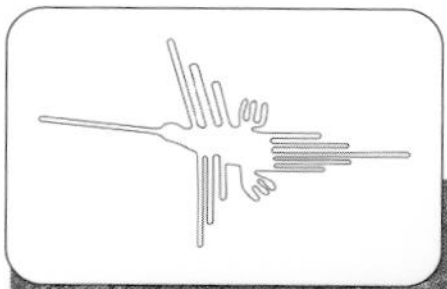

ハチドリ

くちばしが夏至の日の出の方向を向く

代表的な面画

宇宙人

地上絵には線画と面画があるが、面画の代表が宇宙人

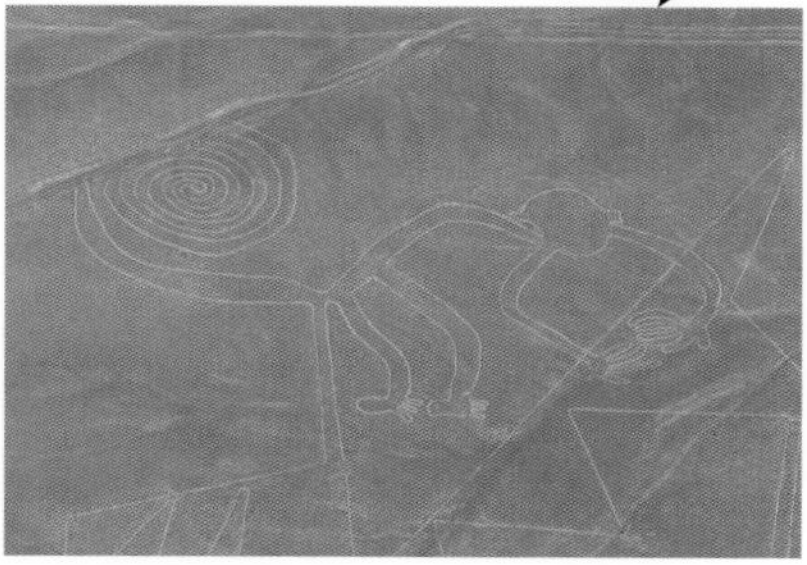

サル

1952年にマリア・ライへが発見。全長は55m

Notes ＊＊シウダデーラとは城塞の意味だが、それは後世にスペイン人がつけた呼び名。実際には、神殿や宮殿など複数の建物群からなる区画。長年9つと考えられていたが、近年10カ所と確認された

Column

地域によって個性さまざま 世界遺産に見る先住民の暮らし

かつて先住民が暮らした形跡が、世界遺産として登録されている。住居跡が残るものもあれば、壁画や遺物がその歴史をかろうじて伝えるものまでさまざま。ここでは特に個性的な先住民の暮らしの形跡を紹介する。

アナサジ

アメリカ 登録基準➔(iii)

メサ・ヴェルデ国立公園

↑12～13世紀の約100年間、ここに集落を構えた

↑住居のほか、円形の地下礼拝所が23もある

アナサジは、7～18世紀にアメリカ南西部を中心に領土を広げた農耕民族。高さ530mの台地の断崖には、日干しレンガの住居跡が残る。

イースター島の民族

チリ 登録基準➔(i)(iii)(v)

ラパ・ヌイ国立公園

イースター島には約900体のモアイ像がある。現在、多くのモアイが倒れているのは、長耳族と短耳族の抗争によって倒されたからとされる。

↑像高は3～30m。6世紀頃から制作開始

←トンガリキのアフ(石の祭壇)。全長100mにモアイ像が並ぶ

ガグジュ

オーストラリア 登録基準➔(i)(vi)(vii)(ix)(x)

カカドゥ国立公園

ガグジュといわれるアボリジニの方言を話す人々がこの地に住み着いたのは4～5万年前。狩猟の様子や精霊を描いた岩面画が残されている。

↑岩面画がある岩を屋根がわりにしたとされる

→X線画法で描かれた「雷男ナマルゴンの妻」とされる岩面画

ナバタイ

ヨルダン 登録基準➔(i)(iii)(iv)

ペトラ

紀元前2世紀頃、シルクロードにつながる要衝の地にナバタイ人がナバタイ王国を建国。900㎢の範囲にギリシアやローマの影響を受けた約700の遺跡が点在。

↑水の浸食でできた峡谷の奥に建物がある

↓カズネ・ファルウン。神殿か霊廟かは不明

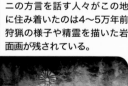

第3章

ルネサンスと大航海時代

ヨーロッパでは、中世後期にあたる14世紀から16世紀にかけ、ルネサンスや宗教改革、大航海時代を通して、思想や宗教、経済などの大転換期を迎えた。アジアやアメリカ大陸との交流も盛んになり、世界は近代へと大きな一歩を踏み出した。

14世紀末〜17世紀

バチカン市国
(バチカン市国)

ルネサンスとは

フランス語で「再生」を意味するルネサンスは、ギリシアやローマの古典文化の復興と、封建社会や神中心の世界観からの解放を求める人々の間で、大きなうねりとなった。文学ではダンテ、絵画ではジョットに端を発し、15世紀にフィレンツェで最盛期を迎えた運動は西欧各地に広がった。下の年表では代表的な人物と作品、功績などを紹介する。

1300年　1400年

国	人物	生没年	作品・功績
イタリア	ダンテ	1265-1321	『神曲』
イタリア	ジョット	1266頃-1337	『東方三博士の礼拝』
イタリア	ペトラルカ	1304-74	『叙情詩集』
イタリア	ボッカチオ	1313-75	『デカメロン』
イタリア	トスカネリ	1397-1482	地球球体説
イタリア	ブルネレスキ	1377-1446	サンタ・マリア・デル・フィオーレ大聖堂円蓋
イタリア	ドナテッロ	1386-1466	彫刻、絵画
ネーデルラント	ファン・アイク兄	1370頃-1426	兄弟合作『ヘントの祭壇画』
ネーデルラント	ファン・アイク弟	1390頃-1441	兄弟合作『ヘントの祭壇画』
ドイツ	グーテンベルク	1400頃-68	印刷技術の改良
イギリス	ウィクリフ	1330頃-84	聖書の英訳
イギリス	チョーサー	1340頃-1400	『カンタベリー物語』
フランス			
スペイン			

ドナテッロ作『ダヴィデ像』

グーテンベルク

文学者・思想家　画家・彫刻家・建築家　科学者・技術者

バチカン市国のシスティーナ礼拝堂にあるミケランジェロ作『最後の審判』

ローマのサン・ピエトロ・イン・モントリオ教会にあるテンピエット（小神殿）は、ルネサンス建築の象徴

1600年　1500年

サン・ピエトロ大聖堂　ブラマンテ 1444-1514
『春』『ヴィーナス誕生』　ボッティチェリ 1444頃-1510
『モナリザ』『最後の晩餐』　レオナルド・ダ・ヴィンチ 1452-1519
ミケランジェロ 1475-1564　『最後の審判』『ダヴィデ像』
ラファエッロ 1483-1520　聖母子像
マキャベリ 1469-1527　『君主論』
コペルニクス 1473-1543　地動説
ジョルダノ・ブルーノ 1548-1600　地動説を主張
ガリレオ・ガリレイ 1564-1642　地動説を補強
ティツィアーノ 1490頃-1576　ヴェネツィア派画家

ミケランジェロ

ケプラー

エラスムス 1469頃-1536　『愚神礼讃』
ブリューゲル 1525-30頃-69　『農民の踊り』
メルカトル 1512-94　メルカトル図法世界図
ケプラー 1571-1630　ケプラーの法則
ロイヒリン 1455-1522　旧約聖書研究
メランヒトン 1497-1560　新約聖書研究
デューラー 1471-1528　『アダムとイヴ』
トマス・モア 1478-1535　『ユートピア』
シェークスピア 1564-1616　『ハムレット』『ヴェニスの商人』
フランシス・ベーコン 1561-1626　イギリス経験論
ラブレー 1594頃-1653頃　『ガルガンチュア物語』『パンタグリュエル物語』
モンテーニュ 1533-92　『随想録』
エル・グレコ 1541頃-1614　『聖衣剥奪』
セルバンテス 1547-1616　『ドン・キホーテ』
ベラスケス 1599-1660　肖像画・宮廷画家

エル・グレコ

大航海時代とは

地球が丸いことがわかり、羅針盤の改良や快速帆船の普及などで、遠方への航海が容易になった大航海時代。アジアや新大陸の富を求め、スペインやポルトガルを筆頭に西欧諸国は航路を広げた。その結果、植民活動も盛んになり世界が変貌した。

ポルトガル人がマカオに建てた聖ポール天主堂の遺構

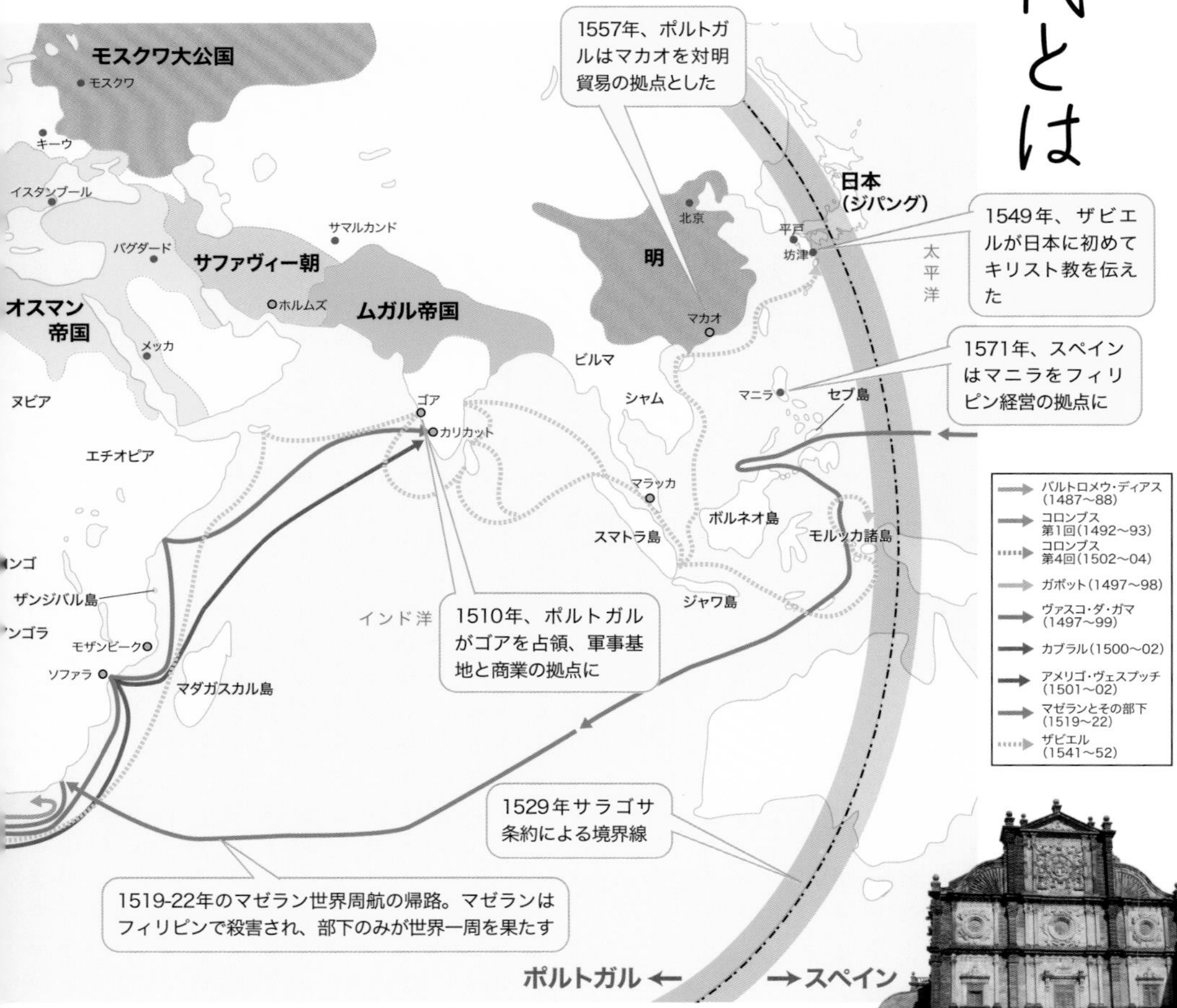

パナジ教会は、16世紀に建てられたインド・ゴア最古の教会

大航海時代を記念して、1960年にポルトガルのリスボンに建てられた「発見の記念碑」

大航海時代、スペイン王国の海外進出の起点として繁栄したセビージャ

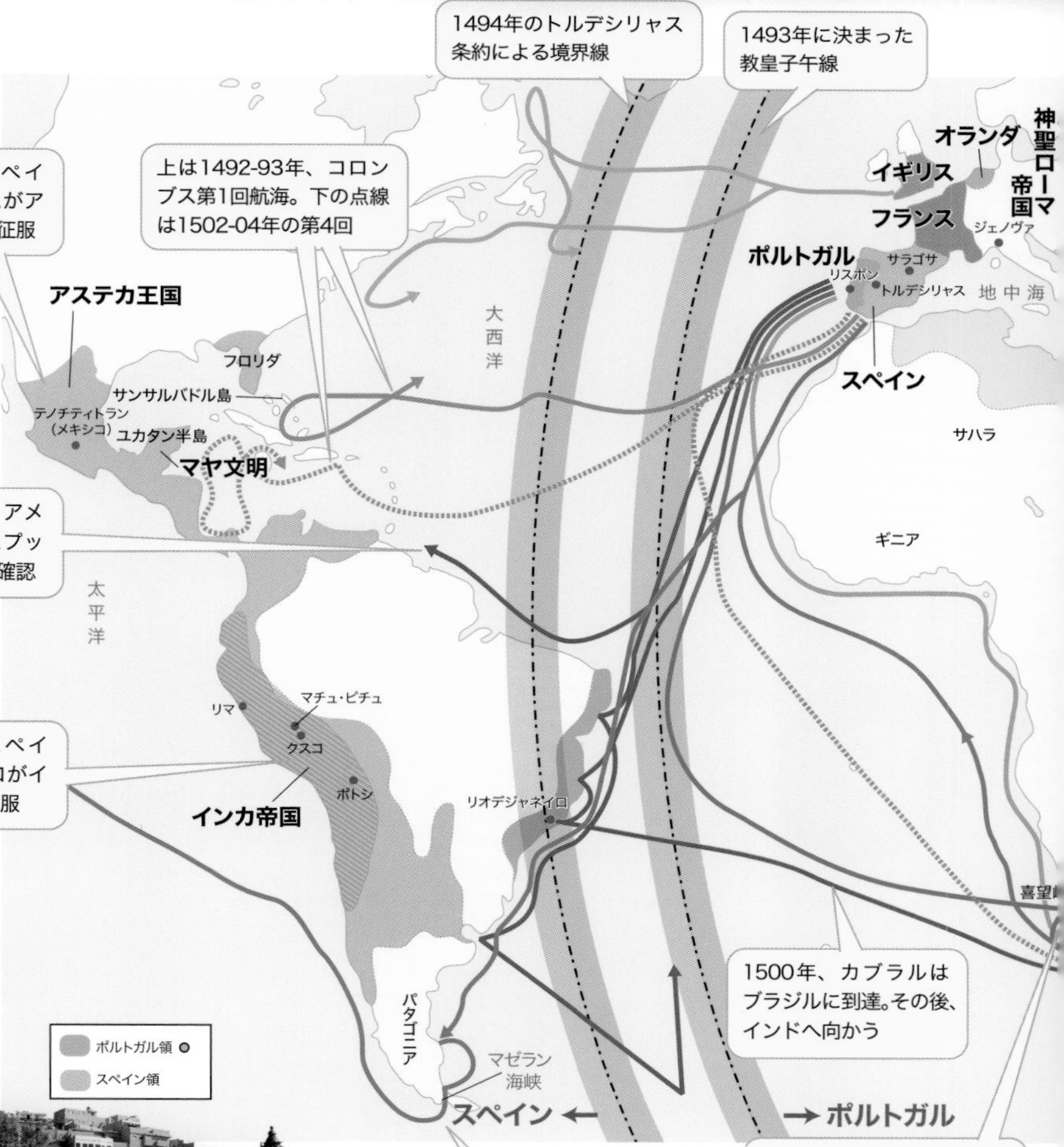
1521年、スペイン人コルテスがアステカ王国を征服
1501-02年、アメリゴ・ヴェスプッチが新大陸を確認
1533年、スペイン人のピサロがインカ帝国を征服
1488年、バルトロメウ・ディアス、喜望峰到達
1520年にマゼランがマゼラン海峡を通過

スペインの征服者が銀鉱を発見して栄えた、グアナファトの町並み

イタリアで始まった ルネサンス、その意味と影響

人間性の探求と芸術の新潮流

イタリアで誕生した**ルネサンス**は、封建社会と神中心の世界観からの解放を求め、人間性と個性を尊重する動き。文学や哲学、美術や科学・技術など広範に及んだ。

詩人ダンテは方言であるトスカナ語を使用して『神曲』を著し、文学に旋風を起こした。マキャベリは『君主論』で政治哲学を展開。美術界では、ブルネレスキ*が、絵画の手法を根本的に変える遠近法を編み出し、多くの画家の心をとらえた。ミケランジェロやレオナルド・ダ・ヴィンチ、ラファエロらは、それまでの宗教画の呪縛を脱し、独自性を発揮した。

フィレンツェから西欧各地へ

ルネサンスは、貿易・金融・毛織物業で発展する**フィレンツェ**で開花した。銀行家として財を成した**メディチ家**が、多くの芸術家たちを庇護したからだ。そして、フィレンツェを拠点にしていた芸術家たちは、バチカン**などから招聘され、各地で成果を上げた。

また、アンリ2世に嫁いだカトリーヌは、フランスでパトロン活動を行い、建築や美術の発展に貢献。流れは西欧全体に広まった。

Keywords
★ルネサンス
★フィレンツェ
★メディチ家

時代
14世紀〜
17世紀初頭

エリア

ルネサンス期の科学と技術

コペルニクスと地動説

16世紀にコペルニクスが提唱した地動説は、ローマ教皇庁の圧迫を受けたが、近代科学発展の原点となった

羅針盤

ルネサンスの三大改良のひとつが羅針盤だ。原型はすでに中国で見出されていたが、磁石を用いて、正確に方位を知ることができる羅針盤の普及は、その後の大航海時代の遠洋航海を可能にした

火薬

羅針盤、活版印刷とともにルネサンス三大改良のひとつが火薬。正確には木炭と硫黄、硝石の混合物からなる黒色火薬で、これを用いることによって、戦争で圧倒的な優位性を獲得することができた。植民地活動に不可欠の武器となった

活版印刷

ドイツのグーテンベルクによる活版印刷機の改良は、写本から活字本時代への転換となり、思想の伝達に貢献

Notes ＊遠近法考案者のブルネレスキは、サンタ・マリア・デル・フィオーレ大聖堂附属洗礼堂の門扉のコンクールで、ギベルティに敗北。屈辱をバネに、建築に集中し、大聖堂のクーポラを設計

芸術に見るルネサンス4大要素

❶ 古代ローマへの憧れ

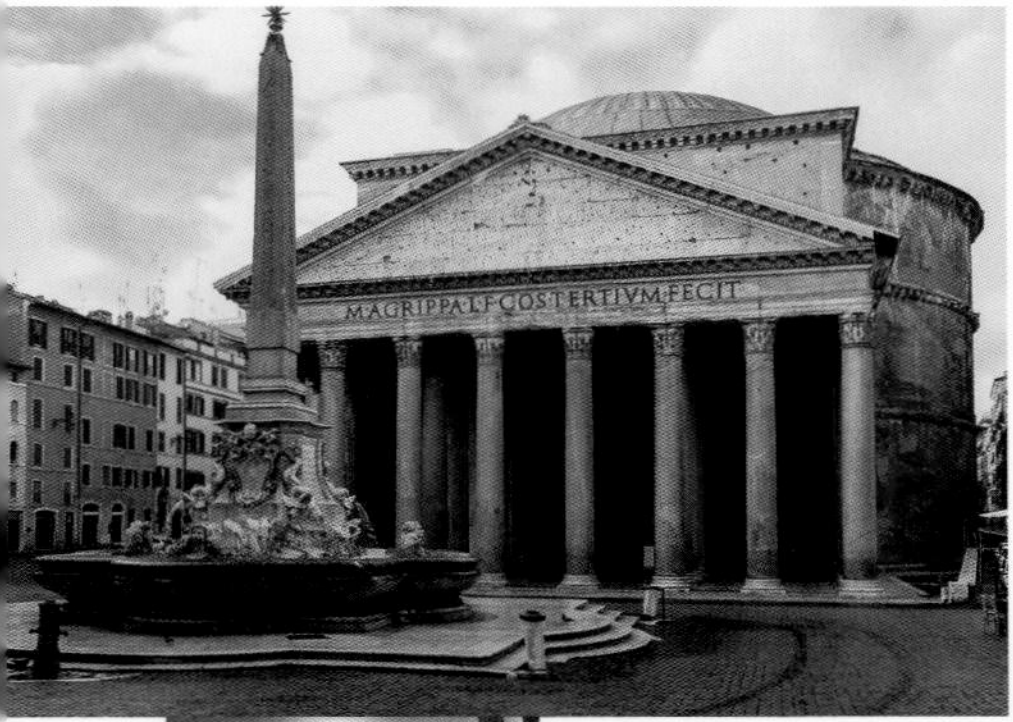

建築の手本となったのは、パンテオン(上と左)などの古代ローマ時代の建造物。フィレンツェの大聖堂(下)のドームなどに影響が見られる

❷ 遠近法の登場

それまで平面的だった絵画は、遠近法の登場によって三次元の景観表現を可能にした。マザッチオの『三位一体』(右)やヴィチェンツァのオリンピコ劇場(下)は好例だ

❸ 人体の研究

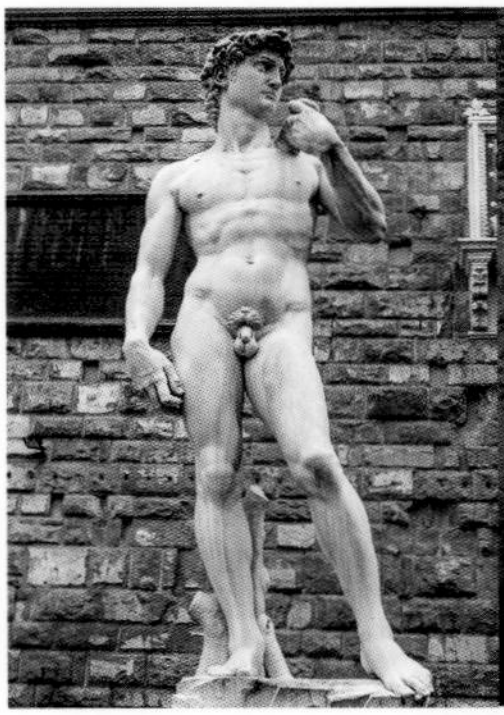

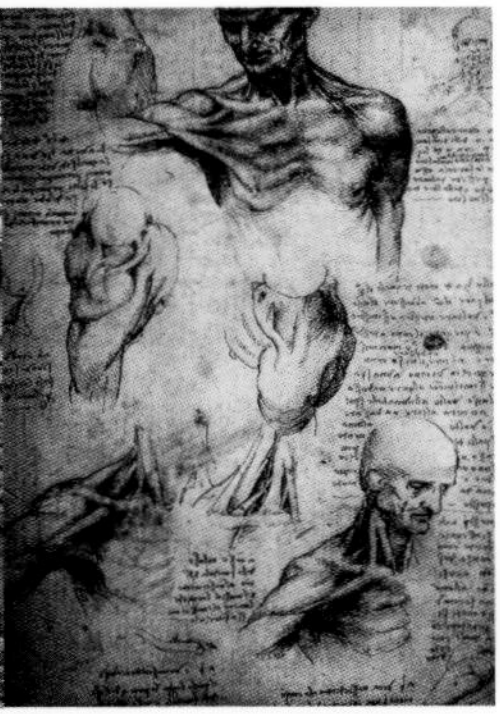

写実的表現欲求が高まり、芸術家たちはありのままの人間を描こうとした。レオナルド・ダ・ヴィンチは死体を解剖して調べ、ミケランジェロは古典の裸体を研究してダヴィデ像を完成させた

❹ 白熱した競争意識

コンクールの開催により、芸術家間で競争意識が高まったこともルネサンス芸術を発展させた。ギベルティは、コンクールで勝利して洗礼堂の門扉(右)の制作者となった

Column

パトロン・メディチ家

メディチ家のロレンツォは、ボッティチェッリに執心し、14歳のミケランジェロを見出し、多くの芸術家を他国に紹介した重要なパトロン。

Notes　＊＊バチカン市国サン・ピエトロ大聖堂のクーポラやピエタ像、システィーナ礼拝堂壁画の『最後の審判』、天井画の『天地創造』は、ローマ教皇がミケランジェロを呼び寄せ制作させた

イタリア

フィレンツェ歴史地区

登録基準↓(i)(ii)(iii)(iv)(vi)

芸術あふれるルネサンス都市

中世の封建社会からいち早く抜け出し、新たな時代を先取りしたルネサンスの中心地、フィレンツェ。14～15世紀にかけて、荘厳な大聖堂や宮殿、華麗な美術館などが次々と建設された。ボッティチェッリやミケランジェロなど、美術史上に名を残す天才たちがこの町に集まり、メディチ家の庇護の下、芸術の新時代を築いていった。この時期に建てられた数多くの独創的な建築物や、そこに飾られた絵画や彫刻の傑作の数々は、500年経った今も色褪せず、町全体がルネサンスの栄華を今に伝える。

名画が飾られたサン・マルコ修道院

階段の踊り場にあるのは、フラ・アンジェリコの『受胎告知』

人文主義の象徴 捨て子養育院

1445年に最初の孤児を受け入れたヨーロッパ初の孤児院。人間性を求めた証

サンタ・マリア・デル・フィオーレ大聖堂

フィレンツェを代表するルネサンス期の建築。1436年にクーポラが完成。左の塔が鐘楼

天才大集合
クーポラはブルネレスキ、鐘楼はジョットの設計

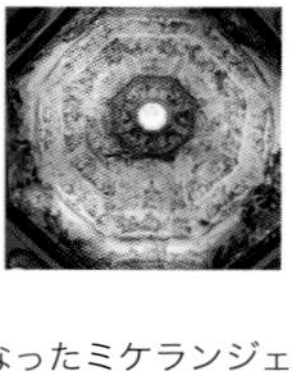

権威の象徴ヴェッキオ宮

メディチ家のコジモ1世が息子の挙式のため豪華さを求めて大改装した「五百人の間」

ムンディ's Eye フィレンツェのシンボル、「花の聖母聖堂」サンタ・マリア・デル・フィオーレのドームの上の小塔には登ることもでき、「花の都」フィレンツェの美しい街を一望できます。

Notes ＊建設中に政変が起き、反メディチ派となったミケランジェロは建設を中断し地下へ逃亡。政変は失敗に終わり、同志たちが処刑される中、ミケランジェロは建設続行を条件に処刑を免れた

イタリア 登録基準→(ii)(iii)(iv)(v)(vi)

フェッラーラ

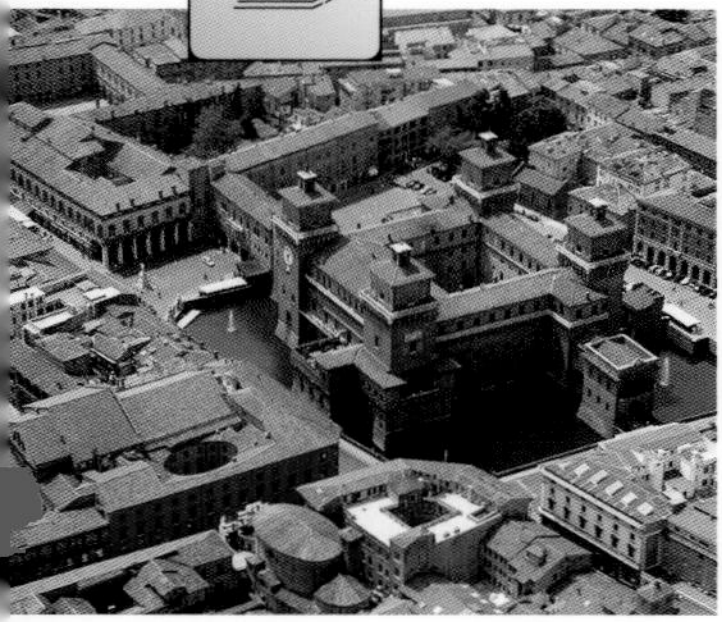

水運業で栄えたフェッラーラは14～15世紀のエステ家の統治下時代、ルネサンス文化が開花した町。大聖堂やエステ城など多くの建築物が並ぶ。

ルネサンスの特徴を表す町並み

イタリア 登録基準→(i)(ii)

「最後の晩餐」があるサンタ・マリア・デッレ・グラツィエ教会

修道院の食堂の壁画が、レオナルド・ダ・ヴィンチの最高傑作といわれる「最後の晩餐」だ。損傷が激しかったが、1999年に修復が完了した。

この壁画にも遠近法が使われている

イタリア 登録基準→(i)(ii)

ヴィチェンツァ市街とパッラーディオ様式の邸宅群

ルネサンス後期の建築家、パッラーディオによる26の建築物がヴィチェンツァに残る。もともとあった建物も改築し、町並みをつくり替えた。

郊外の別荘、ラ・ロトンダ

ミケランジェロの葛藤 サン・ロレンツォ聖堂

ブルネレスキの死後、[*]ミケランジェロが受け継ぎ設計。完成まで500年かかったメディチ家の墓廟

名画の宝庫
多くの[**]名画が残るサンタ・マリア・ノヴェッラ聖堂

町で最古の橋
16世紀半ば、2階はヴァザーリの回廊となる

豪商の邸宅
メディチ家に対抗してピッティ家が建造

かつては事務所 ウフィツィ美術館

メディチ家のコジモ1世がヴァザーリに依頼した事務所

Notes ＊＊この聖堂にはマザッチオの『三位一体』や、ギルランダイオが弟子のミケランジェロと共同制作した『聖母伝』などがある。レオナルド・ダ・ヴィンチが『モナ・リザ』を描き始めたのもここ

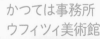

スペインとポルトガルに始まり、世界を変えた大航海時代

経済と生活を変えた大航海時代

15世紀、マルコ・ポーロの『世界の記述』*に刺激され、アジアへの関心が高まったヨーロッパでは、ヴェネツィアやイスラーム商人が、地中海経由で東方からもたらす宝石や絹織物、香辛料の需要が急上昇。**スペイン**と**ポルトガル**は、別の交易路の確保に乗り出した。

ポルトガルは、アフリカ大陸南端の喜望峰を通る東回りでアジアへ向かう航路を開拓。1498年、ヴァスコ・ダ・ガマがインドに到達。**香辛料**取引を国営事業にしたポルトガルは莫大な利益を得、首

貢献者と業績

インド航路

ヴァスコ・ダ・ガマ
喜望峰を回って、インドのカリカットに到達した

バルトロメウ・ディアス
ポルトガル人。1488年にアフリカの喜望峰に到達

エンリケ航海王子
ジョアン1世の王子。最初に海外政策に関わった

きっかけ

マルコ・ポーロ
1254～1324。ヴェネツィアの商人であり、旅行家

新大陸

バルボア
スペインの探検家。太平洋の発見者

アメリゴ・ベスプッチ
イタリア人。南米大陸が新大陸と確認

カブラル
ポルトガル人航海者。ブラジルに到達

カボット
イタリア人。英国王の派遣で大西洋横断

コロンブス
イタリア人。イサベル女王の援助で渡航

大航海時代は植民地活動へと発展

援助者

イサベル
レコンキスタを完了させ、スペイン王国の基礎を樹立

世界周航

マゼラン
ポルトガル人。マゼラン海峡を発見、世界周航で活躍

Keywords

★スペイン　★ポルトガル　★香辛料
★キリスト教
★大航海時代

時代

15～17世紀

エリア

Notes
＊マルコ・ポーロが、1271～95年に行った東方旅行の体験談を物語の作者ルスティケロが記録した旅行記。通称は『東方見聞録』。伝聞ながら「黄金の国」ジパングについての記述もある

都リスボンは空前の繁栄を極めた。

一方、スペインは1492年、イサベル女王の援助のもと、コロンブスが西回りでアジアへ向かう大西洋横断計画に乗り出す。西に進むほうがインドへの近道と考えたコロンブスが到着したのはサンサルバドル島。その後上陸したアメリカ大陸もインドと勘違いしたものの、これを機に領有権を確保すべく、スペインはポルトガルと＊＊トルデシリャス条約を締結。二国が貿易を独占する黄金時代に入った。16世紀にはマゼラン一行が、スペイン王室の命で世界初の世界周航を完遂。

後にコルテスがアステカ王国を、ピサロがインカ帝国を征服。スペインとポルトガルは、征服した地で、**キリスト教**を布教した。**大航海時代**は世界の一体化をもたらし、経済や生活を急変させた。

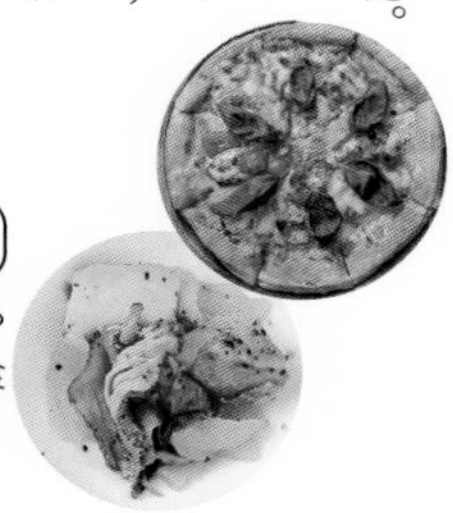

影響

商業革命
ヨーロッパの遠隔地貿易の中心が、地中海から大西洋沿岸の国々へ移る

価格革命
南米大陸から大量の銀が流入。資本主義経済の発展とともに物価が騰貴した

生活革命
アメリカ大陸からトマトやジャガイモなどが流入。食生活などにも変革が起きた

新航路の開拓史

	ポルトガル		スペイン
1415	●北アフリカのセウタ攻略		
1418	●エンリケ航海王子の指揮で、**アフリカ西海岸探索航海**		
1488	●バルトロメウ・ディアスが喜望峰に到達	1492	●コロンブスが**「新大陸」に到達**
1494	●スペイン・ポルトガル間で、教皇子午線を決める**トルデシリャス条約締結**		
1498	●ヴァスコ・ダ・ガマ、**インドのカリカットに到達**	1497~98	●カボットが北米探検
1500	●カブラル、**ブラジルに到達**	1513	●バルボアが**パナマ地峡から太平洋に到達**
1510	●**ゴア占領**	1519	●コルテス、**アステカ王国に到着**し、征服を開始
1511	●**マラッカ占領**		●マゼランが**世界周航に出発**
1517	●中国(明)と貿易開始	1521	●マゼランがフィリピンで戦死
1518	●セイロン占領	1522	●マゼランの死後、船隊がスペインに帰還。**世界周航達成**
1529	●**サラゴサ条約締結**(スペインとポルトガル間でアジアでの境界線を設定)		
1543	●種子島に漂着	1532~33	●ピサロ、**インカ帝国征服**
1549	●フランシスコ・ザビエル、鹿児島来日	1545	●**ポトシ銀山(ボリビア)発見**
1557	●マカオの居住権を獲得		
1550~1639	●平戸に商館設置	1571	●マニラ建設

Notes　＊＊1494年締結の条約。大西洋上のベルデ岬諸島西方約2000㎞を通る子午線を境に、東側をポルトガル、西側をスペインの新領土範囲とした。東半球の境界線は1529年のサラゴサ条約で規定

ポルトガル 登録基準➔(iii)(vi)

リスボンのジェロニモス修道院とベレンの塔

ジェロニモス修道院とベレンの塔は、大航海時代の海洋王国ポルトガルの栄華を刻む建造物。インド航路発見につながったエンリケ航海王子とヴァスコ・ダ・ガマの偉業に敬意を払い、国王マヌエル1世の命により建てられた。

ベレンの塔

2層の堡塁と4層のタワー部分からなる高さ35mの塔。テージョ川の河口を守る要塞として、1515〜21年に建造された

→エンリケ航海王子没後500年の1960年建造の「発見の記念碑」

イギリス 登録基準➔(i)(ii)(iv)(vi)

河港都市グリニッジ

子午線で知られるグリニッジは、16世紀以降、*イギリスの水上交通における表玄関で、王立海軍大学や旧王立天文台はその象徴である。桟橋の近くには、19世紀後半に貿易で活躍した快速帆船カティ・サーク号が係留されている。

王立海軍大学

17世紀末に海軍の療養施設として建てられた。クリストファー・レンが設計したバロック様式の建物

→17世紀後半建造の旧王立天文台

モザンビーク 登録基準➔(iv)(vi)

モザンビーク島

ヴァスコ・ダ・ガマがインド航路開拓の糸口をつかんだ島で、ポルトガルのアフリカ侵略の拠点となり、インド交易の中継点として栄えた。サン・ガブリエル要塞やサン・セバスティアン要塞など、ポルトガル植民地時代の面影を色濃く残す。

サン・セバスティアン要塞

島の北東部に1558〜1620年にかけて建てられたサン・セバスティアン要塞。ポルトガル人は要塞建設だけでなく、本国の技術者を呼び、島のインフラ開発も行った

ムンディ's Eye リスボンのジェロニモス修道院の細部まで彫り込まれた彫刻は必見です。発見の記念碑前の地面には大きな世界地図が描かれ、海洋国家であったポルトガルの栄光がしのばれます。

Notes ＊イギリスは、オランダ、フランスなどとともに、絶対王政が確立されると、世界の富を求めて、航海に出た。17世紀前半はオランダ、17世紀後半〜19世紀はイギリスが世界の覇権を握る

ボリビア 登録基準→(ii)(iv)(vi)

ポトシ市街

スペイン人が大航海時代に開発を進めたのがポトシ銀山だ。その麓に建設され、銀山の富で潤った町には140もの精錬所、86の聖堂、コロニアル様式と先住民の文化が融合した**メスティソ様式の豪華な邸宅などが建てられた。19世紀末に町は衰退したが、古い町並みが残る。

ポトシ銀山

中南米の三大鉱山として知られ、17世紀には世界の銀の半分を産出。5000本もの坑道が掘られ、先住民や奴隷が採掘に従事させられた

→精緻な彫刻で正面が飾られた、1744年完成のサン・ロレンソ聖堂

メキシコ 登録基準→(i)(ii)(iv)(vi)

古都グアナファトとその銀鉱群

1548年に銀鉱脈が発見されたことを機に生まれた町。富を得た人々は競って豪邸を建てた。なかには、バレンシアーナ聖堂など鉱山主の寄進による建造物も多い。また、メキシコ独立戦争で反乱軍が初めて勝利した地でもあり、歴史的に重要な建物も残る。

1696年建造のサンタ・マリア・デ・グアナファト聖堂

銀鉱で繁栄した町

1557年に創設された町は、18世紀には全世界の銀産出量の25%を占め、人口は10万人に達した

インド 登録基準→(ii)(iv)(vi)

ゴアの教会群と修道院群

インドの港町ゴアは、16世紀にポルトガルの支配下で繁栄し、60もの聖堂や修道院などが建設された。現在も、宣教師ザビエルの遺体を安置するボム・ジェズ教会やセ・カテドラルなど、10余りのキリスト教建築が残る。

ゴア最大の聖堂

17世紀に建造されたローマ・カトリックの大聖堂セ・カテドラル。鐘楼にある黄金の鐘で知られる

フランシスコ・ザビエルの遺体を安置するボム・ジェズ教会

Notes | **メスティソ様式とは、スペインの文化とアンデス地方の先住民の文化が融合した建築様式のこと。「ソロモン円柱」と呼ばれるねじれた柱や、精緻な彫刻が多用された

アンデスに栄えたインカ文明とメキシコを制したアステカ文明

Keywords

★インカ帝国
★インカ道
★キープ
★アステカ王国
★アステカ暦

時代

1200年頃～1533年

エリア

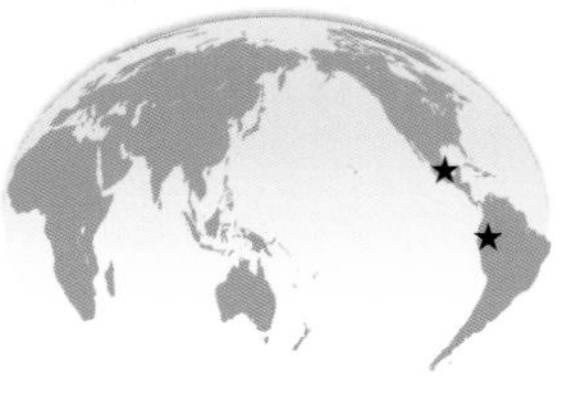

急峻な山地を治めたインカ帝国

１２００年頃、アンデス高原におこった**インカ帝国**は、15世紀半ばに突然、各地の征服を開始。チムー王国などを次々と支配下におき、南北約４０００kmの領土に約１０００万人を治める、巨大な帝国を築き上げた。

地方支配のため、**インカ道**をつくり、インフラを整備。高い石造建築技術で各地に石積みの建物を建造した。灌漑技術を駆使して、農耕社会を充実させ、土地や家畜を国有化。高地まで段々畑をつくった。農民は物納ではなく労働税を支払い、王は織物などの物資を与え、納税は十進法を基本とする**キープ**で管理された。

王と各地の首長を頂点として栄えたインカ帝国だったが、１５３３年、スペインのフランシスコ・ピサロ*が最後の王アタワルパを捕縛、帝国は消滅した。

皇帝が頂点アステカ王国

１３４５年、テスココ湖の小島に建設されたのが、**アステカ王国**の都、テノチティトラン(現メキシコ・シティ)だ。領土はメキシコ中部からグアテマラの国境付近まで拡大。最高神官の皇帝が君臨する階級社会で、商人や職人は世襲制で、平民には土地が与えられた。

マヤ文明と同様に、大神**殿を建設するなど発展したが、１５２１年、スペイン人コルテスに征服された。

インカ帝国とアステカ王国

Notes ＊インカ帝国最後の王アタワルパを生け捕りにしたピサロは、王が使用する重さ83kgともいわれる純金製の輿を自分のものにしたほか、クスコでも財宝を略奪するなど、横暴を振るった

インカ文明の特徴

キープと国勢調査

紐の結び目で数を表したキープ。読み解けるのは特別な役人だけ。キープを使い、毎年国勢調査が行われた

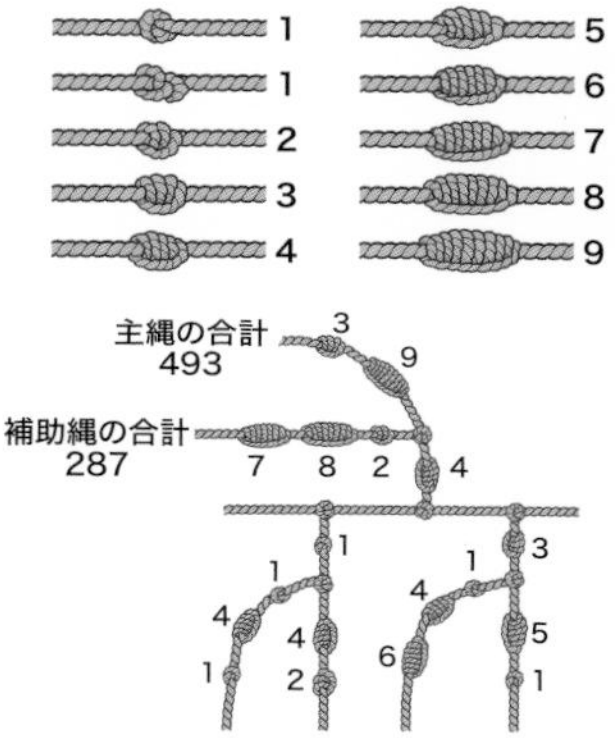

※1は2通りの結び方があり、結び目なしが0

インカ道

カパック・ニャンと呼ばれるインカ道は公設飛脚のチャスキが情報伝達に利用。一定間隔で駅も設けられた

皇帝は現人神

インカの皇帝は太陽神の子である現人神とされた。皇帝は羽根と黄金の装飾が施された輿に乗って移動した

Column

両者に共通する「生け贄」の儀式

インカ帝国でも生け贄の儀式は行われたが、最も凄惨だったのがアステカ王国。年間2万人が神へ捧げられたといわれている。

アステカ文明の特徴

アステカ暦

アステカでは、365日周期の太陽暦と260日周期の祭祀暦を併用。2つの暦が始まる日は52年に1度重なり、その日は世界滅亡の危険が高いと考えられた。何事もないと生け贄が捧げられた

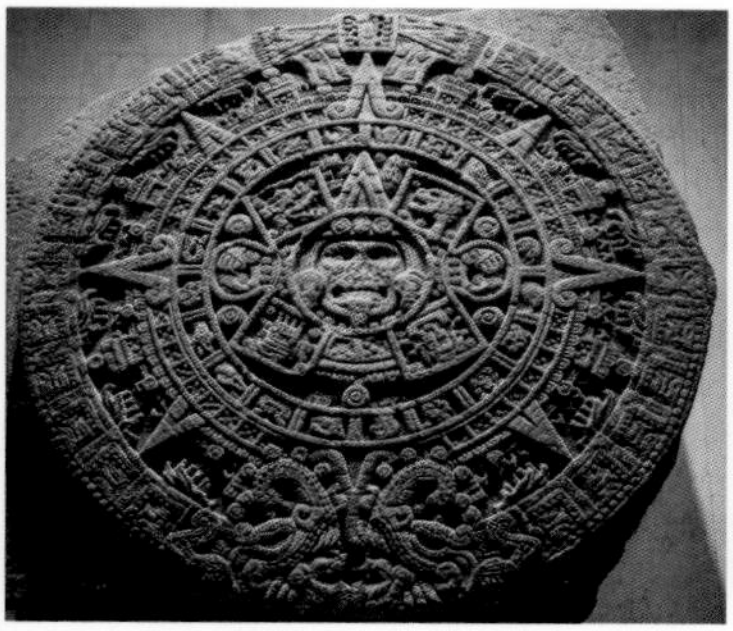

絵文字と教育

アステカの人々は暦や絵文字を使用。学校教育も受けられた。貴族や商人の子は兵法や宗教、天文学などを学び、礼儀作法専門の学校もあった

社会制度

アステカ皇帝は、ピラミッド型階級社会の頂点に君臨。当初は選挙で選出されたが、後に世襲制に

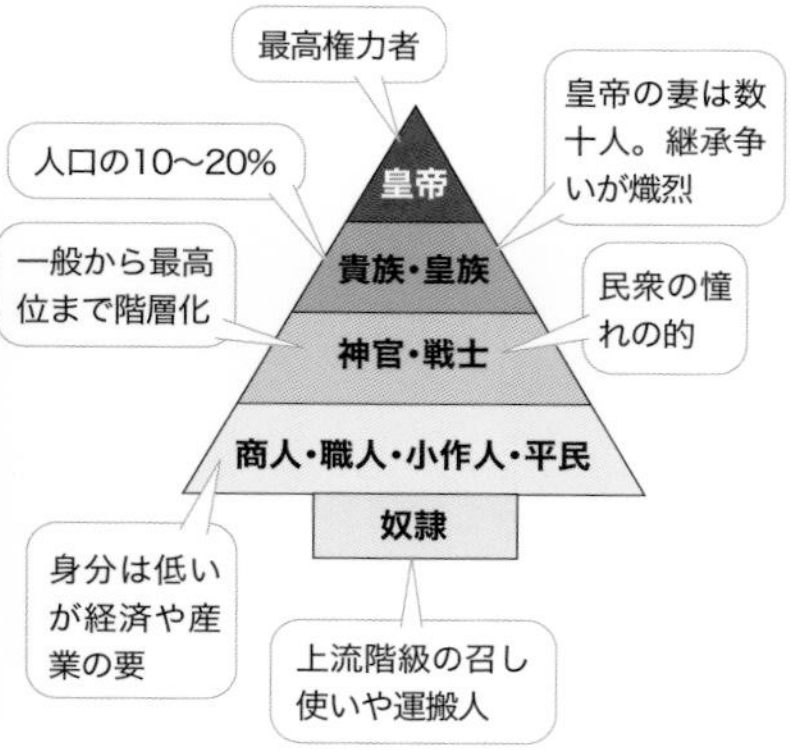

Notes ＊＊1337年に着工された大神殿は、王国滅亡まで、7回も増築が行われた。中心となる高さ45mのテンプロ・マヨールの頂上には、2つの神殿があり、アステカの二主神が祀られていた

ペルー
登録基準↓(i)(iii)(vii)(ix)

マチュ・ピチュの歴史保護区

謎と驚異に満ちたインカ帝国の「空中都市」

標高2400mに位置するマチュ・ピチュは、15〜16世紀に繁栄したインカ帝国の遺構。日当たりの良い南東部は農地、北西部は市街地区で、通路や水路が巡る住居跡や神殿、段々畑、墓地などが残る。畑ではジャガイモやコカなどを栽培。車輪を知らないインカの人々は、土砂や肥料をリャマにのせ、インカ道を通って運んだと考えられている。

1911年に、*ハイラム・ビンガムに発見されるまで、この空中都市は深い密林に覆われていた。なぜ、推定人口約1000人が暮らす計画的な都市が、隔絶されたアンデス山中に築かれ、わずか100年ほどで放棄されたのかは今も謎である。

最高所にあるインティワナ

高さ約1.8mの花崗岩の一枚岩で、日時計の一種と考えられる。「太陽をつなぎとめる場所」を意味するインティワナは、かつてインカ帝国の多くの都市に備えられていた

コンドルの神殿

地面の石をコンドルの頭に見立てた

ムンディ's Eye

インカ帝国の遺跡を見ると、インカの石造技術に圧倒されます。複雑な形状の石どうしを多角形にカットして組み合わせ、隙間の全くない高い石垣を作っているのです。

Notes
＊アメリカ人大学講師ビンガムは、スペインへの反乱拠点として、インカ帝国の末裔が築いた伝説の「黄金郷ビルカバンバ」を探索しにきていた。そこで発見したのがマチュ・ピチュだった

ペルー／エクアドル／コロンビア／チリ／ボリビア／アルゼンチン　登録基準➔(ii)(iii)(iv)(vi)

アンデスの道

インカの人々が整備した道路網は、アンデス山脈一帯の6カ国にわたる。防衛の役目も担った。総距離のうち約700㎞が世界遺産に登録された。

15世紀までに総距離3万kmに

アルゼンチン　登録基準➔(ii)(iv)(v)

ケブラーダ・デ・ウマワーカ

アンデスの高原地帯にある全長約155㎞のウマワーカ渓谷は、1万年以上も前からの交易路。渓谷沿いには異なる時代の住居集落が残されている。

建造物は重要な交易路だった証

メキシコ　登録基準➔(ii)(iii)(iv)(v)

メキシコ・シティ歴史地区とソチミルコ

メキシコ・シティは、16世紀、スペイン人がアステカ王国の首都を破壊し、築いた都市。＊＊ソチミルコには王国時代の農法が受け継がれている。

テンプル・マヨールの遺跡

3つの窓の神殿
インティワナの南側の「神聖な広場」にある神殿

段々畑
南東部の斜面に、高さ5mの石壁で階段状につくられた畑

インカ道
吊り橋や階段を築き、アンデス山脈の尾根に沿うように道をつないだ

祈りの場　大塔
クスコ(→P117)のコリカンチャに似ていることから「太陽の神殿」とも。宗教的儀礼の場と考えられる

Notes　＊＊ソチミルコに残る伝統の農法は、チナンパ(浮き畑)と呼ばれる。浅い湖面を木杭で囲い、その中に泥を積み上げて作る畑。周囲に植えた樹木の根が湖底で張り、年月がたつと安定する

キリスト教世界を二分した ヨーロッパの宗教改革

発端はメディチ家出身 教皇レオ10世

16世紀初頭、メディチ家出身の教皇レオ10世は、**カトリック教会**の総本山、サン・ピエトロ大聖堂の改築資金を調達するため、贖宥《しょくゆう》状(免罪符)を発行し、教会へ喜捨すれば過去の罪が許されるとした。

反発したのがドイツ人マルティン・**ルター**だ。魂はキリストの福音を信じることでのみ救われるとし、贖宥状を否定する九十五カ条*の論題を発表。ルターは破門されるが、ドイツ語訳『新約聖書』を完成させ、人々は聖書で教えに接することができるようになった。

西欧各地に広がる 宗教改革の波

ルターの影響を受けたのがフランス人**カルヴァン**だ。パリで新教徒迫害が強まったため、スイスに逃れた彼は、魂が救われるかどうかは神によって決定されているという「予定説**」を主張。その解釈は西欧の商工業者の間に浸透した。

宗教改革を通して、ルター派とカルヴァン派は、プロテスタント(新教)を確立。キリスト教世界は、カトリックと二分された。

イギリスでは、国王ヘンリ8世が離婚を認めない教皇と対立。後の**イギリス国教会**設立へ向かった。

宗教改革の流れ

きっかけ

1517年に、教皇レオ10世がサン・ピエトロ大聖堂の改築資金を賄うため、ドイツで贖宥状を販売したことが、宗教改革のきっかけとなった

教皇レオ10世は、ラファエロら芸術家を庇護した

ルター登場

ルターは聖書に贖宥状について記述がないことに疑問を持ち、その販売が誤りとの結論に達し、九十五カ条の論題といわれる公開質問状を発表した

600ページ以上の大作を100巻以上も執筆した

ルターを保護

ザクセン選帝侯フリードリヒ3世(在位1486～1525)は、ルターが帝国追放を告げられると、ヴァルトブルク城にかくまい、一貫して彼を保護した

神聖ローマ皇帝に推されたが辞退。高潔な知識人

Keywords

★カトリック教会
★ルター
★カルヴァン
★イギリス国教会

時代

15～16世紀

エリア

Notes ＊神学者の立場から、95の命題の形で公表した文書。贖宥状の購入といった外的な方法で功徳を積んで神の罰を免れようとするのは、安易な気休めにすぎない、と説いた

各派の比較

	カトリック	ルター派	カルヴァン派	イギリス国教会
組織	**ローマ・カトリック教会** ローマ教皇←枢機卿 大司教・司教 司祭 一般信徒	**領邦教会** 領邦君主 牧師 一般信徒	**長老制による教会** 牧師←長老 監督↓ ↑選出 一般信徒	**国家教会** イギリス国王 大主教・主教 牧師 一般信徒
特徴	・教皇を頂点とする教会階層制	・教会を保護する領邦君主の下で、牧師が信者を主導 ・ルターの主張は信仰世界に限定	・選出された長老と牧師が教会を運営 ・経済活動を奨励 ・社会改革運動に発展	・イギリス国王が首長 ・国王による中央集権化に寄与
主義	教皇至上主義	万人祭司主義	聖書主義	カトリックと新教の折衷だが、教皇とローマ式ミサを否定
職業観	営利行為の蔑視	世俗の職業を肯定(利子は禁止)	勤勉・倹約・禁欲による蓄財を肯定→資本主義形成に寄与	特になし
支持層	旧来の信者・スペイン国王・神聖ローマ皇帝	反皇帝派諸侯・富農・自由都市市民・富裕有力市民	新興市民層・知識人・商工業者	王権支持の封建貴族・聖職者・市民層
信者の多い地域	イタリア・ドイツ南部・スペイン・ポルトガル・新大陸・アジア・アフリカ	ドイツ北部・デンマーク・スウェーデン・ノルウェー	スイス・フランス・オランダ・スコットランド・イングランド	イングランド

三大宗教戦争へ
オランダ独立戦争
ユグノー戦争
三十年戦争

カトリックの対抗

トリエント公会議
教皇の至上権を再確認し、カトリック側の改革を推進

イエズス会の成立
スペインでザビエルらが結成。植民地での布教に貢献

南米各地でイエズス会の教会が建てられた

同志のイグナティウス・ロヨラ

イギリスの改革

イギリス国教会は、教義はプロテスタント、教会政治と礼拝様式はカトリック

教義を定めた、エリザベス1世

スイスの改革

カルヴァンは、没年までジュネーヴで市民への福音主義的改変に尽力した

名著『キリスト教綱要』がある

ルターの影響

ドイツ農民戦争
ルターの宗教改革を支持して起こった反乱。ルターは当初は同情したが、後に弾圧する側にたった

シュマルカルデン同盟
ドイツでカトリック側の皇帝と諸侯に対し、1531年、プロテスタント側の諸侯や都市が結成した同盟

アウクスブルクの和議
1555年にドイツのアウクスブルクで開かれた帝国会議。ルター派のプロテスタントの信仰を認めた

Notes ＊＊魂の救済が、神によってあらかじめ定められているとする考えのもと、信徒たちは、現世の天職に成功することが救いに選ばれたしるしと信じたため、「予定説」は商工業者の間で広く普及した

ドイツ 登録基準→(iv)(vi)

アイスレーベンとヴィッテンベルクにあるルターの記念建造物群

ルターの足跡を辿る絶好の場所

宗教改革の中心人物であったマルティン・ルターはアイスレーベンで誕生し、ヴィッテンベルクで最期を迎えた。ルターの生家、逝去した家、説教を行った聖マリア聖堂など、ルターの足跡を辿る上で重要な6つの建造物が世界遺産に登録されている。

「九十五カ条の論題」が提示された扉

論題が貼られた玄関扉は焼失。1858年に論題を刻んだ銅製の扉が設置された

ルターの「九十五カ条の論題」が提示された扉があるヴィッテンベルク城の付属聖堂(大学付属聖堂)

イギリス 登録基準→(i)(ii)(iv)

ウェストミンスター大寺院

英国王族史の記憶が詰まった聖堂

1065年、エドワード王が建立した修道院を、13世紀後半、ヘンリ3世がフランスのゴシック様式の大聖堂を手本に大改築し、王家ゆかりの聖堂とした。1066年に即位したウィリアム1世以来、ヘンリ8世を含むほとんどの国王はここで戴冠式を行っている。

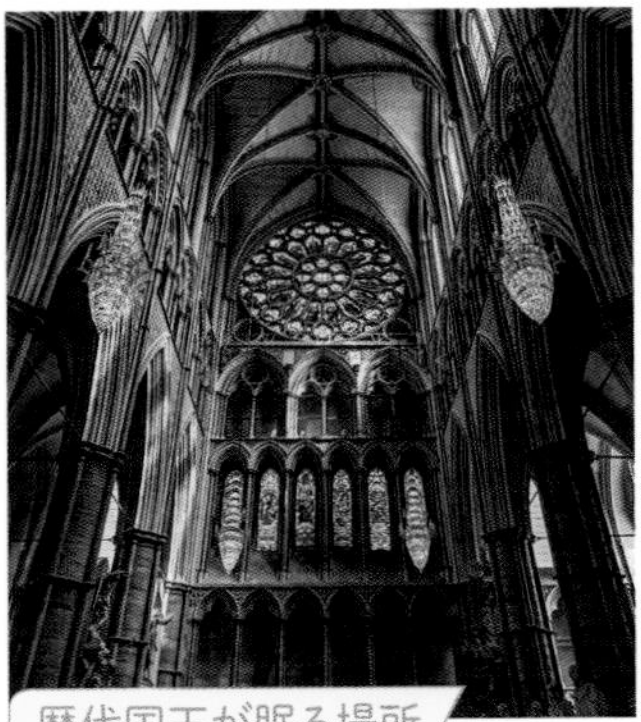

歴代国王が眠る場所

王家の戴冠式の場にして霊廟でもある大寺院の地下には、25人の国王、王妃が埋葬されている

ニュートン、ダーウィン、ディケンズなど多くの偉人も眠る

ムンディ's Eye

ウェストミンスター聖堂に隣接するウェストミンスター宮殿も、世界遺産に指定されています。現在はイギリスの国会議事堂として使用され、その鐘塔は「ビッグ・ベン」として知られます。

Notes ＊カンタベリー大聖堂は、聖オーガスティン大修道院及び聖マーティン聖堂とともに、世界遺産に登録されている

ボリビア　登録基準→(iv)(v)

チキトスのイエズス会伝道施設群

「レドゥクシオン」は、1696〜1761年にヨーロッパから布教に訪れたイエズス会の宣教師が建てた、キリスト教化のための教化集落。その6カ所が世界遺産に登録されている。トマス・モアの理想郷に準じた共同体には、先住民とキリスト教文化の融合が見られる。集落はボリビア独立まで、先住民により運営された。

ボリビアのサンタクルス県にある聖ラファエル教会

イギリス　登録基準→(i)(ii)(iv)

*カンタベリー大聖堂

6世紀末に建立されたイギリス初のキリスト教施設で、現在はイギリス国教会の総本山。1170年、聖職者裁判権を巡って国王と対立した大司教トマス・ベケットが大聖堂内で暗殺された。その4年後に焼失。再建が完了したのは500年後だった。

↑外観はゴシック様式のカンタベリー大聖堂

→17世紀にロマネスク、ゴシック、バロックの各様式が混在する現在の姿に

ペルー　登録基準→(iii)(iv)

クスコ市街

15世紀半ばからインカ帝国の首都として栄えた**クスコだが、スペイン人の略奪と破壊を受け、帝国の栄華は見られない。立ち並ぶのは、帝国時代の堅牢な石積みを礎に築かれた、スペイン植民地時代の壮麗なバロック様式の建築物だ。郊外に立つサクサイワマンは宗教施設と考えられ、高度な石積み技術を伝える。

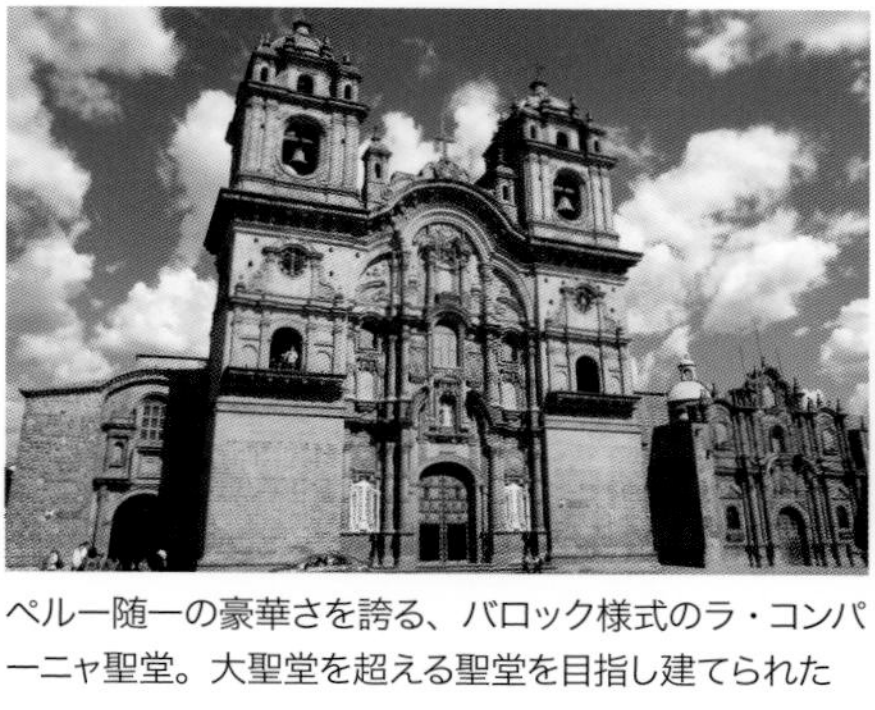

ペルー随一の豪華さを誇る、バロック様式のラ・コンパーニャ聖堂。大聖堂を超える聖堂を目指し建てられた

ブラジル／アルゼンチン　登録基準→(iv)

グアラニーのイエズス会伝道施設群

先住民グアラニーの地に築かれたレドゥクシオンのうち、4つが世界遺産に登録されている。18世紀後半に、イエズス会士追放令が発布されると急速に衰退。破壊を免れた修道院などが往時を伝える。

→サン・イグナシオ・ミニの一部

サン・イグナシオ・ミニの遺構には、修道院や学校、破壊された聖堂の一部などが残る

Notes　**クスコの中央広場が、インカ道の基幹道路4本のスタート地点となった。アンデス山脈を網の目のように巡る道路網は、各地方から商品や情報をクスコにもたらした

ヨーロッパの華麗なる絶対王政時代

中央集権化が進み王たちの時代へ

中世後期に起きたフランスとイギリスの百年戦争*は、ジャンヌ・ダルクが登場しフランスの勝利に終わった。長期にわたる戦争によって諸侯や騎士が没落し、代わって王と大商人が結びつき、常備軍を設置して中央集権化が進んだ。

イギリスでは、百年戦争のあとの内乱であるバラ戦争*を収拾した王によって開かれたチューダー朝が絶対王政に道を開いた。

神聖ローマ帝国	フランス	イギリス
ハプスブルク朝　1438-1806 ・フリードリヒ3世がハプスブルク家初の神聖ローマ皇帝に	ヴァロア朝　1328-1589 1337-1453 百年戦争 シャルル8世　位1483-98	1455-1485 バラ戦争 チューダー朝　1485-1603 ヘンリ7世　位1485-1509
オーストリア・ハプスブルク家 1556-1918 フェルナンド1世　位1556-64（オーストリア・ハプスブルク家） ・神聖ローマ皇帝、ボヘミア王、ハンガリー王を兼ねたオーストリア・ハプスブルク家初代当主	フランソワ1世　位1515-47 ・神聖ローマ皇帝のハプスブルク家と激しく戦いながらも、絶対王政を強化 ・フランス・ルネサンスを開花 1562-98 ユグノー戦争 ブルボン朝　1589-1792 アンリ4世　位1589-1610 ・1598年、ナントの勅令を発布。旧教と新教の融和を図り、信仰の自由を容認	ヘンリ8世　位1509-47 ・6度の結婚 ・カトリックから分離し、イギリス国教会を設立 エリザベス1世　位1558-1603
1618-48　三十年戦争 フェルナンド2世　位1619-37 ・カトリック体制を強化 ・三十年戦争の長期化を招く レオポルト1世　位1658-1705 ・オスマン帝国からハンガリーを奪取。領土を拡大し、ハプスブルク家を復興	ルイ13世　位1610-43 ルイ14世　位1643-1715 ・ヴェルサイユ宮殿建設 ・フランス絶対王政最盛期	ステュアート朝 1603-49,1660-1714 ジェームズ1世　位1603-25 チャールズ1世　位1625-49 1642-49 ピューリタン革命 メアリ2世 位1689-94 ウィリアム3世 位1689-1702
マリア・テレジア　位1740-80 ・行政・軍事の改革を行い、大国としての地位を維持 ・敬虔なカトリック。ルイ16世の王妃、マリー・アントワネットの母	ルイ15世　位1715-74 ルイ16世　位1774-92 ・在位中にフランス革命が起こり、退位翌年の1793年に処刑 1789 フランス革命	ハノーヴァー朝　1714-1917 ジョージ1世　位1714-27 ・ドイツ生まれ、54歳で即位 ・「君臨すれども統治せず」

Keywords

★ブルボン朝
★バロック様式
★ハプスブルク家

時代

15世紀後半～18世紀

エリア

Notes　*百年戦争は王位継承や領有権をめぐり英仏王室間で起きた、1339～1453年の戦争。ペストの流行や農民一揆で封建領主層が没落。バラ戦争はランカスター家とヨーク家による王位をめぐる内戦

豪華なバロック様式の宮殿が流行

国王たちは官僚や常備軍を整備し、貴族や市民階級をおさえて絶対的な権力をふるった。宗教改革以後、ローマ教皇の権威が衰えたことも王権の強化につながった。

絶対王政の代表的な王として、**ブルボン朝**＊＊のルイ14世が挙げられる。贅の限りを尽くしたヴェルサイユ宮殿は**バロック様式**の代表であり、国外からの使節団を招いて舞踏会が開かれ、髪型や化粧などの流行はここから発信された。バロック様式の宮殿づくりは各国の王家の間で流行し、**ハプスブルク家**のマリア・テレジアも豪華な宮殿を建てた。

各国王朝の「顔」

神聖ローマ皇帝カール5世

スペイン王と神聖ローマ皇帝を兼ね、ハプスブルク家繁栄の礎を築いた

「太陽の沈まぬ国」フェリペ2世

ポルトガル王を兼ね、「太陽の沈まぬ国」と呼ばれる黄金期を築いた

「処女王」エリザベス1世

スペインの無敵艦隊を破り、イギリス絶対王政の最盛期を牽引。生涯独身を貫く

ブルボン朝の「太陽王」ルイ14世

国内外の政策だけでなく、音楽、舞踏など趣味にも精力的。自然国境説をとなえ、盛んに対外遠征を行った

オーストリア・ハプスブルク家 マリア・テレジア

オーストリア・ハプスブルク家の女性君主。熱意をもって多民族国家を統制。16人の子を持つ良き母でもあった

ロマノフ朝ピョートル大帝

西欧化政策を推進し、大使節団を西欧に送った。サンクト・ペテルブルグを建設し、西欧風の建造物で埋めた

王朝史

	スペイン	（ネーデルラント）
	フェルナンド5世　位1479-1516 イサベル　位1474-1504 ・スペイン王朝成立 ・レコンキスタを完了させる	
16世紀	スペイン・ハプスブルク家 1516-1700 神聖ローマ皇帝カール5世　位1519-56 (スペイン王カルロス1世　位1516-56) ・世界帝国をめざすが、イタリア戦争で破綻 ・主権国家体制の萌芽 フェリペ2世　位1556-98 (スペイン・ハプスブルク家) ・「太陽の沈まぬ国」スペインを統治 ・レパントの海戦でオスマン帝国に勝利 ・スペイン・ハプスブルク家最盛期の王 1571 レパントの海戦	1568-1609 オランダ独立戦争
17世紀	フェリペ4世　位1621-65 カルロス2世　位1665-1700	・国際中継貿易都市アムステルダム港の繁栄で、海運・貿易国家となり、黄金時代を築く
18世紀	ブルボン朝　1700- フェリペ5世　位1700-46 ・スペイン国内のブルボン朝は現在のフェリペ6世まで続いている ・ルイ14世の孫	プロイセン フリードリヒ2世　位1740-86 ・現在のドイツ北部からポーランド西部にわたる地域にあったプロイセン王国の勢力を拡大 ・啓蒙専制君主の典型

Notes　＊＊ブルボン朝は、フランスの絶対王政期の王朝。フランス革命で一度倒れたが、その後復活した。ルイ16世の妃、マリー・アントワネットは長年対立していたオーストリアから嫁いだ

フランス

登録基準↓(i)(ii)(vi)

ヴェルサイユ宮殿と庭園

西欧の宮殿建築の手本となった宮殿

「太陽王」と呼ばれ、フランス絶対王政の最盛期を築き上げたルイ14世が、権威と力の象徴として築いた宮殿である。建築家ルイ・ル・ヴォーやジュール・アルドゥアン・マンサール、造園家アンドレ・ル・ノートルといった、当時を代表する芸術家たちの技術を結集。バロック様式の建築と庭園が見事に調和している。*ヴェルサイユ宮殿が当時のヨーロッパ社会に与えた影響は絶大で、その後、シエーンブルン宮殿やロシアのペテルゴフ宮殿など豪奢な王宮が、各国で次々と建てられた。

ルイ14世の栄華

高さ13m、全長73mで片側を鏡で覆った「鏡の間」。54のクリスタル製のシャンデリアと3000本の蝋燭が配され、ルイ14世の業績を表現した天井画があるこの部屋は、ルイ14世の栄華の象徴といえる

↑金襴の天蓋の上に金箔の彫刻が施された「ルイ14世の間」。衆人環視のもと王はここで寝起きした

小集落

宮殿本館の喧騒から逃れるため、マリー・アントワネットが庭園の一角に建てた別宅の1つ。農家や牧場がある田舎風の集落

ムンディ's Eye

ヴェルサイユ宮殿は「鏡の間」が有名ですが、歴史好きにお勧めなのは「戦闘の回廊」です。フランスが経験した、様々な歴史的場面が描かれた巨大な絵画がずらりと展示されています。

Notes ＊宮殿本館の南北の長さは680m。700以上の部屋があり、17世紀後半、宮殿内の住人は4000人、周辺に住む職員を含む宮廷関係者は1万5000人以上に及んだという

オーストリア　登録基準→(i)(iv)

シェーンブルン宮殿と庭園群

女帝の思いが結集した宮殿

18世紀中頃に女帝マリア・テレジアが完成させ、約40年にわたって居城とした。外観はバロック様式、内部はロココ様式で、総部屋数は1441室。ヨーロッパ中から彫刻家やフレスコ画家などが集められ、室内装飾を手掛けた。

宮殿と庭園

マリア・テレジア・イエローと呼ばれる黄色の宮殿の前には、広大な庭園があり、動物園や大温室などが点在している

大ギャラリー

連なるアーチ形の窓や、金縁の大鏡、イタリアの画家グレゴリオ・グリエルミ作の天井のフレスコ画が見事。女帝時代に建造

ドイツ　登録基準→(i)(ii)(iv)

ポツダムとベルリンの宮殿群と公園群

18世紀半ば、プロイセン王**フリードリヒ2世(大王)がポツダムにサンスーシ宮殿と庭園を建設。以来、20世紀初頭まで、この地には歴代プロイセン王により、バーベルスベルク宮殿やツェツィーリエンホーフ宮殿など、壮大な宮殿や庭園が次々とつくられていった。

↑夏の離宮の名目で建てられたが、フリードリヒ2世は、生活のすべてを移した。全10室の小さな宮殿である

→庭園にある中国茶館

イギリス　登録基準→(ii)(iv)

ブレナム宮殿

アン女王が、1704年にルイ14世のフランス軍をくだした将軍、初代マールバラ公爵ジョン・チャーチルに恩賞として与えた宮殿。敷地総面積は4600万㎡で部屋は約200。室内は大理石装飾や肖像画などで埋め尽くされた。ウィンストン・チャーチルの生家でもある。

↑イギリス・バロック建築の代表。女王を称えるため、中世の城のような塔を設けた

→戦場の様子を描いたタペストリーで装飾された室内

Notes　＊＊軍国主義者であった父とは対照的に、フリードリヒ２世は多くの戦争を行うとともに、芸術を愛好する一面もあった。音楽を愛し、科学アカデミーを再興するなど文化政策に貢献した

様式に見る16〜18世紀・ヨーロッパの宮殿と庭園

バロック様式

バロックとは、「歪んだ真珠」の意。華麗で重厚、曲線や楕円形を使うため、躍動感が際立つ。過剰ともいえる装飾が特徴だ。

絶対王政の時代、莫大な富を手にしたヨーロッパ各王朝の王たちは、ルイ14世が建てたヴェルサイユ宮殿(→P120)を模範とし、競い合うように、広大な庭園のある豪華な宮殿を築いていった。

スウェーデン 登録基準➔(iv)

ドロットニングホルムの王領地

「北欧のヴェルサイユ」と呼ばれるほど優雅で威風堂々とした王宮。前身の宮殿が焼失した後、再建の指揮をとった王妃は、パリのヴェルサイユ宮殿に倣う建物を目指した。

フランス式庭園

17世紀のフランスで発達した様式。宮殿から眺めることを前提に設計されたため、館の前は主軸に対して左右対称に幾何学的な植栽が配された。ヴェルサイユ宮殿のフランス式庭園は、造園家アンドレ・ル・ノートルの設計。

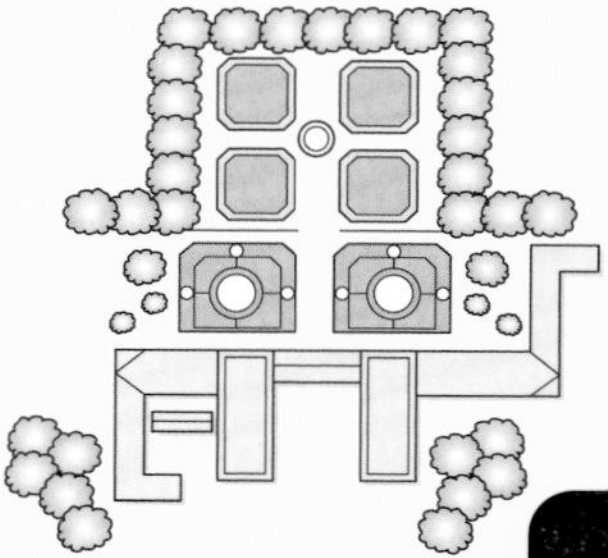

イタリア 登録基準➔(i)(ii)(iii)(iv)

カゼルタの王宮と公園

ブルボン家のナポリ王、カルロ7世が1752年に着工。曾祖父ルイ14世のヴェルサイユ宮殿に匹敵する規模を誇る。1200室はバロック装飾で満たされた。庭園の総面積は約120万㎡。

ルネサンス様式

シンメトリー（左右対称）を重視した端正なイメージ。円や三角形、正方形や長方形を組み合わせながら、ゴシック建築が垂直を目指したのに対し、水平を意識した均整の取れた建築。

スペイン 登録基準➔(i)(ii)(vi)

マドリードのエル・エスコリアル修道院とその遺跡

スペインが「陽の沈まぬ国」といわれた時代の象徴的建物。完璧なシンメトリーで、幾何学的な構成が特徴。華美な装飾を廃したルネサンス様式の典型といわれる。

フランス 登録基準➔(ii)(vi)

フォンテーヌブローの宮殿と庭園

フランソワ1世が建てた、国内初の本格的ルネサンス様式の宮殿。内部の装飾のためにイタリアから芸術家たちを招聘したほどだった。

ロココ様式

ルイ15世の時代の18世紀前半から後半にかけて流行した。曲線を多用する点はバロック様式の流れをくむが、より軽快な印象。草花や貝殻などを装飾モチーフに使うことが多い。

フランス 登録基準➔(i)(ii)(vi)

プチ・トリアノン（ヴェルサイユ宮殿）

ヴェルサイユ宮殿の北西の一角にある小規模な離宮で、内部は簡素であり、豪華なヴェルサイユ宮殿に対する息抜きの場として建てられた。

オーストリア 登録基準➔(i)(iv)

シェーンブルン宮殿

マリア・テレジアは、外観は重厚なバロック様式を採用したが、内部は居住性を重視。花や貝、唐草模様などを使った優雅なロココ様式で統一した。

ネオ・ゴシック様式

18世紀後半から19世紀にかけておこった、中世ゴシック様式の装飾や建築形態の復興を目指した様式。垂直を重視し、ゴシック・アーチを用いるなど、教会建築の要素が取り入れられている。

イギリス 登録基準➔(i)(ii)(iv)

ウェストミンスター宮殿

1834年の火災で大部分が焼失した建物を再建する際、同じ敷地内にあるウェストミンスター大寺院との調和を重んじ、ネオ・ゴシック様式で建てられた。

繁栄を謳歌した中国の明・清の時代

強い皇帝独裁のもと漢民族の文化が興隆

元末期の動乱の中でのしあがった洪武帝は、**皇帝独裁**体制を確立。科挙(→P80)など古来の伝統を復興させ、法典を整備し、農民統制も徹底した。**海禁政策**で民間貿易は禁じたが、朝貢貿易*を実施。クーデターで政権を握った永楽帝《えいらくてい》は、東南アジアやアフリカ沿岸まで艦隊を派遣し、朝貢貿易を促した。

明の時代には、『本草綱目《ほんぞうこうもく》』など自然科学の書物や、『水滸伝』『西遊記』など庶民文学も流行。家内制手工業も発展し、陶器や生糸は世界からの需要が高まった。

賢帝のもと長期政権を樹立した清朝

中国最後の王朝である清は、満州族のヌルハチがおこし、その子ホンタイジが国号を「清」とした。

前半は、康熙帝《こうきてい》・雍正帝《ようせいてい》・乾隆帝《けんりゅうてい》と有能な皇帝たちが、明の制度と満州族の制度の両方を用いて安定を維持。広大な領土を、台湾などは直轄領、ダライ・ラマ**が治めるチベットや**新疆**は**藩部**として監督官を置いて支配するなどして地方を統治した。海禁政策をとったことや、辞典などの編纂事業を行ったこと、**紫禁城**を宮殿にしたことなどは、明清に共通する。

清の対外政策

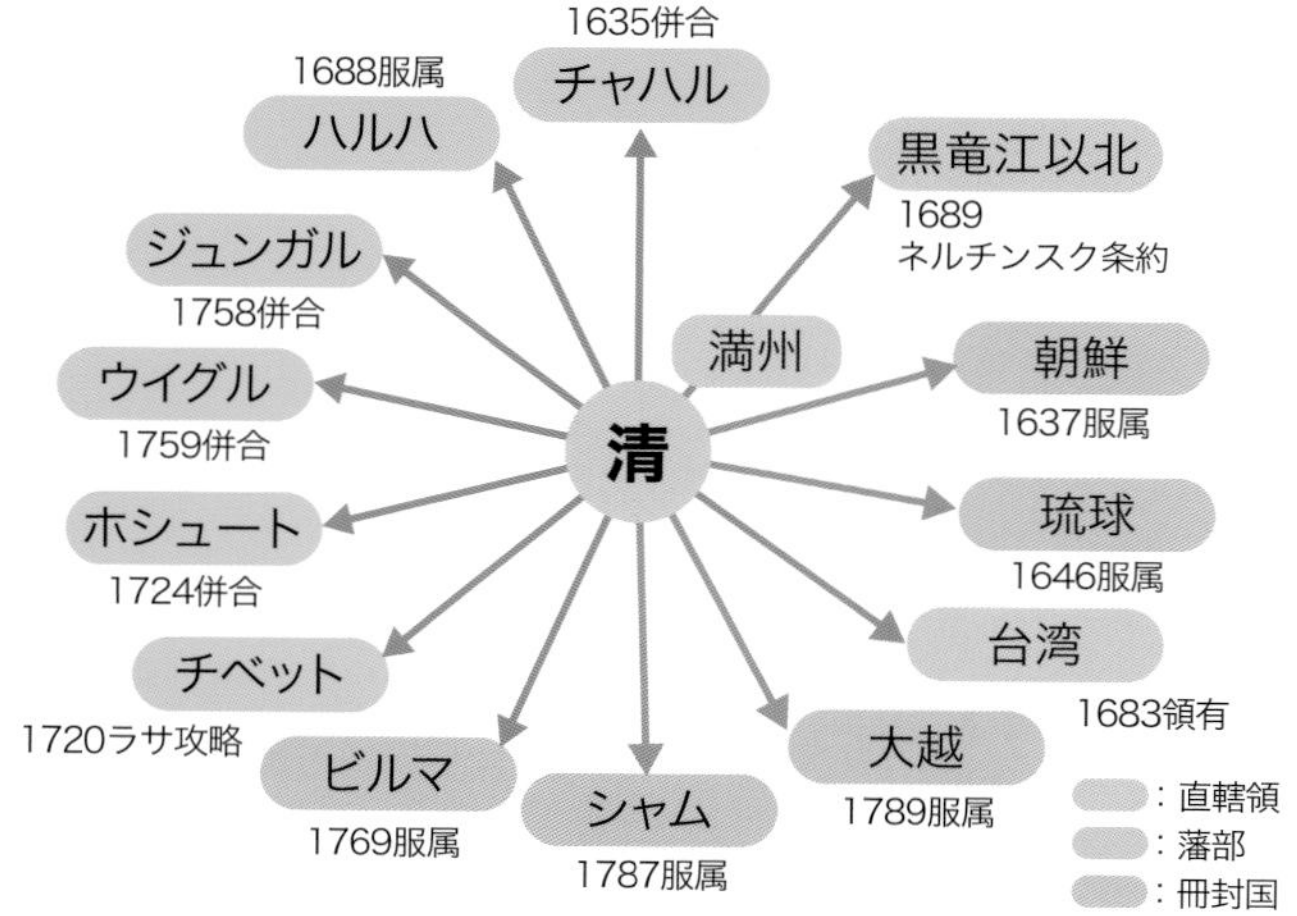

Keywords

★皇帝独裁
★海禁政策
★新疆　★藩部
★紫禁城

時代

1368〜1912年

エリア

Notes ＊朝貢貿易とは、明代に確立した貿易の形態。各国が中国皇帝に貢物を献上し、返礼として皇帝が下賜品を与えるというもの。室町時代の日明貿易も、日本が下の立場で行う朝貢貿易であった

明・清年表

明王朝時代

1368 ●洪武帝(朱元璋)が明王朝を樹立
1402 ●永楽帝即位
1405 ●鄭和《ていわ》の第1次南海大遠征　1433年までに7回にわたり、インド洋を経て、中近東や東アフリカへ遠征
1410 ●永楽帝、モンゴル遠征(～1424)
1421 ●北京に遷都　紫禁城を造営
1424 ●永楽帝が北征中に死去
1572 ●万暦帝時代に張居正《ちょうきょせい》が税制改革を実施、財政再建に成功(～1582)
1592 ●豊臣秀吉の朝鮮出兵

清王朝時代

1616 ●ヌルハチが中国東北部に後金を建国
1636 ●ホンタイジが国号を後金から清に改める
1643 ●順治帝即位
1644 ●清が中国を支配　明王朝、滅亡
1661 ●康熙帝即位
1722 ●雍正帝即位
1735 ●乾隆帝即位
1793 ●イギリス使節マカートニーが来朝
1840 ●アヘン戦争　1842年に南京条約を締結し、香港を割譲
1851 ●太平天国の乱(～1864)　天王を称する洪秀全《こうしゅうぜん》が挙兵し、1853年に南京を占領
1857 ●第2次アヘン戦争
1860 ●英仏連合軍が北京を占拠
1861 ●同治帝即位　西太后《せいたいこう》の垂簾聴政開始
1884 ●清仏戦争
1894 ●日清戦争(～1895)
1900 ●義和団事件
1904 ●日露戦争(～1905)
1905 ●孫文が東京で中国同盟会を結成
1911 ●辛亥革命
1912 ●清王朝、滅亡　宣統帝(溥儀《ふぎ》)が退位、清王朝が滅亡。中華民国が成立

皇帝と業績

明王朝時代

洪武帝《こうぶてい》
在位1368～98年。貧農の家に生まれ、托鉢僧を経て皇帝に。一世一元の制を確立。六部(→P80)を皇帝直属にするなど、独裁を敷いた

永楽帝
第3代皇帝。在位1402～24年。洪武帝の第4子。甥の建文帝から帝位を奪い、南京から北京に遷都。モンゴル遠征や日本との朝貢貿易を行った

万暦帝《ばんれきてい》
第14代皇帝。在位1572～1620年。朝廷に興味を示さず、豊臣秀吉の朝鮮侵略に援軍を派遣するなどで軍費がかさみ、明の斜陽を招いた

崇禎帝《すうていてい》
第17代皇帝。在位1628～44年。農政に長けた徐光啓を採用して財政を再建しようとしたが、成果が上がらず、明朝最後の皇帝となる

清王朝時代

ヌルハチ(太祖《たいそ》)
初代皇帝。在位1616～26年。女真族の出身。明の時代から蒙古の侵攻を撃退するなど活躍し、1616年に後金(後に清に改名)を建国

ホンタイジ(太宗《たいそう》)
第2代皇帝。在位1626～43年。優れた武将であり、朝鮮に遠征して服属させた。国政にも秀でており、六部を創設して、独裁力を強化した

順治帝《じゅんちてい》(世祖《せいそ》)
第3代皇帝。在位1643～61年。万里の長城を越え北京に入城。科挙制を推進し、辮髪《べんぱつ》を強制するなど、清王朝の中国支配の土台を作った

康熙帝(聖祖《せいそ》)
第4代皇帝。在位1661～1722年。漢人将軍による三藩の乱を平定。内蒙古や台湾を直轄領にし、ネルチンスク条約でロシアとの国境を画定した

雍正帝(世宗《せいそう》)
第5代皇帝。在位1722～35年。軍機処を設置して皇帝独裁を強化。財政を改革し、地方の支配を固めて清の長期安定をもたらした

乾隆帝(高宗《こうそう》)
第6代皇帝。在位1735～95年。生涯10回の大遠征を行い、60年の治世で清朝最盛期を築く。学問では重要書籍の集成『四庫全書』を完成

Notes
＊＊チベット仏教(ラマ教)世界で、聖俗両権を掌握する最高者の称号。世界遺産のポタラ宮は、ダライ・ラマの宮殿で、ここを居住地とした。造営が始まったのは1645年

中国

登録基準→(i)(ii)(iii)(iv)

北京と瀋《しん》陽《よう》の明・清朝の皇宮群

明と清の権力を象徴する広大な宮殿

北京の故宮は、かつて紫禁城*と呼ばれた世界最大規模の宮殿。南北９６１ｍ、東西７５２ｍの敷地に、８００棟近い建造物が並び、総部屋数は約９０００室。多くが17~18世紀の建設当時のまま残る。建物の格式により装飾や彩色、素材などを厳密に定めた伝統に則ってつくられた故宮には、最高級の技法や建築技術が用いられている。

瀋陽の故宮は、ヌルハチが建造した宮殿。北京に遷都後は王族の離宮に。漢民族の伝統的建築様式の上に、北方遊牧民の風習や宗教観も反映されている。

瀋陽の故宮

ホンタイジが政務を行った崇政殿や鳳凰楼（下）を含め、約70棟の建物があり、総部屋数は約300。大政殿は、モンゴル族の住居パオを起源とする八角形の建物で、皇帝主催の式典の場となった。現在は博物館

↑大政殿。正面の金龍が巻き付いた柱が印象的

北京の故宮

→乾隆《けんりゅう》帝時代に建造の九龍壁

現在の建物のほとんどが清王朝時代のもの。太和殿、中和殿、保和殿からなる故宮外朝は、重要な儀式の場となった。1925年より故宮博物館として一般公開されている

ムンディ's Eye

北京の故宮の全景を見るには、故宮のすぐ北にある景山公園の小山を登ることをお勧めします。頂上の万春亭からは、故宮の建物の数々を一望することができ、皇帝の権力の大きさを感じます。

Notes ＊紫禁城の紫禁とは皇帝の居所を示す言葉。明の永楽帝が都を南京から北京に遷す際に造営した。たびたび改築補修されたが、現在のほとんどが明代の様式を継承して、清代に建てられたもの

中国　登録基準→(i)(ii)(iii)

天壇《てんだん》：北京の皇帝の廟壇

現存する中国最大の宗教施設。1420年、明の永楽帝が造営し、歴代皇帝により五穀豊穣の祈りが捧げられた。重要な儀式の場である祈年殿＊＊などの建造物の配置や景観は、北京の故宮の太和殿を万物の中心とする宇宙観に基づいている。

↑梁や棟木がいっさい使用されていない祈年殿内部

←藍色瑠璃瓦葺きの3層の円形屋根を持つ祈年殿。金箔や鳳凰などの装飾が美しい

中国　登録基準→(ii)(iv)

承徳《しょうとく》の避暑山荘と外八廟《がいはちびょう》

清の康熙《こうき》帝が避暑地とした承徳。1702年より88年かけてつくられた避暑山荘は、現存する庭園の遺構としては中国最大規模。外八廟は、11の寺院・廟所の総称。ポタラ宮をモデルにした普陀宗乗之廟《ふだそうじょうのびょう》がある。

↑避暑山荘の広大な敷地内は、湖水区や宮殿区など4区に分かれ、江南地方の景勝地や名園が再現されている

→外八廟にある普寧寺《ふねいじ》

中国　登録基準→(ii)(iii)(iv)

古都平遥《へいよう》

平遥は、西周時代の紀元前9～前8世紀に起源をもつ古都。1370年に築かれた全長約6.4kmの城壁がほぼ残るほか、城壁内には左右対称の町区画が現存。役所や公共施設など、明・清時代の都市構造が見られる。

↑明代建造の城壁には見張り台も兼ねた料敵台がある

→城壁内の町の区画には、17～19世紀の商店なども当時のまま残されている

中国　登録基準→(i)(ii)(iii)

頤和園《いわえん》、北京の皇帝の庭園

1750年、清の乾隆帝が整備した庭園。第2次アヘン戦争中に一旦破壊されたが、1891年に西太后により再建された。人工湖の昆明《こんめい》湖や、仏香閣、仁寿殿、大戯楼など、数々の建造物が点在する。

→万寿山に聳える仏香閣

↑昆明湖畔には石造りの水上建造物が立つ。池や築山などで再現した自然景観と建物が見事に調和している

Notes　＊＊天壇の祈年殿の内部は、四季を示す4本の柱と、12カ月を示す12本の赤い柱が支えている。祈年殿に向かう石造の道には、鳳凰や龍、雲が彫られている

イスラームとヒンドゥー教が融合したインドのムガル帝国

アクバル帝の元、ゆるぎない帝国に

1526年にバーブルが建国したムガル帝国。ムガルとはモンゴルの意だ。しかし、その子フマーユーン帝まではイスラームの地方政権に過ぎなかった。

帝国を強大な国家に成長させたのは、第3代**アクバル帝**である。支配階層を組織化し、全国の土地を測量して徴税する制度を確立。最大の功績は、先住のヒンドゥー教を信仰する民族ラージプート*と和解したことだ。ジズヤ**(人頭税)を廃止し、中央集権体制に異教徒を採用するなどしたのである。そこでイスラームとヒンドゥーの両文化が融合する宮廷文化も生まれることになる。

最盛期はアウラングゼーブ帝の代

第5代シャー・ジャハーンは、両文化の融合の象徴ともいえるタージ・マハルを建設。内政面ではムガル帝国時代で最も安定した時期となった。

第6代**アウラングゼーブ帝**のとき、領土は最大になったが、厳格なイスラームに戻し、ジズヤを復活したため、ヒンドゥー教徒の反乱を招いた。その死後、帝国は衰退の一途をたどった。

ムガル帝国の版図拡大

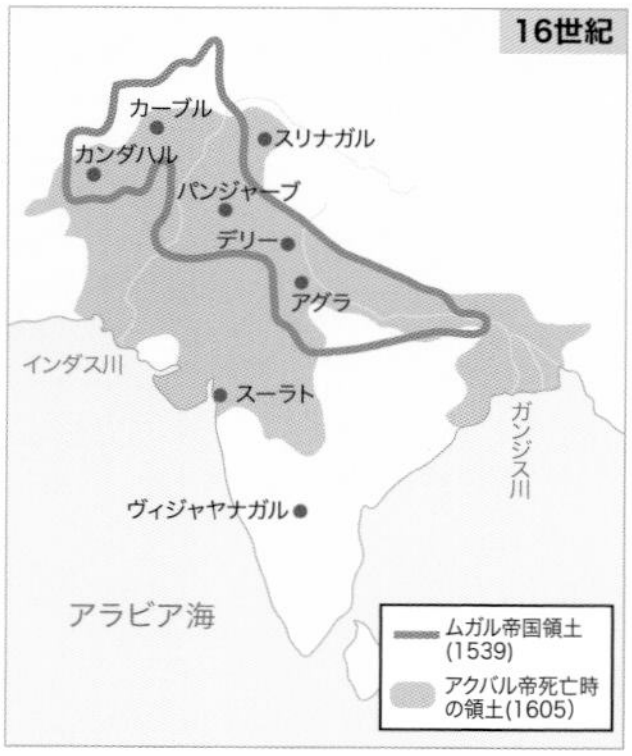

バーブル帝の時代の領土(太い線)に比べ、アクバル帝死亡時(1605)の領土(青色の部分)は2倍近く広がった

オレンジ色は1707年のアウラングゼーブ帝の最大版図。黄色線のマラータ同盟地域も含まれていた

Keywords
★アクバル帝
★アウラングゼーブ帝
★インド・イスラーム文化

時代

1526〜1858年

エリア

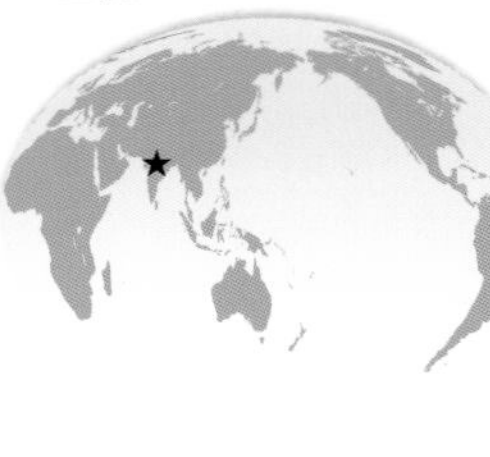

Notes ＊ラージプートはインド西部に居住した民族で、ヴァルダナ朝(→P72)滅亡後の7世紀後半から、北インド各地で諸王朝を建国。インド独立後は、ラージャスターン州に多く居住している

絵画や建築で開花した インド・イスラーム文化

この時代、**インド・イスラーム文化**が全盛を迎えた。写実的な細密画のムガル絵画や、庶民的な宗教美術のラージプート絵画が登場。建築では墓廟や城塞、寺院などにイスラームとヒンドゥーの建築様式の融合が見られ、宗教では両者を融合したシク教が創始。ペルシア語とヒンディー語の融合も見られた。

ムガル帝国年表

- 1498 ●ヴァスコ・ダ・ガマ、カリカットに到着
- 1510 ●ポルトガルがゴアを占領
- 1526 ●パーニーパットの戦いでロディー朝を倒し、バーブル帝(初代)が即位。**ムガル帝国建国**。デリーに都を置く
- 1540 ●シェール・シャーがフマユーン帝(2代)を破り、スール朝をおこす。フマユーン帝は一時亡命(1555奪回)
- 1556 ●**アクバル帝(3代)即位**　後に**アグラに遷都**し、北インドを統一
- 1565 ●アクバル帝、アーグラ城建設
  ●フマユーンの妃がデリーにフマユーン廟を建設
- 1571 ●アクバル帝、ファテプル・シークリー着工
- 1573 ●アクバル帝、ラホール城着工
- 1600 ●**イギリス、東インド会社設立**
- 1628 ●**シャー・ジャハーン帝(5代)即位**
- 1632 ●シャー・ジャハーン帝、タージ・マハル廟着工
- 1639 ●イギリスがマドラスを獲得
- 1642 ●シャー・ジャハーン帝、シャーラマール庭園をつくる
- 1648 ●**ムガル帝国、アグラからデリーに遷都**
- 1657 ●皇位の継承争い始まる
- 1658 ●**アウラングゼーブ帝(6代)即位**
  17世紀末に国土が最大版図になる
- 1661 ●イギリスがボンベイを獲得
- 1664 ●**フランスが東インド会社を再建**
- 1707 ●アウラングゼーブ帝死去。皇位継承争いが激化
- 1857 ●イギリス植民地支配に対する、**シパーヒーの反乱**をイギリス軍が鎮圧
- 1858 ●第17代皇帝バハードゥル・シャー2世が廃位させられ、**ムガル帝国滅亡**

4皇帝の功績

バーブル帝

在位1526〜1530年。チンギス・ハンの末裔との説も。武人・文人としての評価が高いが、征服の4年後に客死

アクバル帝

在位1556〜1605年。13歳で即位。懐柔策でラージプートを従属させ、北インドを中心に帝国の基礎固めを達成

シャー・ジャハーン帝

在位1628〜58年。妻ムムターズ・マハルの死に際し、霊廟のタージ・マハルを建てたが、財政は傾いた

アウラングゼーブ帝

在位1658〜1707年。父を幽閉して帝位に。厳格なイスラーム教徒でヒンドゥー教徒を弾圧し、地方の反乱を招いた

Notes　＊＊ジズヤとは、ヒンドゥー教徒のみならず、キリスト教徒やユダヤ教徒などのイスラームを信仰しない異教徒に対して課した人頭税のこと。人頭税を払えば信仰を認められた

インド
登録基準↓（ⅰ）

タージ・マハル

愛する妃のために皇帝が建てた白亜の霊廟

タージ・マハルは、ムガル帝国第5代皇帝シャー・ジャハーン帝が、妻ムムターズ・マハルの死を悼んで建てた墓廟である。白大理石に貴石を配し、世界各地から呼び寄せた職人の技で飾られた廟は、完成までに22年を要した。廟の敷地は東西約300m、南北約560m。巨大な楼門をくぐると、ペルシア伝統の四分庭園が広がる。ドームを戴く変形八角形の霊廟本体は約100m四方の基壇の上に立ち、基壇の四隅にミナレット*がそびえる。幅、高さともに約65mで、左右対称に設計されている。

↓唐草模様で装飾された入口の両脇の壁

2人の墓

墓室の妃の棺の隣に、ひと回り大きいシャー・ジャハーン帝の棺が置かれた

精緻な模様

外壁の壁面や内部の墓室の棺や墓の障壁など、あらゆる部分に美しい植物の蔓や、それをモチーフにした唐草模様が施されている

ムンディ's Eye

「タージ・マハル」の名は、ムムターズ・マハルの「ターズ・マハル」からきています。満月の日は、月あかりがタージ・マハルを照らし、タージ・マハルの最も美しい姿が見られます。

Notes ＊ミナレットとは、モスクに附属する塔のこと。本来は、イスラームの宗教儀礼として、礼拝を呼びかける場だが、モスクの外観を飾る役割も担う。イラン以東では、円形や多角形が一般的

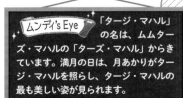

インド 登録基準➔(iii)

アーグラ城塞

ムガル帝国を繁栄に導いたアクバル帝が1565〜73年に築いた居城。その後、歴代皇帝により改築された。3つの宮殿建築のほか、モスク、庭園などが残る。

赤砂岩でつくられた別名「赤い城」

インド 登録基準➔(ii)(iv)

デリーのフマユーン廟

急逝したムガル帝国**フマユーン帝のため、妃ハージ・ベグムが建設を命じ、1565年に完成した墓廟。インド初の廟建築となり、タージ・マハル廟のモデルに。

白大理石の2重構造のドームを戴く

廟に隣接するモスク

廟の東西には、廟と同様の幅約65mで同じ形の2つの建造物が立つ。東側は迎賓館、西側はモスク

Column

シャー・ジャハーンとムムターズ・マハルの恋物語

即位前のシャー・ジャハーンがひと目ぼれし、彼が20歳、ムムターズが17歳の時に結婚。皇帝になった後、遠征にも妻と子供を伴うほど、妻と家族を愛し、授かった子供は14人に。

遠征先で病に伏し、他界した妻のため、シャー・ジャハーン帝は国民に2年間、喪に服すことを命じたほど悲しみに暮れた。当初、ヤムナー川を挟んだ対岸に同型の黒大理石の墓廟を自身のためにつくり、両者を橋でつなぐ計画だった。その夢は叶わず、息子のアウラングゼーブ帝によりアーグラ城の塔に幽閉された皇帝は、7年間も窓からタージ・マハル廟を眺めて過ごし、74歳で世を去った。

幽閉されたシャー・ジャハーン帝が見たと思われるアーグラ城からのタージ・マハルの風景

Notes **バーブルの子で第2代皇帝フマユーン帝は、温厚な性格で教養があったが、武人の才と統率力に欠けていた。征服地を失い、敗戦が続き、最後にデリーを奪回したが、不慮の事故で他界

個性満開！世界遺産になったおもしろ住宅

世界文化遺産の中には、一般的な“家”の概念から大きく外れた、個性的な建物が数多く存在する。個性のポイントになるのは、建材、立地場所、設計のユニークさ。世界各地に点在する、おもしろ住宅を集めてみた。

石積みの家

アイルランド 登録基準➔(iii)(iv)

シュケリッグ・ヴィヒル

アイルランドの沖合に存在する孤島。7世紀頃、石造りの修道院が建設され、その周囲に石造りの修道士たちの住居が建てられた。聖ミカエルを守護聖人として祀る聖堂や墓地、礼拝堂や僧房も荒石を積み上げたもの。

日干しレンガの家

アメリカ 登録基準➔(iv)

タオス・プエブロ

先住民族アナサジが、13世紀にリオ・グランデ川流域のタオスに築いた集落。北と南の2つの集合住宅は、いずれも日干しレンガの壁を泥で塗り固めたもの。大きさの異なる立方体の家屋がテラス状に積み上げられている。

マリ 登録基準➔(ii)(iv)(v)

トンブクトゥ

サハラ砂漠の町トンブクトゥは、日干しレンガを積み上げ、土で塗り固めた建物でいっぱいだ。11世紀後半に遊牧民トゥアレグが築いた宿営地がはじまり。砂に埋まる恐れが危惧される。

洞窟と地下都市

トルコ　登録基準➔（ⅰ）（ⅲ）（ⅴ）（ⅶ）

ギョレメ国立公園とカッパドキアの岩窟群

キノコ形の奇岩が林立するカッパドキアの中心部、ギョレメ渓谷には、3世紀半ば以降、迫害を逃れるためキリスト教徒が岩肌に穿《うが》った洞窟聖堂や住居が点在する。一帯には36の地下都市もある。

とんがり屋根の家

イタリア　登録基準➔（ⅲ）（ⅳ）（ⅴ）

アルベロベッロのトゥルッリ

白壁にとんがり屋根の家屋は、石を積み重ねて石灰を塗り、さらに石を積み重ねた屋根を載せた単純な構造。16世紀半ばから約100年間に建てられた。隣の家とは間仕切りでつながっている。

洞窟住居

イタリア　登録基準➔（ⅲ）（ⅳ）（ⅴ）

マテーラの洞窟住居と岩窟教会公園

マテーラには凝灰岩の岩盤に掘られたサッシと呼ばれる洞窟住居が密集している。8～13世紀にイスラーム教徒からの迫害を逃れたキリスト教の修道士が住み着いたとされる。内部は奥半分が洞窟、手前が住居。

円形集合住宅

中国　登録基準➔（ⅲ）（ⅳ）（ⅴ）

福建の土楼

土楼とは円形や方形で、数階建ての集合住宅のこと。窓も少なく、入り口は通常１つ。漢民族「客家《はっか》」の伝統住宅で、12～20世紀に建てられた。1家族２～３部屋が割り当てられ、防衛機能も果たした。

Column

“文化的景観”と名のつく世界遺産

世界遺産の登録基準のなかで、1992年に新たに加えられた項目が「文化的景観」だ。これは、人間と自然の共同作品としての景観に価値があるものを指す。複合遺産とは異なり、人間と自然の相互作用によってつくり出した景観に意味がある。

オーストリア 登録基準➔(iii)(iv)

ハルシュタット-ダッハシュタイン・ザルツカンマーグートの文化的景観

ハルシュタット湖畔までせり出す山の斜面に、ゴシック様式やルネサンス様式の瀟洒な家々が立ち並ぶ。「世界で最も美しい湖畔の町」と呼ばれる。

←氷河が築いたU字形の渓谷と湖という自然に、人々の暮らしが加わった景観

→町の中心部。町は町はずれの岩塩坑の採掘で栄えた。最初に採掘されたのは紀元前3000年。採掘は現在も続く

オーストリア 登録基準➔(ii)(iv)

ヴァッハウ渓谷の文化的景観

ドナウ川流域、ウィーンの西のメルクとクレムス間の約35kmの渓谷沿いには、ブドウ畑のほか、中世の城郭や修道院、小都市が点在。自然を生かしつつ、人々が築いた中世の川辺の風景が当時のまま残る。

ドナウ河岸でも特に風光明媚な場所とされる。ワインの産地としても有名

チェコ 登録基準➔(i)(ii)(iv)

レドニツェ-ヴァルティツェの文化的景観

17世紀初め、名門リヒテンシュタイン家が、レドニツェとヴァルティツェの領地に数百年をかけて宮殿と庭園を建設した。自然を生かしたイギリス式庭園を含め、自然と人工物が見事に融合した景観とされた。

周囲の自然に溶け込むレドニツェ城。建築もさまざまな様式を取り込んでいる

ハンガリー 登録基準➔(iii)(v)

トカイワイン産地の歴史的文化的景観

ティサ川流域のトカイ地方は、ハンガリー屈指の貴腐ワインの産地。川から標高250mほどの丘陵地に、伝統的なワイン生産を行う集落とブドウ畑が続く。1000年以上続くワイン生産地の典型的な景観だ。

ルイ14世が「王様のワイン、ワインの王様」と絶賛したトカイの貴腐ワインの畑

第4章 近代・現代

18世紀~現在

産業革命と市民革命(アメリカ独立革命・フランス革命)という
二重革命が起こり、近代世界はスタートする。
そして二度の世界大戦を経験して、現在を含む現代の歴史へ。
新たな地球的規模の問題を抱える世界の歴史に向き合おう。

アイアンブリッジ峡谷
(イギリス)

近・現代の世界

市民社会の成立や資本主義体制の確立は、現代の社会構造に通じる社会の変化であった。こうした「近代化」を果たした欧米諸国は、19世紀以降、世界に対する影響力を強め、ときには武力を用いてアジアやアフリカなどに植民地を広げた。現在においても、世界では武力を伴う紛争や国際テロが絶えない。しかし、科学技術や情報技術の進化によるグローバル化はめざましく、世界は急速に一体化している。

18世紀半ば
イギリスで産業革命始まる

アイアンブリッジ

世界初の鋳鉄製のアーチ橋。産業革命の象徴とされる

18世紀半ば	イギリスで産業革命始まる
1775〜83	アメリカ独立戦争
1783	パリ条約でアメリカ独立
1789〜99	フランス革命
1804	ナポレオン皇帝即位
1814〜15	ウィーン会議
1819	イギリスがシンガポールを獲得
1840〜42	イギリスと清によるアヘン戦争
1848	フランスで二月革命 ドイツ・オーストリアで三月革命
19世紀半ば	イギリスが「世界の工場」に
1857〜59	インド大反乱
1861〜65	アメリカ南北戦争
1861	サルデーニャ王国、イタリア統一。イタリア王国の誕生
1871	プロイセン、ドイツ統一。ドイツ帝国の誕生
1877	ヴィクトリア女王、インド皇帝に即位。インド帝国の成立
1884〜85	清仏戦争
1885	第3次ビルマ戦争でイギリスがビルマを併合
1905	ロシアで血の日曜日事件起きる
1914〜18	第一次世界大戦
1917	ロシア革命
1918	対ソ干渉戦争。日本もシベリア出兵
1919	ヴェルサイユ条約の調印。以後ヴェルサイユ体制へ
1920	国際連盟成立

1889
第4回万国博覧会

エッフェル塔

建築技術の発達を象徴する高層建築物

1789〜99
フランス革命

コンコルド広場

ルイ16世や王妃のギロチンによる処刑が行われた

1783
パリ条約でアメリカ独立

独立記念館

アメリカ独立宣言が署名され、合衆国憲法が制定された建物

「近代世界システム論」から見た近代

19世紀（覇権国家：イギリス）

圧倒的な工業力と海軍力で覇権を握った。
地図中の緑のエリアは19世紀のイギリス植民地

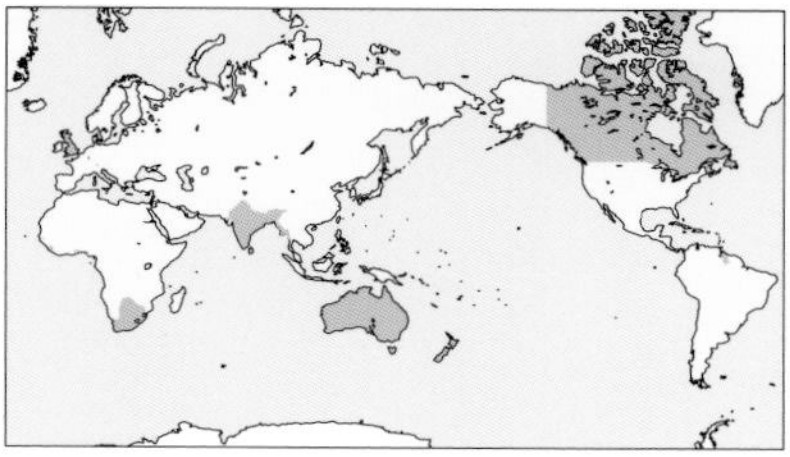

社会学者ウォーラーステインが提唱した理論。大航海時代以降、西洋諸国が中核となり、「周辺」にあたるアジアやアフリカなどの地域の富を搾取する不平等な構造（システム）が成立していると批判した

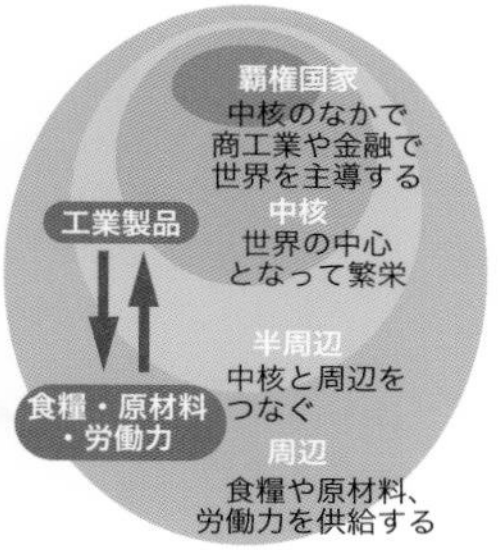

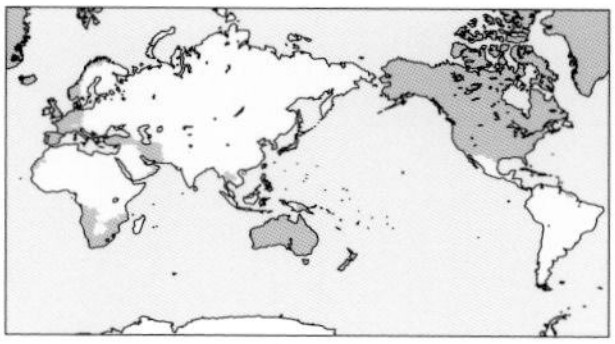

20世紀（覇権国家：アメリカ）

2度の世界大戦で国土が戦場にならずに発展。
地図中の緑のエリアは、冷戦期の西側諸国

現代は……グローバリゼーションの時代になって世界の結びつきが強くなり、確かな覇権国家が存在しなくなった

1922	ソヴィエト社会主義共和国連邦成立
1928	イタリアでファシスト党の独裁が確立
1929	世界恐慌始まる
1933	ドイツでヒトラー内閣誕生、全権委任法成立
1933〜36	アメリカでニューディール政策
1934	ソ連でスターリンによる大粛清始まる
1939〜45	第二次世界大戦
1945	国際連合成立
1946	チャーチル「鉄のカーテン」演説
1946以降	冷戦（米ソ対立）の始まり
1950	朝鮮戦争勃発
1955	第1回アジア＝アフリカ会議（バンドン会議）
1960	アフリカ諸国の独立（アフリカの年）
1962	キューバ危機
1965〜75	ベトナム戦争
1980	イラン・イラク戦争
1982	フォークランド戦争
1989	ベルリンの壁崩壊。東欧諸国の民主化が進む マルタ会談で冷戦の終結を宣言
1991	ソ連解体。独立国家共同体創設
1993	ヨーロッパ連合（EU）発足
2001	アメリカで同時多発テロ
2022	ロシアのウクライナ侵攻

1991〜92
ユーゴスラヴィア連邦崩壊

ドゥブロヴニク

1991〜92年に紛争で砲撃されたが、紛争後復旧された

1939〜45
第二次世界大戦

アウシュヴィッツ

ナチス・ドイツが設置した最大規模のユダヤ人強制収容所

1917
ロシア革命

レーニン廟

レーニンはロシア革命を指導し、社会主義国家を建設した

綿糸の大量生産を背景とした産業革命によるイギリスの発展

人の手から機械生産へ世界を変えた技術革新

産業革命は、18世紀のイギリスで起こった。産業革命とは、農業基盤の社会から工業を基盤とした社会への転換を指す。この動きは、**綿織物工業**の技術革新による工場制手工業から**工場制機械工業**への移行によって始まった。

当時のイギリスには、市場経済の発達による「資本」の蓄積があり、植民地という「市場」を有し、近代農法の普及によって失業した農民を「労働力」とすることができた。また、自然科学と技術の進歩も産業革命の要因であった。

1733年にジョン・ケイによって飛び杼が発明されると、綿織物の生産量は急速に増加し、綿糸が不足するようになった。そこでハーグリーヴズやアークライトなどが、綿花から糸を紡ぐ紡績機を次々に開発。綿糸の大量生産が実現すると、カートライトの動力を用いた織機の発明と、ワットの蒸気機関の改良によって綿布の生産効率は飛躍的に上昇した。

産業革命の結果、イギリスは良質で安価な製品を大量に国内外の市場で売りさばき、**「世界の工場」**としての地位を確立し、資本主義を大きく進展させた。

★産業革命が起こった背景

原料

綿織物の原料となる綿花は、西インド諸島でアフリカ奴隷を労働力とした大農園で栽培。大西洋の三角貿易で輸入していた

資本

毛織物工業の発達や、世界貿易の中心的役割を果たしていたことなどにより、資本の原始的蓄積が進んでいた

市場

海外に保有していた広大な植民地が市場になった。また、良質で安価な製品はヨーロッパ諸国でも売れた

労働力

*第2次囲い込み(写真)によって土地を失った農民が失業者として都市に流入。安価な賃金労働者となった

Keywords

★綿織物工業
★工場制機械工業
★世界の工場
★交通革命

時代

18～19世紀

エリア

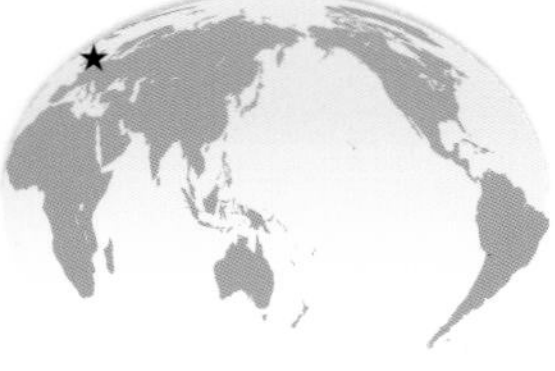

Notes ＊第2次囲い込みとは、農業生産を飛躍的に向上させるノーフォーク農法(かぶ・大麦・クローバー・小麦を輪作する)を効率的に行うため、大地主が中小農民の土地を合法的に奪い取ったこと

交通・運輸の一大変革と資本主義体制の確立

綿織物工業の発展は、機械工業をはじめ、機械を製作するための鉄工業＊＊や石炭業など、さまざまな工業の飛躍的な発展も促した。

また、原料の大量消費、製品の大量生産を可能にするための交通機関の改良も進んだ。18世紀後半には国内に運河網が形成されて舟運が発達し、19世紀には新たに登場した鉄道がこれに代わった。

１８０４年にトレヴィシックが発明した蒸気機関車は、スティーヴンソンによって実用化され、リヴァプール・マンチェスター間の旅客鉄道が開通。また１８０７年にはアメリカで蒸気船が試作され、**交通革命**をもたらした。

産業革命によってイギリスでは、工場を経営する産業資本家が台頭し、資本主義体制が確立した。

★綿織物工業の技術革命

力織機

綿糸の大量生産を背景に、カートライトが蒸気機関を動力とした織機を開発。綿布の大量生産を可能にした

水力紡績機

1768年にアークライトが発明。水力を動力として自動的に太く強い糸を紡ぐことができるようになった

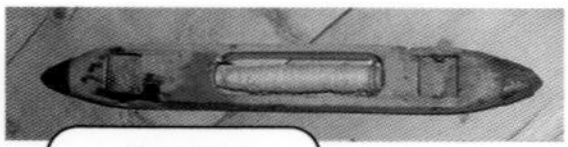

飛び杼

従来の半分の時間で幅の広い布を織れるようになった

★産業革命の波及

国名	時代	各国の工業化の特徴
ベルギー	19世紀初頭	1830年に独立。古くからの商業都市を有し、石炭などの資源も豊富で、イギリスに次いで産業革命に成功
フランス	19世紀初頭	七月王政の1830年代に商業資本の育成が図られ、産業革命が本格化。ナポレオン3世時代に発展を遂げる
ドイツ	19世紀前半	プロイセン王国を中心にドイツ関税同盟が結成され、工業化が進展。国家主導で重工業に重点を置いた
アメリカ	19世紀中盤	米英戦争をきっかけに、1860年代の南北戦争後に本格化。保護貿易主義のもとで急速に工業化が進む
ロシア	19世紀後半	1861年に農奴解放令が出され、近代化が進む。1890年代にフランス資本の導入で工業化が進展する
日本	19世紀後半	明治維新後、政府による殖産興業（産業保護育成）政策により近代化が進む。日清・日露戦争後に本格化

★産業革命の影響

産業革命によって都市への人口集中が起こり、リヴァプールやマンチェスターのような商工業都市が発展。そこでは大規模工場で働く労働者が、不衛生な環境で低賃金のもと長時間労働を強いられていた。そのため、労働者と資本家の関係は悪化し、やがて労働者は団結して資本家と対立するようになった。また、こうした社会問題、労働問題の解決を目指す社会主義思想などが生まれてきた。

ロバート・オーウェン

イギリスの社会主義思想家。ニュー・ラナーク（→P141）の紡績工場などの経営者であったが、労働者の待遇改善を唱えて工場法制定にも大きく貢献した

Notes　＊＊鉄工業では1709年にダービーが石炭を蒸し焼きにしたコークスを燃料にする製鉄法を開発しており、鉄材の大量生産が可能になっていた

イギリス 登録基準↓(iii)(iv)

ブレナヴォン産業景観

産業革命時代の風景を今に残す産業都市

ブレナヴォンは、鉄鉱石と石炭の産地として繁栄した町。最盛期の19世紀半ばには66万tもの銑鉄を鋳造し、イギリスの産業革命を牽引した。ビッグピット炭鉱をはじめ、採掘現場や鉄道などが当時のまま保存されている。

ビッグピット国立石炭博物館

1980年に閉山した炭鉱を利用し、一部を博物館として公開。かつて使われていた坑道を見学できる

→鉄や石炭を運ぶために敷設されたポンティプール・ブレナヴォン鉄道。保存鉄道として動態保存されている

イギリス 登録基準↓(i)(ii)(iv)(vi)

アイアンブリッジ峡谷

イギリスの産業革命期を代表する工業地帯

18世紀初頭、コークスを燃料とする*製鉄法や、銑鉄の大量生産を可能にした溶解炉などがこの地域の町で誕生した。輸送効率を高めるため、1779年に建設された世界初の鉄橋、アイアンブリッジは今も現役だ。

アイアンブリッジ

正式名称はコールブルックデイル橋。全長約60m、幅約7m、総重量400tの鉄骨造建築は産業革命の象徴

→セヴァーン川の大洪水でも流されることなく、その安全性を世界に知らしめている

ムンディ's Eye

鉄鉱石と石炭は、鉄を作るための2大材料です。そのため、鉄鉱石と石炭が近くで採れるブレナヴォンのような場所は非常に貴重なのです。石炭の坑道と製鉄所の両方が見学できます。

Notes ＊この製鉄法を開発したダービー(→P139)の孫のダービー3世が依頼を受けてアイアンブリッジの施工を担当した

イギリス 登録基準➔(ii)(iv)(vi)

ニュー・ラナーク

スコットランド南部に位置するニュー・ラナークは、紡績工場を中心とした産業**集落で、産業革命後の労働環境を改善するために造られた計画都市。工場では人道主義的な経営が行われ、町には労働者のための住宅や学校などが整備された。

→綿糸の生産でイギリスの産業革命を支えた。町は、産業集落のモデルとなった

←オーウェン(→P139)の家も残る

オーストリア 登録基準➔(ii)(iv)

ゼメリング鉄道

初めてアルプス山脈越えをした、全長41.8㎞の山岳鉄道。1848～54年、産業革命で後れをとったオーストリア帝国が威信をかけ敷設した。急勾配を16のトンネルと16の高架橋でつなぎ、現在も重要な路線として利用されている。

←鉄道の開通により、周辺の開発が進められた

→高さ46m、長さ187mのカルテリンネ橋

フランス 登録基準➔(i)(ii)(iv)(vi)

ミディ運河

中部のトゥールーズと地中海沿岸を結ぶ総全長約360㎞の運河。物資輸送を目的に、ピエール・ポール・リケが建設を指揮し、17世紀末に完成。鉄道が敷かれるまで、物流の大動脈としてフランスの産業革命を支えた。

→運河を通すため、49の水路橋、103の水門などが築かれた

←ミディ運河の地中海側の出口である、セットの港

Notes ＊＊産業集落とは、産業施設と居住施設を兼ね備えた町のこと。ニュー・ラナークの工場は1968年に廃業したが、現在も数百人が暮らしながら、歴史的な景観を残すための努力を続けている

近代が始まる歴史的事件
フランス革命とナポレオンの台頭

Keywords
★ルイ16世
★共和政
★ナポレオン

時代
18世紀後半～
19世紀前半

エリア

絶対王政を倒して共和政が実現する

近世のヨーロッパで最も王権が強大であったフランスにおいて、絶対王政が倒れ、旧制度(アンシャン・レジーム)が廃止されたのがフランス革命である。

絶対王政下のフランスでは、国民は第一身分(聖職者)、第二身分(貴族)、第三身分(平民)に区別され、第一、第二身分は免税などの特権をもっていた。しかし、人口の90%以上を占める第三身分は重い税を課せられ、体制への不満*を募らせていた。

国王**ルイ16世**は、度重なる戦争で悪化していた財政を立て直すために改革を試みたが、特権階級が反対。議会を招集することになった。議会が紛糾すると第三身分の代表は、国民議会をつくって憲法の制定を要求。国王が武力でこれを鎮圧しようとすると、パリの民衆が反発し、革命が始まった。

国民議会は、特権階級への課税や人権宣言の採択などを宣言。国王は国民議会との妥協を諦めて国外逃亡を計画したが、国境近くで捕まり、パリに連れ戻されてしまう。その後、王権は停止され、男性普通選挙による国民公会が成立し、**共和政**が宣言された。

★フランス革命の経過

球戯場の誓い

1789年6月20日
三部会から離脱した第三身分と、一部の特権階級が国民議会を結成

バスティーユ牢獄襲撃

1789年7月14日
武器を奪ったパリ民衆が、圧政の象徴であった政治犯の牢獄を襲撃

ルイ16世の処刑

1793年1月21日
現在のコンコルド広場でギロチンにかけた。同年10月には王妃も処刑

山岳派の独裁

1793年6月2日
山岳派を率いたロベスピエールは、粛清と処刑による恐怖政治を行った

国民議会の成立
全国で民衆蜂起
第一共和政の樹立
恐怖政治の展開

Notes
＊合理的な知を重んじて、社会の偏見を批判する啓蒙思想の広まりも不満の一因であった。とくに1789年にシェイエスが著した『第三身分とは何か』は革命の原動力になった

ヨーロッパを征服した皇帝ナポレオン

国民公会で主導権を握り、恐怖政治を行ったロベスピエールは、クーデターで権力を失い、処刑される。その反省から新憲法のもと、5人の総裁からなる総裁政府が樹立された。しかし、総裁政府の時代は政情不安で、周辺諸国との争いも不調だった。社会不安に陥っていたフランスを救ったのが、軍功をあげていた**ナポレオン****だった。ナポレオンは、軍事クーデターで統領政府を樹立して事実上の独裁権を握り、敵対する国々と戦った。

ナポレオンは、財政の安定化や商工業の振興、教育制度の整備などにも着手。また革命理念を成文化したナポレオン法典を公布した。そして1804年、国民投票によって圧倒的な支持を得て、皇帝に即位した。

★ナポレオンの戴冠

『ナポレオンの戴冠式』として知られる絵画(部分)。ナポレオンが妻のジョゼフィーヌに冠を授ける様子が描かれている。ルーヴル美術館所蔵。

★憲法の制定

	1791年憲法	1793年憲法	1795年憲法
特徴	フランス最初の憲法。前文に人権宣言	抵抗権の保障、奴隷制廃止。未施行	独裁を防ぐため権力を分散
制定者	国民議会	国民公会(山岳派)	国民公会(テルミドール派)
政体	立憲王政	共和制	共和制(ブルジョワ中心)
議会	一院制	一院制	二院制
選挙	制限(財産資格)、間接選挙	男性普通選挙(21歳以上)	制限(財産資格)、間接選挙

★ナポレオン時代のヨーロッパ

ナポレオンはヨーロッパ諸国との戦いで快進撃を続け、ヨーロッパのほぼ全域を手中におさめた。しかしロシア遠征に失敗し窮地に。パリを占領され、退位。後に皇帝に復位したがワーテルローの戦いで大敗を喫し、セントヘレナ島に流刑となった。

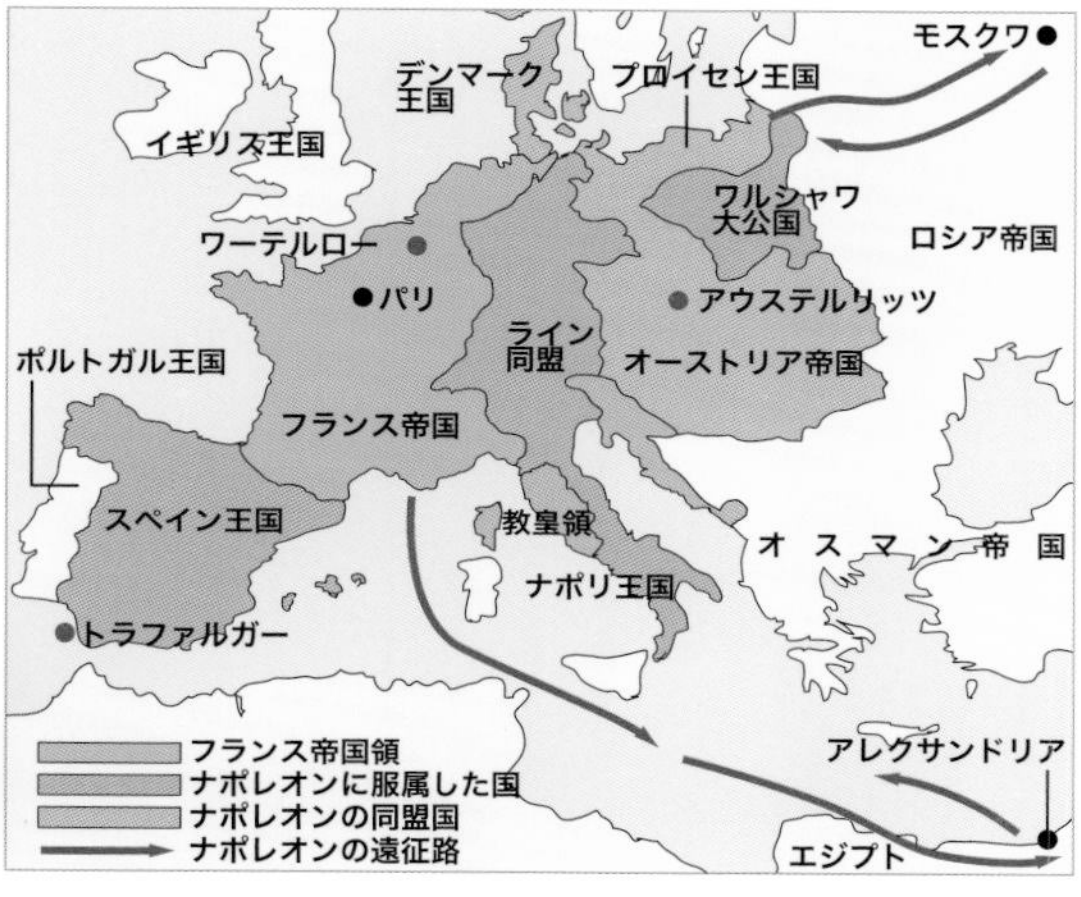

ワーテルローの戦い

1815年に皇帝に復位したナポレオンが、現在のベルギーのワーテルローの近郊で、イギリス・オランダなどの連合軍およびプロイセン軍と再起をかけて戦ったが、敗戦。退位を余儀なくされた

Notes ＊＊ナポレオンは山岳派政権時代にトゥーロン港攻囲戦で砲兵司令官として勝利。その後、イタリア遠征とエジプト遠征を経てフランスの国民的英雄となっていた

フランス

パリのセーヌ河岸

登録基準→(i)(ii)(iv)

フランスの歴史を刻み発展を遂げてきた「花の都」

10世紀末～14世紀にカペー朝の首都として急速に発展したパリ。16世紀のフランソワ1世の時代、セーヌ川右岸にあるルーヴル宮*が正式な王宮になると、右岸は政治や経済、左岸は学問や芸術、文化の中心地となっていく。また、１７８９年のフランス革命をはじめ、ナポレオンの台頭、１８３０年の七月革命、１８４８年の二月革命など、パリは18～19世紀に起きた歴史的事件の中心地であった。セーヌ川に架かるシュリー橋からイエナ橋までには、歴史を物語る建造物が集中している。

コンコルド広場

18世紀半ばに完成した約8万4000㎡の広場。当初は「ルイ15世広場」だったが、政治体制が変わるたびに名を変えた。フランス革命ではルイ16世などが処刑された

→ルクソール神殿より移築されたオベリスクが立つ

コンシエルジュリー

フランス革命の際は監獄として使用。王妃マリー・アントワネットや革命家のダントン、ロベスピエールらが収監された

→パリで最も古い公共の時計といわれる

ムンディ's Eye

19世紀に関連した建築ではないので、写真では紹介しきれなかったのですが、シテ島のサント・シャペルは必見です。「美しすぎるステンドグラス」に、言葉を失って呆然とするはずです。

Notes　＊ルーヴル宮は、ルイ14世がヴェルサイユ宮殿を建造し、遷宮するまでのフランス王宮。現在のルーヴル美術館

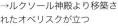

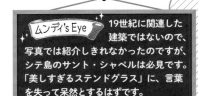

観光客を魅了する魅惑の世界遺産

パリの起源ともいえるシテ島は、セーヌ川に浮かぶ中州で、ルネサンス様式の橋ポン・ヌフにより両岸と結ばれている。島にある12〜14世紀に完成したゴシック様式の二大聖堂、サント・シャペルとノートル・ダム大聖堂のほか、コンシエルジュリーが世界遺産の構成資産。下流に向かって右岸にはルーヴル美術館、オランジュリー美術館、コンコルド広場、プチ・パレ、グラン・パレなどがある。左岸にもオルセー美術館やブルボン宮、アンヴァリッド＊＊やエッフェル塔などが点在。歴史的建造物が今も魅惑の光を放ち続けている。

ルーヴル美術館

1793年以降、王家の美術収集品を一般に公開する美術館に。柱や彫像、天井画で装飾されたバロック様式を基調とする現在の建物がほぼ完成したのは、19世紀のこと。1989年にガラス製のルーヴル・ピラミッドがつくられた

→ルーヴル美術館内にあるナポレオン3世の居室

↓『ナポレオンの戴冠式』も展示

パリ市庁舎

1871年のパリ・コミューン事件で焼失した後、1882年に再建された。フランス・ルネサンス様式とベル・エポック様式が混在する壮麗な建造物

Notes　＊＊アンヴァリッドは、ルイ14世が1674年に軍事医療施設として建造。王家の礼拝堂として造られたドーム聖堂は、19世紀後半にナポレオンの遺体が地下霊廟に安置され、墓所になった

国民国家が形成される19世紀のヨーロッパ

ウィーン体制の成立と1848年革命の勃発

1814年、ウィーンで国際会議が開かれ、各国の主権や領土をフランス革命以前の状態に戻す「正統主義」に則った国際秩序（**ウィーン体制**）*が成立し、大国間の協議により勢力均衡を維持する体制ができた。また、19世紀後半は、圧倒的な経済力と海軍力を有したイギリスを中心に西ヨーロッパの大国間では比較的平和な状況が維持された（**パクス・ブリタニカ**）。

フランスではブルボン王朝が復活。シャルル10世が絶対王政への転換を図ったが、反対した民衆は武装蜂起し（七月革命）、ルイ・フィリップが王に招かれた。しかしルイ・フィリップは、大資本家を優遇したため、国民は反発し、再び革命（二月革命）が勃発。共和政の臨時政府が樹立された。

こうした革命の気運は、ナポレオンの進出によって自由と平等を尊重する思想に触れていたヨーロッパ諸国に波及。ベルギーがオランダからの独立を達成。1848年にはウィーンとベルリンで民衆が武装蜂起し、ハンガリーとイタリアでは民族運動が高揚。「**諸国民の春**」と呼ばれる状況が生まれて、ウィーン体制は崩壊した。

ウィーン体制と自由主義、国民主義運動

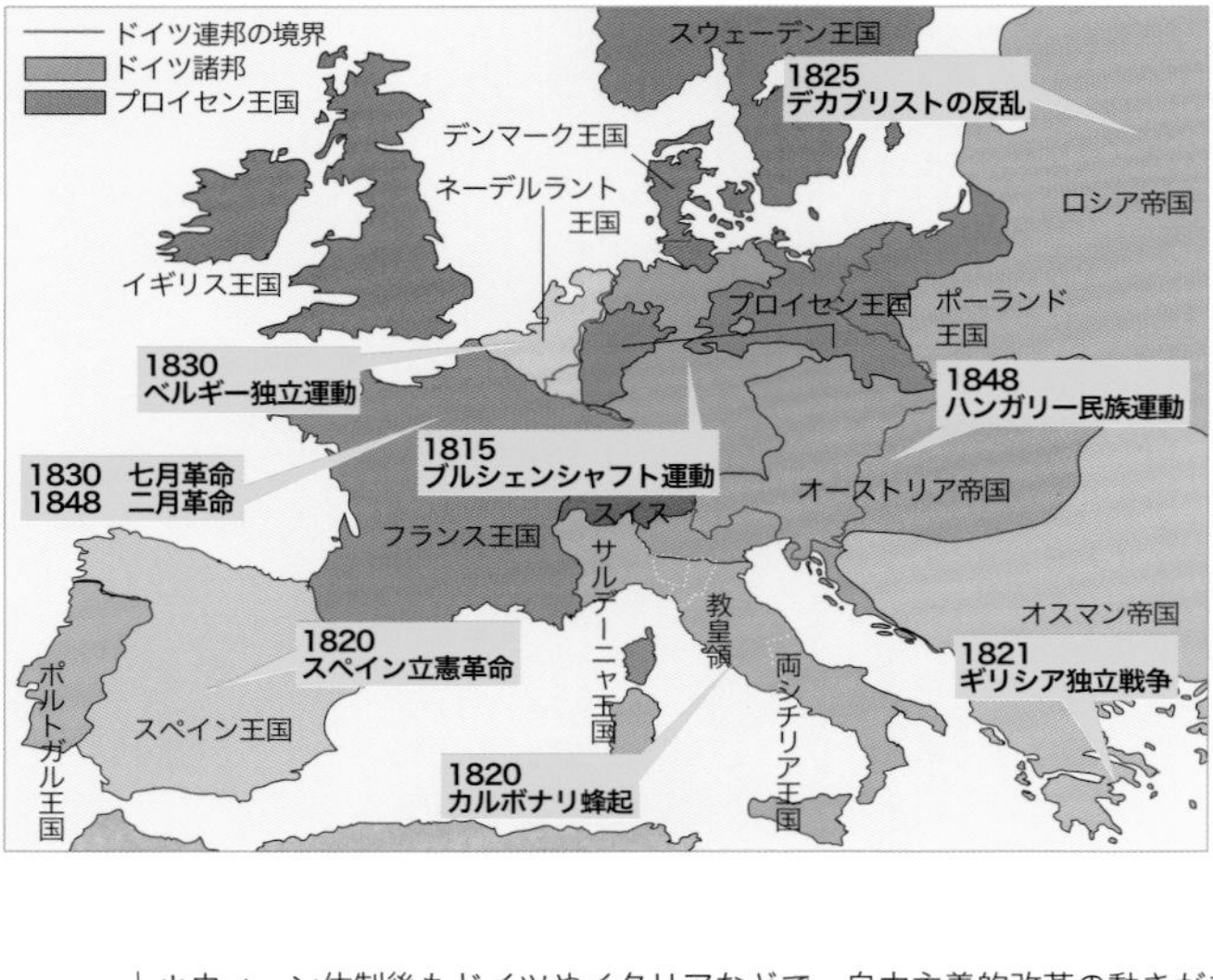

Keywords

★ウィーン体制
★パクス・ブリタニカ
★諸国民の春
★ビスマルク

時代

19世紀

エリア

Notes ＊ウィーン体制後もドイツやイタリアなどで、自由主義的改革の動きがあった。また1810〜20年代のラテンアメリカ諸国の独立、1829年のギリシア独立など、独立運動も相次いだ

プロイセン主導による ドイツの統一

ウィーン会議の結果、ドイツでは神聖ローマ帝国が復活せず、プロイセンやオーストリアなどで構成されたドイツ連邦が成立した。

やがてドイツ内でも統一の機運が熟し、ドイツ関税同盟が発足して第一歩を踏み出した。しかし、多民族国家のオーストリアの立場をめぐって対立が起き、話し合いではドイツ統一が進まず、後に、プロイセン国王ヴィルヘルム1世に宰相に任命された**ビスマルク**[＊＊]が統一の主導権を握ることになる。

ビスマルクは、オーストリアに戦争で勝利すると、ドイツ連邦を解体し、北ドイツ連邦を成立させた。さらにナポレオン3世をプロイセン・フランス戦争で破ると、ヴィルヘルム1世が皇帝に即位。ドイツ帝国が誕生した。

★イギリス 「世界の工場」として繁栄

1837年に即位したヴィクトリア女王のもと、大英帝国が世界の覇権を握り、繁栄の絶頂に達した。1851年のロンドン万国博覧会には600万人以上が来場。

★フランス 第二帝政から第三共和政へ

ナポレオンの甥が、ナポレオン3世と称して第二帝政を始めたが、プロイセンとの戦争で敗北し、退位。労働者政権パリ・コミューンを経て第三共和政へ移行した。

★ビスマルク外交

ドイツ帝国宰相として絶対的な権力を握ったビスマルクは、外交に力を発揮。フランスを孤立させ、勢力拡大を図るロシアに対抗してドイツの安全を保った。

★イタリアの統一

サルデーニャ王ヴィットーリオ・エマヌエーレ2世が統一を進めて、イタリア王国が成立。1870年にローマ教皇領を占領して、イタリアの統一が実現した。

Notes　＊＊ビスマルクは農民を支配した領主層（ユンカー）出身。ドイツ統一は「鉄（武器）と血（兵士）によって決定される」と演説したことから、その軍備拡張政策は「鉄血政策」といわれる

オーストリア

ウィーン歴史地区

登録基準→(ii)(iv)(vi)

華麗な建造物群で彩られた世界有数の芸術の都

13世紀後半〜20世紀初頭、*ハプスブルク家の都として発展。古代ローマの遺跡からウィーン分離派の建築まで、各時代の史跡や建造物が多数残る。また、モーツァルトやベートーヴェンなどの偉大な音楽家を数多く輩出した。

リンクシュトラーセ

19世紀半ば、皇帝フランツ・ヨーゼフ1世による都市改造計画に伴い、建設された環状道路

ホーフブルク宮殿

ハプスブルク家の居城。最初の宮殿建設以降、20世紀初めまで増改築が繰り返された

イギリス

登録基準→(ii)(iii)(iv)

キュー王立植物園

２６０年以上の歴史を誇る世界最大規模の植物園

１７５９年に創設されたイギリス王室の植物園。ヴィクトリア朝時代に建設された温室をはじめ、17世紀の宮殿や湖、庭園などが存在している。創設以来、世界各国から集めた植物は4万種以上で、植物研究の分野にも貢献した。

パーム・ハウス

19世紀に建造された巨大な温室。南国の植物が生い茂り、ジャングルのような雰囲気

→19世紀まで王族が暮らしたキュー宮殿

ムンディ's Eye

ウィーンの歴史地区を巡るときに頭に入れたいのが、ハプスブルク家の紋章である、頭が２つある鷲の紋章です。この紋章があれば、ハプスブルク家に関連した歴史遺産だとわかります。

Notes ＊15世紀前半以降、神聖ローマ帝国の皇帝を継承してきたハプスブルク家。19世紀はオーストリア皇帝として君臨し、1867年にはオーストリア・ハンガリー二重帝国の皇帝となった

フランス 登録基準➜(i)(ii)(iv)

パリのセーヌ河岸

19世紀半ば、ナポレオン3世とセーヌ県知事オスマンによって行われた「**パリ改造」は、世界の近代都市計画のモデルとなった。また、1889年と1900年のパリ万国博覧会に合わせて、エッフェル塔やグラン・パレなどが建設された。

エッフェル塔

1889年のパリ万博のメイン・モニュメントとして建てられた鉄製の塔。高さ300mで当時としては世界一

←建造当時はパリの景観を損ねると批判された

ドイツ 登録基準➜(i)(ii)(iv)

ケルン大聖堂

1248年、東方三博士の聖遺物を納める聖堂として建設され、632年後の1880年に完成。ドイツ統一のシンボルとなった。建物は奥行き144m、最大幅86mで、西正面の双塔は聖堂建築としては世界2位の高さの157m。

←フランスのアミアンの大聖堂を手本として、建物が構想された

↓景観保全をめぐって一時危機遺産になった

→15世紀前半の画家ロッホナーによる祭壇画が飾られている

イタリア 登録基準➜(iv)(v)

クレスピ・ダッダ

19世紀の資本家クリストフォロ・ベニーニョ・クレスピが建設した企業都市。産業革命期に、生産性向上のため労働環境の改善を目指し、労働者の住宅や学校、病院などを整備した。赤レンガの建物が並び、当時の面影を残す。

→工場で働く労働者とその家族が住むための住居が整然と立ち並ぶ

←工場を軸に、街がまるごとつくられた

Notes ＊＊当時のパリは狭い街路と古い建物が集まり、急増する人口に対応できていなかった。そこで広場を中心とした放射状の道路や公園の建設、上下水の整備などが推進された

市民社会を出現させた アメリカの独立と発展

イギリスから独立した アメリカ合衆国

　1607年に、北アメリカ大陸にヴァージニア植民地が建設されて以来、13の植民地では一定の自治が認められており、黒人奴隷を使用したプランテーションでの綿花やタバコ栽培を中心とした南部と、自営農民や商工業者が多い北部では、経済や社会のありかたに大きな隔たりがあった。

　当時、本国イギリスはフランスとの植民地戦争（フレンチ・インディアン戦争）で財政赤字を抱えていたので、植民地に新たな重税を課して賄おうとした。

　これに対して**13植民地**は一致団結してイギリスに抵抗*。1775年、武力衝突に発展して独立戦争が始まった。翌年にはトマス・ジェファソンが起草した**独立宣言**を発表。イギリスと対立するフランスやスペインの支援もあって植民地側は勝利し、イギリスはアメリカ合衆国の独立を承認した。

　独立後に制定された合衆国憲法では、人民主権による共和政、各州の自治と中央政府による連邦主義が採用された。また三権分立の原則を定め、1789年にこの憲法のもとで連邦政府が発足。**ワシントン**が初代大統領に就任した。

アメリカ合衆国の誕生

ボストン茶会事件

1773年、イギリスはアメリカにおける紅茶の販売独占権を東インド会社に与える茶法を発布。植民地側は反発してボストン港の船を襲った

独立戦争

1775～83年。ジョージ・ワシントンを総司令官に戦うも当初は苦戦。80年にフランス人のラ・ファイエット率いる義勇軍が参戦し、苦境を脱する

独立宣言

1776年7月4日、外国の支援獲得と国内の対抗勢力制圧のために公表。自由・平等を侵害するイギリスからの独立の正当性を主張した

パリ条約

1783年、イギリスがアメリカ合衆国と結んだ講和条約。アメリカの独立を認めて、ミシシッピ川以東のルイジアナをアメリカ領とした

Keywords
★13植民地
★独立宣言
★ワシントン
★奴隷解放宣言

時代
18～19世紀

エリア

Notes ＊1765年にイギリスが制定した印紙法に対しては、イギリスの議会に植民地側の代表がいないことから「代表なくして課税なし」と主張した

奴隷制をめぐって対立 北部と南部の内戦へ

独立を勝ち取ったアメリカ合衆国だったが、国内では北部と南部の対立＊＊が深まっていた。当時、南部は綿花の需要が高まったイギリスとの自由貿易を求め、奴隷制の維持も主張していた。一方、産業化が進んでいた北部はイギリスに対する保護関税政策を訴え、人道的立場から奴隷制に反対していた。

やがて奴隷制反対を唱える共和党のリンカンが大統領に就任すると、南部は連邦からの分離を表明しアメリカ連合国を結成。北部と南部の内戦(南北戦争)が始まった。

当初は一進一退だったが、リンカンが**奴隷解放宣言**を発表して国内外の世論を味方につけ、北部の優勢が確定。ゲティスバーグでの決戦に敗北した南軍は降伏し、アメリカは再統一された。

★アメリカの領土拡大

1803年にナポレオン執政下のフランスからルイジアナを、19年にスペインからフロリダを購入。1840年代になると西部開拓は神から与えられた使命であるとする「マニフェスト・デスティニー」という考え方が広まり、先住民を制圧しながら西へ拡大。45年にテキサスを併合。翌年からのメキシコとの戦争に勝利してカリフォルニアなどを獲得した。

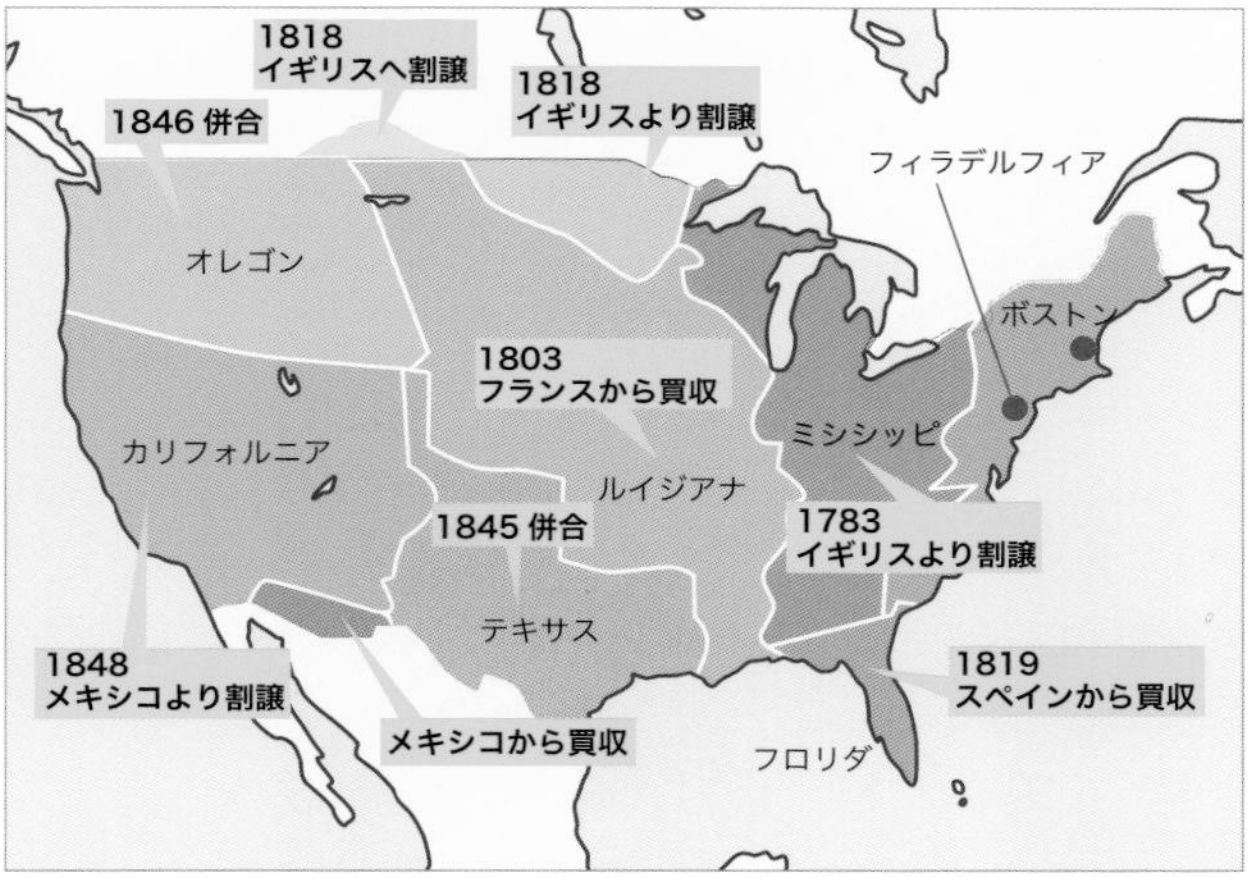

★ゲティスバーグ演説

南北戦争最大の激戦地ゲティスバーグでの追悼集会でリンカンは、「人民の、人民による、人民のための政治」で知られる演説を行った。

★北部と南部の違い

奴隷制をめぐって対立した北部(自由州)と南部(奴隷州)は、1820年にミズーリ協定を結び、北緯36度30分以北では奴隷州をつくらないと定めた。しかしカンザス州とネブラスカ州で、自由州になるか奴隷州になるかを住民投票で決める法律が制定され、南北対立が再燃した。

	北部	南部
産業	資本主義的商工業	大農園中心の農業
生産物	工業製品	綿花、タバコ
貿易政策	保護貿易	自由貿易
中心勢力	銀行家、産業資本家	大地主
国家体制	連邦主義	州権主義
奴隷制	拡大に反対	肯定
支持政党	共和党	民主党

Notes ＊＊北部と南部は、連邦議会で優位な立場を築くため、西部開拓によって誕生した新たな州を引き込もうと激しく争っていた

アメリカ

登録基準→（i）（vi）

自由の女神像

アメリカの自由と民主主義の象徴

ニューヨークのリバティ島に立つ*自由の女神像は、１８８６年にアメリカの独立１００周年を記念して、フランスから贈られたもの。ともに真の自由国家を目指そうという目的で発案された。正式名称は「世界を照らす自由」。右手にはたいまつ、左手には独立宣言書を持っている。足元にある足枷と引きちぎられた鎖は、弾圧や抑圧からの解放を表している。また、台座部分はアメリカ国民の寄附によって建設された。台座を含むたいまつまでの高さは93ｍ、総重量は２２５ｔに及ぶ。

頭部は展望台

王冠の7つの棘は、7つの大陸と海を表現。展望台までは、台座まで215段、さらに162段のらせん階段を上る。2001年のアメリカ同時多発テロ事件以来、長期間閉鎖されていたが2009年に再開された

パリでつくられた

巨大な像を支えるための構造設計には、「鉄の魔術師」と呼ばれたエッフェルが参画した。パリでつくられ、アメリカへは200以上のパーツに解体して運ばれた

↑台座内部に展示される初代たいまつ

ムンディ's Eye

ニューヨークの自由の女神の骨組みも、パリのエッフェル塔も同じエッフェルがつくったことに驚きます。アメリカに来た移民は女神像を見上げ、自由の国に来たという実感を持ったのです。

Notes

＊フランス在住のアメリカ人が、フランス革命100周年記念として1889年に高さ11.5mの自由の女神像をフランスに寄贈している。セーヌ川のグルネル橋のたもとに立つ

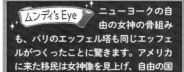

アメリカ 登録基準→(vi)

独立記念館

独立宣言が採択された アメリカ合衆国誕生の地

13植民地の代表からなる第2回**大陸会議が開かれたペンシルヴァニア植民地議事堂が、独立記念館として保存されている。1776年7月6日、ここでヴァージニア代表トマス・ジェファソンらが起草した独立宣言が採択された。

↑1787年には、ここでアメリカ合衆国憲法が承認された

自由の鐘

1774年の大陸会議の開催、1775年のレキシントン・コンコードの戦いの開始を知らせ、独立宣言を読み上げたときに鳴らされた鐘。現在では、アメリカ独立戦争、奴隷制廃止といった自由や平等に関わるアメリカの歴史のシンボルとして知られる

アメリカ 登録基準→(i)(iv)(vi)

シャーロットヴィルのモンティセロとヴァージニア大学

民主主義の父が 故郷に残した建築物

第3代大統領トマス・ジェファソンが設計した2つの建築物。モンティセロは、イタリアのパッラーディオ風古典様式とイギリスの別荘建築様式が調和した邸宅。ヴァージニア大学は、ローマのパンテオンに着想を得ている。

モンティセロ

1809年にほぼ完成したジェファソンの私邸で、イタリア語で「小さな丘」の意。赤レンガ造りで白いドームをもつ

ヴァージニア大学

1819年にジェファソンが設立した。現在ではアメリカの州立大学のトップに位置する名門校

Notes ＊＊第2回大陸会議は、レキシントンで開戦したことを受けて開かれた。アメリカ連合軍が創設され、ジョージ・ワシントンを総指揮官に任命した

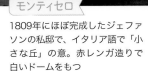

欧米列強のアジア進出
インドと東南アジアの植民地化

東インド会社によってインド全域が制圧される

18世紀のインドでは、**ムガル帝国**の衰退に乗じて各地の地方勢力が台頭し、勢力争いを繰り広げていた。イギリスとフランスの東インド会社は、こうした争いに介入することでインド支配の拡張を目指し、激しく対立。プラッシーの戦いでフランスを破ったイギリス東インド会社は、地方勢力との戦争にも勝利して全域を制圧した。

インド大反乱の後に東インド会社からイギリスによる直接統治に代わり、**ヴィクトリア女王**を皇帝とするインド帝国が成立した。

ヨーロッパ諸勢力による東南アジアの領土獲得

オランダは、17世紀からジャワ島に進出。19世紀にはインドネシア全域を支配し、コーヒーやサトウキビなどの**商品作物**を強制的に栽培させて莫大な利益を得た。

イギリスは、マレー半島のペナン・マラッカ・シンガポールを植民地化。また、**ビルマ戦争**に勝利し、ビルマをインド帝国に併合した。

フランスは清を戦争で破り、ベトナムの植民地化に成功。後にカンボジアとラオスを編入した。

スペインはフィリピンに進出。プランテーション開発を進めた。

★ムガル帝国の滅亡

ムガル帝国は、第6代皇帝アウラングゼーブの死を契機に衰退。ムガル帝国最後の皇帝となったバハードゥル・シャー2世(位1837～58)は、反乱軍に擁立されて復権を宣言したことで逮捕され、ビルマに流罪となり没した。

★インド大反乱

北インドを中心に、インド人傭兵(シパーヒー)による大反乱(1857～59年)が発生。銃*の弾薬包への不満を皮切りに、イギリス支配への不満もあいまって反乱は各地に広まり、ムガル皇帝の擁立に至った。

Keywords

★ムガル帝国
★ヴィクトリア女王
★商品作物
★ビルマ戦争

時代

17～20世紀

エリア

Notes ＊イギリスの銃の弾薬包には、ヒンドゥー教にとって神聖な牛の脂とムスリムが嫌うブタの脂が塗られていた。その弾薬包がシパーヒーに配備されると噂になり、反乱に発展した

★東南アジアの植民地化

東南アジアのほとんどの地域がヨーロッパ諸勢力の植民地にされた。しかし、19世紀後半に**チュラロンコン(ラーマ5世)によって近代化に成功したタイは、唯一独立を維持した。

椅子に座ったチュラロンコンと息子たち

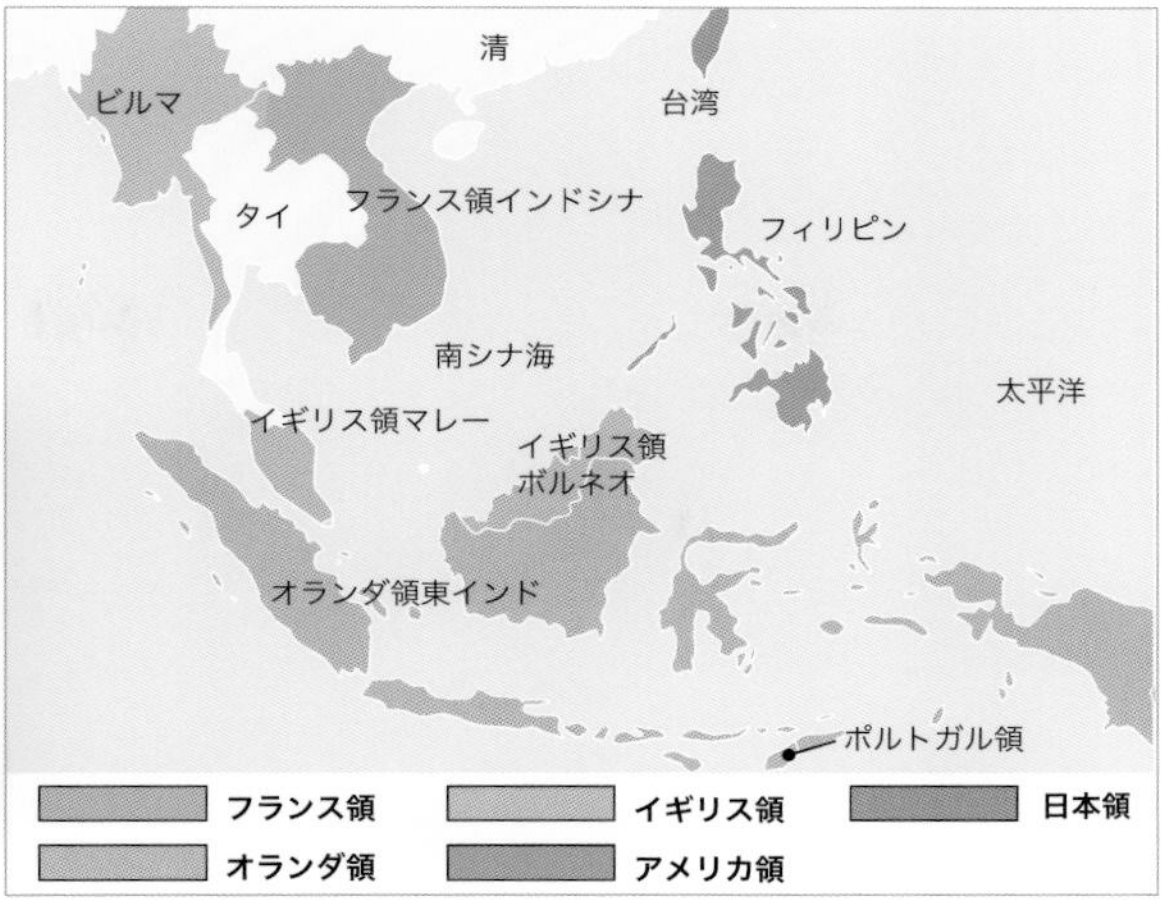

★東南アジアの民族運動と独立

第一次世界大戦後に「民族自決」の原則がうたわれ、各地で独立運動が盛り上がるが、結実するのは第二次世界大戦後だった。

ミャンマー(ビルマ)		インドネシア		ベトナム		フィリピン	
1886年	ビルマ戦争の結果、イギリスがビルマをインド帝国に併合	16世紀〜	オランダ東インド会社による支配開始	1887年	フランス領インドシナに	16世紀〜	マゼランが到達。スペインの支配始まる
1906年	青年仏教徒連盟が設立。民族主義運動の開始	19世紀初頭	オランダ領東インドの成立	1904年	ファン・ボイ・チャウが維新会を結成。東遊運動を開始。	19世紀後半	ホセ・リサールが小説でスペイン支配を批判
		1908年	民族主義団体ブディ・ウトモ結成		ファン・チュー・チンがフランスと協力し、啓蒙的近代化を目指す	1896〜1902年	フィリピン革命。スペインの植民地支配を打倒するが、米西戦争に勝利したアメリカがフィリピンの領有権を獲得。独立派が樹立したフィリピン共和国をアメリカが倒して植民地に
		1911年	イスラーム同盟(サレカット・イスラーム)結成	1912年	ファン・ボイ・チャウがベトナム光復会を結成。25年に解散		
第一次世界大戦(1914〜18)をきっかけに独立運動活発化							
1930年	反英政治結社、タキン党結成	1920年	インドネシア共産党結成。27年に解散	1930年	ホー・チ・ミンがベトナム共産党を結成	1934年	フィリピン独立法が成立
		1927年	スカルノが中心になってインドネシア国民党結成。ムルデカ(独立)運動を行う				
太平洋戦争(1941〜45)							
1944年	アウンサンによる独立運動	1945年	インドネシア共和国として独立	1941年	ベトナム独立同盟(ベトミン)結成	1946年	フィリピン共和国の独立
1948年	ビルマ連邦として独立	1945〜49年	インドネシア独立戦争	1945年	ホー・チ・ミンによるベトナム八月革命。ベトナム民主共和国の建国		
				1946年	インドシナ戦争		

Notes　**プライという一種の奴隷の解放、近代的官僚を養成する王宮学校の設立、義務教育の導入、鉄道や道路の整備、電話や郵便制度の導入など、多方面に及ぶ。チャクリ改革と呼ばれる

インド　登録基準→(ii)(iv)

インドの山岳鉄道群

険しい山脈を走る3つの山岳鉄道

インド東部のニュージャルパイグリと茶葉生産地ダージリン*を結ぶダージリン・ヒマラヤ鉄道は、1879年にイギリスが敷設を開始。ニルギリ山岳鉄道は標高差1877m、カルカ・シムラー鉄道は標高差1420mの路線だ。

ダージリン・ヒマラヤ鉄道

幅61㎝の軌道を時速11㎞で走るアジア初の山岳鉄道で、通称「豆列車」。2050mの標高差に対応するためジグザグに走る

ニルギリ山岳鉄道

インド南部のメットゥパラを起点とし、西ガーツ山脈を45.88㎞走る

フィリピン　登録基準→(ii)(iv)

フィリピンのバロック様式教会群

自然の脅威と敵の攻撃に備えた堅固な石造り建築

スペイン統治下時代にキリスト教の布教が進んだフィリピンで、16〜18世紀に建てられた4つの教会が世界遺産に登録されている。西欧列強の攻撃や、台風、地震に備えた「地震のバロック」と呼ばれる堅牢な教会が誕生した。

サン・アグスティン教会

1587年建造の現存する最古の教会。説教壇にはパイナップルの木のモチーフがある

パオアイ教会

1699年着工。厚さ2.5mの支柱14本が外壁を補強

ムンディ's Eye

東南アジアを旅するときには、その宗教分布を頭に入れておきましょう。タイ・ベトナム・ラオスなどは仏教、マレーシアとインドネシアはイスラーム、フィリピンはキリスト教です。

Notes　＊ダージリンティーの栽培で知られるが、ダージリンで紅茶の栽培を始めたのは、中国からチャノキを持ち込んだイギリス。現在では世界有数の高品質の紅茶の産地になっている

フィリピン 登録基準→(ii)(iv)

古都ビガン

1572年にスペインの植民地となったビガンは、中国とメキシコを結ぶ貿易の拠点として発展した。町は碁盤目状に整備され、中央広場を中心に公共の建造物が並び、石畳の通りには白壁の家々が連なる。16～19世紀に築かれたスペイン風の町並みが残る。

←外観はスペイン風、内部は中国やフィリピンの様式

→18世紀に建造された聖ポール・メトロポリタン大聖堂

ベトナム 登録基準→(iv)

フエの建造物群

二大勢力が争い、分裂状態であったベトナムをグエン・フォック・アイン(阮福暎)が統一し、1802年に＊＊グエン朝を創始。以来、フエ(順化)はフランス保護下に置かれた時代も含め、約150年間にわたり王朝の都として栄えた。

グエン朝王宮

北京の紫禁城を模して4分の3に縮小した、広さは604m×622mのフエの紫禁城。1833年頃に完成

カイディン帝陵

12年かけて完成。帝陵内部の玉座の下には皇帝の遺体を安置している

ラオス 登録基準→(ii)(iv)(v)

ルアン・パバンの町

14世紀半ば、ラオス初の統一国家ランサン王国の都となったルアン・パバン。「大きな黄金の仏像」の意をもつこの町は、古都であり、同時に仏教信仰の中心地として隆盛を極めた。フランス保護下を経た今も80もの寺院が立ち並ぶ。

ワット・シエントーン

ルアン・パバン最古の寺院。本堂、祠堂、僧の住居で構成

←メコン川とナムカン川の合流点にある

Notes ＊＊グエン朝は、1945年まで続く、ベトナム最後の王朝。北は中国との国境から南はメコンデルタ地帯までベトナム全土を統一した最初の王朝でもある。阮朝とも表記する

社会主義の実現を掲げたロシア革命とソ連の誕生

ロマノフ朝の崩壊と帰ってきたレーニン

20世紀初頭、ロシアではマルクス主義を唱えるロシア社会民主労働党（**レーニン**が率いるボリシェヴィキと、メンシェヴィキに分裂）などが結成され、政治・社会改革を求める声が高まっていた。

日露戦争中に血の日曜日事件*が起こると、第一次ロシア革命に発展。労働者たちは自治組織**ソヴィエト**を結成した。皇帝**ニコライ2世**は十月宣言を発して、国会（ドゥーマ）の開設などを約束したが、革命運動が落ち着くと再び専制的姿勢を強めていった。

1914年、第一次世界大戦が勃発したが、長期にわたる戦争に、戦争反対の声が広がっていた。1917年の首都ペトログラードでの大規模なデモやストライキを皮切りに、各地でソヴィエトが組織され、革命へと発展。ニコライ2世は退位し、ロマノフ朝は消滅。臨時政府が樹立された（二月革命）。

革命をさらに進めるため、ボリシェヴィキの指導者レーニンは、亡命先のスイスから帰国。ボリシエヴィキの勢力を拡大すると、トロツキーらと武装蜂起した。そして権力を握ると、ソヴィエト政権成立を宣言した（十月革命）。

★ロシア革命が与えた影響

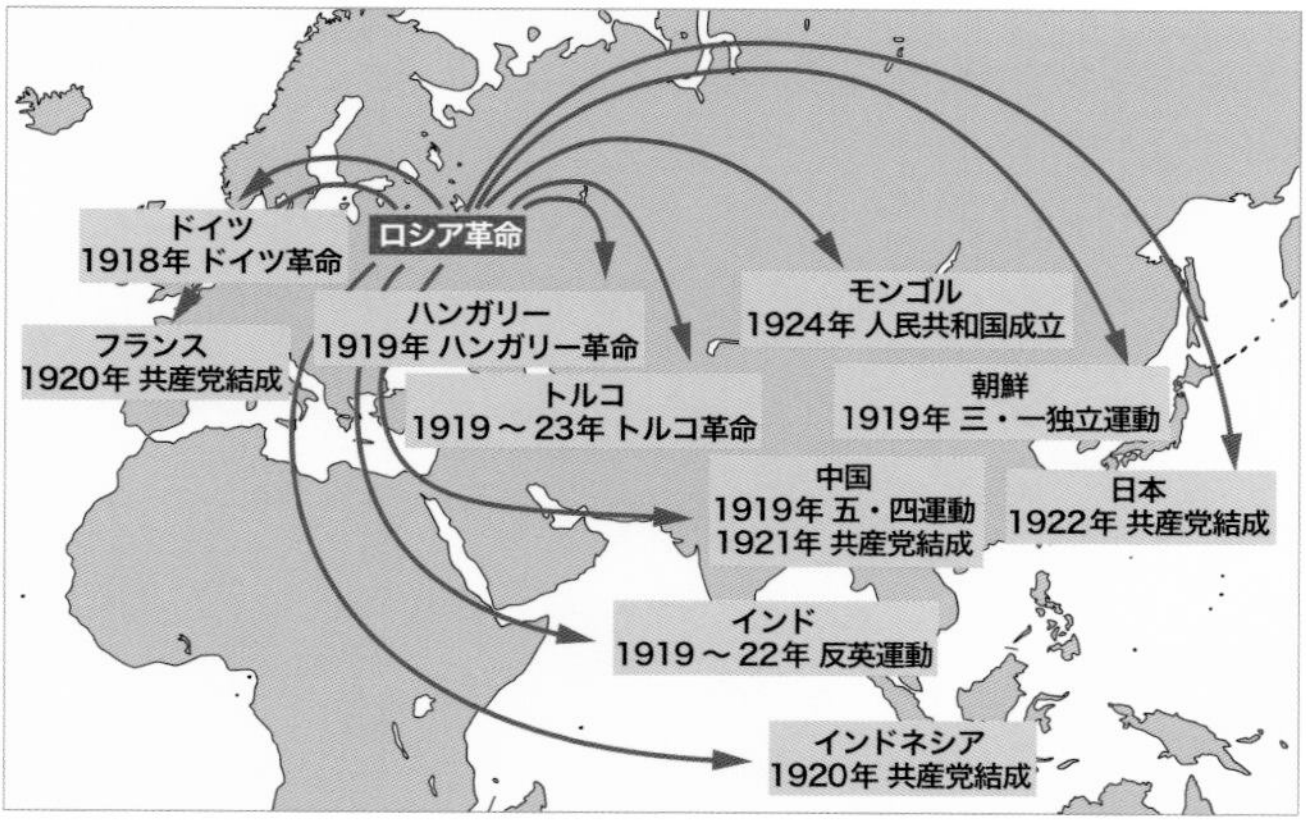

資本主義に不満をもつものや、帝国主義戦争に反対する世界中の人々に影響を与え、各国で社会主義運動が高まり、共産党が結成された。

Keywords

★レーニン
★ソヴィエト
★ニコライ2世
★スターリン

時代

20世紀

エリア

Notes ＊1905年1月、ガボン司祭に率いられたデモ隊が、戦争中止や貧困からの救済を請願しようとしたが、警備隊に発砲されて多数の死傷者を出した。この件で民衆の皇帝崇拝が大きく揺らいだ

一党支配と独裁による社会主義革命の実現

ボリシェヴィキは共産党と改称し、ソヴィエト政権は共産党による一党支配になった。一方、革命の拡大を恐れるイギリスやフランスなどの連合国は、対ソ干渉戦争**を起こしたがソヴィエト政権は赤軍を組織して抵抗。連合国軍が撤退すると、ロシア・ウクライナ・ベラルーシ・ザカフカースの4つのソヴィエト共和国は連合し、ソヴィエト社会主義共和国連邦（ソ連）が結成された。

1924年、レーニンが死去すると、**スターリン**が権力を掌握。自身に反対する者を粛清し、独裁体制を築きあげ、個人崇拝を強要した。五カ年計画を推進して社会主義の実現を図り、戦争が近づくとドイツなどのファシスト国家と対決する姿勢を強めた。

★レーニンとその後継者争い

トロツキー　✕ 対立　スターリン　⇐　レーニン

1919年には国際共産主義組織「コミンテルン」を設立して、各国での革命運動を支援し、世界革命の実現を目指した

世界革命論
ソ連が安定するためには、国際的・世界的な同時革命が必要であるという主張

党の主流派と対立して閑職に追いやられ、国外追放に至った

世界革命路線を放棄し、戦争に疲弊した大衆から支持された

一国社会主義論
ソ連のような広大な国は一国だけで社会主義の建設が可能であるという主張

★ソ連の国内政策の変遷

	戦時共産主義（1918～21年）	ネップ（新経済政策）（1921～27年）	第1次五カ年計画（1928～32年）	第2次五カ年計画（1933～37年）
指導者	レーニン	レーニン	スターリン	スターリン
目的	戦争の遂行、国家権力による統制	疲弊した国民の救済、戦後経済の復興	全労働力の国家管理による生産力増強	国民生活の向上
特徴	企業の国有化、労働の義務化、食料の徴発と国家による配給	市場原理の部分的導入、余剰食糧の自由販売、企業の私的経営の自由化	ソフホーズ、コルホーズによる農業の集団化、重工業重視の工業化	農業の集団化の推進、資本主義的傾向の一掃、量的拡大から質的拡大へ
結果	経済の崩壊、中央集権化	経済の回復、財政の安定	工業の大発展、スターリンの独裁	農業の集団化の完成、軍事力の増強

Notes　**社会主義政権打倒を目指して行われた、諸外国による軍事干渉。イギリスとフランスは、北部・南部・ザカフカースに侵入。日本もチェコ軍団救出を名目に参戦（シベリア出兵）した

ロシア

モスクワのクレムリンと赤の広場

登録基準➡(i)(ii)(iv)(vi)

激動のロシア史の中心に位置する聖域

ロシア語で「城塞」を意味するクレムリンは、12世紀半ばに築かれた木造の要塞を起源とする。ロシア正教会の聖域であり、政府の重要機関がある。全長2235m、高さ5〜19mの城壁内には、15〜16世紀に建造された聖堂やロマノフ朝時代の宮殿などが立ち並ぶ。

15世紀末の市場を起源とする赤*の広場は、19世紀にはナポレオン軍が襲来するなど、数々の歴史的事件の舞台となった。ソヴィエト社会主義共和国連邦時代の記念碑ともいえるレーニン廟もこの広場にある。

クレムリン大宮殿

ナポレオンとの戦いで焼失した宮殿を1848年に再建。全長約125m、部屋数は700に及ぶ

レーニン廟

赤の広場中央に設けられたピラミッド形の廟所。防腐処理が施され、ガラスの棺に納められたレーニンの遺体を安置する

聖ヴァシーリー大聖堂

イヴァン4世の命により1560年に完成。高さ46mの主聖堂を中心に、8つの小塔が取り囲む。ネギ坊主形ドーム屋根はロシアの伝統的な聖堂建築によるもの

ムンディ's Eye

クレムリンには「鐘の皇帝」「大砲の皇帝」という、高さ6mの鐘と、口径89cmの大砲が展示されています。いずれも世界最大とされ、大迫力なのですが、実用性は全くなかったようです。

Notes ＊赤の広場という名称だが、赤いものやロシア革命当時の革命軍(赤軍)とは関係ない。赤は古代スラヴ語で「美しい」を意味する

ロシア 登録基準➡(i)(ii)(iv)(vi)

サンクト・ペテルブルグ歴史地区と関連建造物群

近代化への「開かれた窓」ロマノフ朝の栄華が開花

18世紀、ピョートル大帝により建設されたサンクト・ペテルブルグには、エルミタージュ美術館やイサーク聖堂など、ロマノフ朝時代の栄華を伝える町並みが残る。また、十月革命をはじめとする歴史的なできごとの舞台にもなった。

エルミタージュ美術館

ロマノフ朝の歴代皇帝が住んだ「冬宮」と離宮。建設を命じた**エカチェリーナ2世が宮殿内に収集品を展示したことが始まり

血の上の救世主教会

暗殺された父である先の皇帝を偲び、アレクサンドル3世が終焉の地に建立。伝統の聖堂建築

ロシア 登録基準➡(i)(iv)(vi)

ノヴォデヴィチ修道院の建造物群

リトアニアからの領土奪回を記念して、モスクワ大公国ヴァシーリー3世の命により建設が始まった。現在残っている建造物群は15の建物からなる。ボリシェヴィキ政権が閉鎖して博物館とし、スターリンは神学校を開設した。

↑モスクワ市内南西部、モスクワ川近くにある

←3つのドーム屋根をもつ、モスクワバロック様式のスモレンスキー聖堂

ロシア 登録基準➡(iv)

ソロヴェツキー諸島の文化と歴史遺産群

白海に浮かぶソロヴェツキー諸島。15世紀前半、3人の修道士が修道院を建て、ロシア正教会の最北端の拠点となった。スターリン時代、修道院にはラーゲリ(強制収容所)が置かれた。

→6つの島からなる群島

↑16世紀以降は軍事拠点。厚さ約7m、高さ約11mの防壁内には、ロシア伝統の聖堂建築などが残る

Notes　＊＊エカチェリーナ2世は、夫ピョートル3世を廃して即位したロマノフ朝の女帝。啓蒙専制君主としてさまざまな改革を進めた。西洋絵画をはじめ、彫刻や版画など数々の美術品を蒐集

人類史上最大最悪の戦争
第二次世界大戦

世界恐慌がもたらしたファシズム諸国の侵攻

　1929年10月、ニューヨーク株式市場での株価の大暴落から始まった**世界恐慌**に対して、アメリカやイギリス、フランスは、排他的な広域経済圏(ブロック経済)を形成。経済圏外からの貿易に高関税率を設定したため、経済基盤の弱い国々は打撃を受けた。

　世界恐慌の被害が最も大きかったドイツでは、*ヴェルサイユ体制の打破、公共事業と軍需産業による失業者の救済などを掲げるナチ党が第一党に躍進し、1933年に**ヒトラー**内閣が成立した。ドイツは国際連盟を脱退すると再軍備を進めて、ラインラント(ライン川沿岸)に進駐。ヴェルサイユ体制の破壊を進めた。

　経済基盤の脆弱なイタリアでは、**ムッソリーニ**率いるファシスト党内閣が世界恐慌による行き詰まりを打開すべく、エチオピアに侵攻し全土を征服した。

　1938年、ドイツはオーストリアを併合し、翌年にはチェコスロヴァキアの解体を強行。さらに**ポーランドへの侵攻**を開始すると、ポーランドの同盟国であったイギリス、フランスがドイツに宣戦して第二次世界大戦が始まった。

★世界恐慌への各国の対策

持たざる国

国	対策
ドイツ	ヒトラー内閣の誕生。東欧諸国に勢力拡大
日本	中国に進出。満州国の建国
イタリア	ムッソリーニの独裁。エチオピア侵攻

軍事力で勢力圏を拡大

対立 × 第二次世界大戦へ

持てる国

国	対策
アメリカ	ドル・ブロック、ニューディール →生産調整と公共事業で対応
イギリス	スターリング・ブロック、オタワ会議
フランス	フラン・ブロック

ブロック経済

国	対策
ソ連	五カ年計画 →世界恐慌の影響を受けず

Keywords
★世界恐慌
★ヒトラー
★ムッソリーニ
★ポーランドへの侵攻

時代
20世紀

エリア

Notes ＊1919年のパリ講和会議で締結したヴェルサイユ条約をはじめ、戦勝国によって定められたヨーロッパの新国際秩序。ドイツは多額の賠償金や領土の割譲など、過酷な条件を強いられた

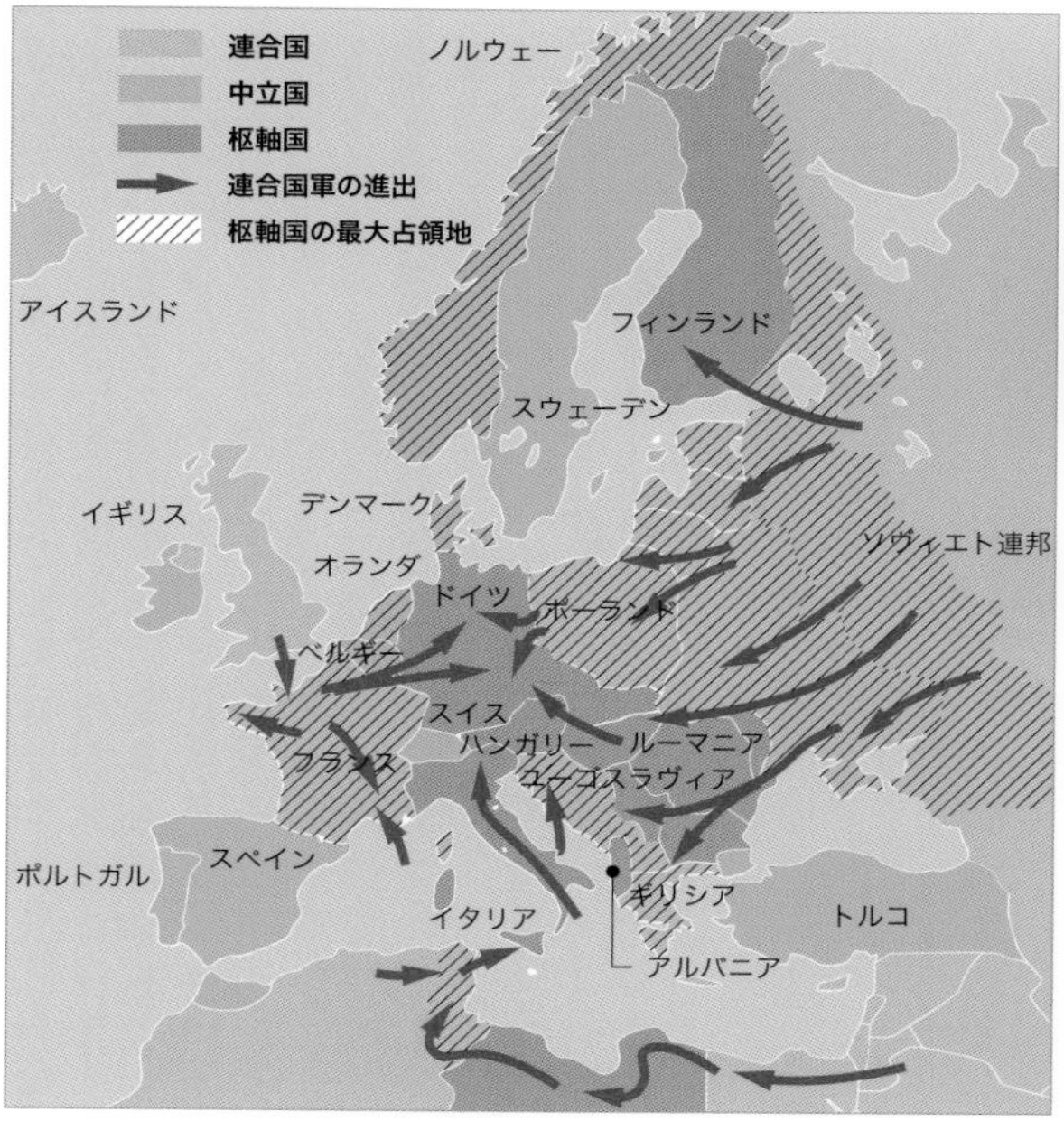

★ヨーロッパ戦線

ドイツはソ連とともにポーランドを分割・併合したのを皮切りに、1940年4月にはデンマークとノルウェーに、5月にはオランダとベルギーに侵攻。6月にはフランスのパリを占領した。ドイツのバルカン半島進出によりソ連との関係が悪化すると、ドイツはソ連を奇襲。ソ連はイギリスと同盟を組んで抗戦。短期戦に失敗したドイツに連合国軍は総反撃をかけて打ち破った。

★アジア・太平洋戦線

日本は、1941年12月にハワイの真珠湾を攻撃して太平洋戦争に突入した。開戦から半年で香港、マレー半島、シンガポール、インドネシア、フィリピン、ソロモン諸島を占領して「**大東亜共栄圏」を掲げた。しかしミッドウェー海戦での大敗をきっかけにアメリカ軍に連敗。1945年8月にポツダム宣言を受諾して降伏した。

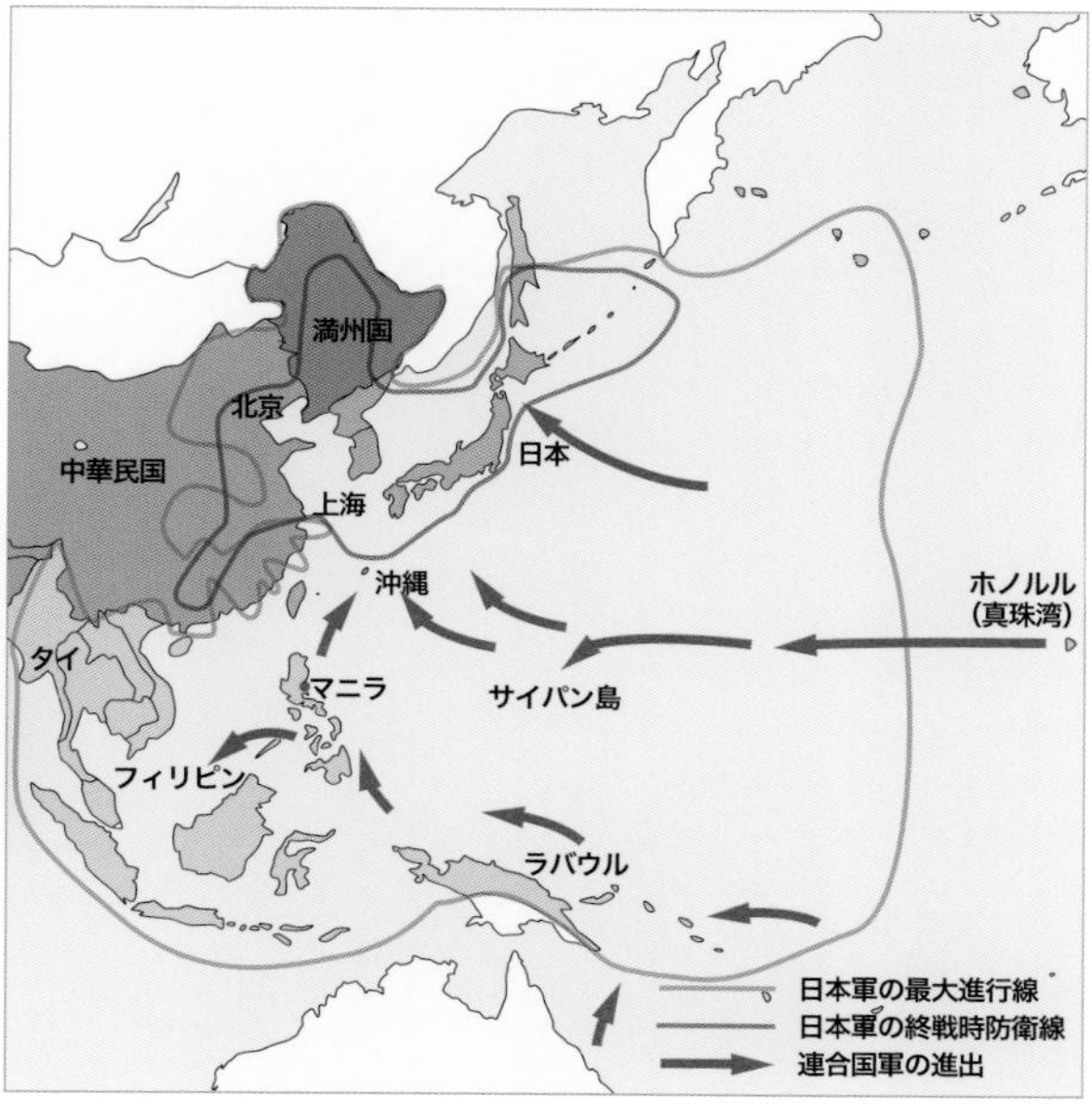

左からバー・モー(ビルマ)、張景恵(満州国)、汪兆銘(中華民国)、東条英機(日本)、ワン・ワイタヤコーン(タイ)、ホセ・ペ・ラウレル(フィリピン)、チャンドラ・ボース(自由インド仮政府)

Notes　＊＊欧米帝国主義国の植民地支配下にあったアジアの国々を解放し、日本を盟主とした共存共栄の秩序確立を目指したもの。1943年の大東亜会議には、各国の代表者が参加した(写真)

ポーランド　登録基準↓(vi)

アウシュヴィッツ・ビルケナウ ナチスドイツの強制絶滅収容所

人類の狂気が招いた悲劇を伝える「負の遺産」

アウシュヴィッツ強制収容所は、*反ユダヤ主義を掲げたヒトラー率いるナチス・ドイツが1940年に建設。翌年、ビルケナウ強制収容所を増設した。虐殺された人々の数は150万人にものぼり、多くがユダヤ人であった。

アウシュヴィッツ
第二強制収容所

施設内には絞首台やガス室、焼却場などがあり、施設は電流が流れる有刺鉄線で囲まれていた

アウシュヴィッツ
第一強制収容所

正門には、「ALBEIT MACHT FREI(働けば自由になれる)」の標語が残る

ポーランド　登録基準↓(ii)(iv)

ワルシャワ歴史地区

自由と独立の象徴となったポーランドの首都

16世紀以降、近隣諸国の侵略を受け、破壊と再建の歴史を歩んだワルシャワ。第二次世界大戦ではドイツにより市街の85%が破壊され、多くの市民が命を落とした。戦後、17~18世紀の美しい町並みが忠実に復元された。

↑18世紀の画家ベルナルド・ベロットの絵画や写真をもとに、戦前の姿に復元

→旧市街の建物や通り、新市街の聖堂や宮殿も再建された

ムンディ's Eye

ワルシャワは第二次世界大戦時に、ヒトラーによって徹底的に破壊されました。戦後、市民が写真や絵を持ち寄り、石一つに至るまで復元したといわれます。市民の熱い思いが感じられます。

Notes
*反ユダヤ主義とは、中世以来、ヨーロッパのキリスト教社会に根付いていたユダヤ人差別のこと。信教の自由が認められた近代以降は、ユダヤ人との共存を拒否する思想も芽吹いていた

ドイツ 登録基準➜(ii)(iv)

フェルクリンゲン製鉄所

1837年に創業し、ビスマルクの富国強兵策を背景に発展した。最盛期には6基の溶解炉が建設され、1日の銑鉄生産量は約1000t。第二次世界大戦中は、多くの強制労働者や捕虜、女性たちを過酷な条件下で働かせていた。

→1986年に生産停止したが、一部を一般公開している

←ドイツ工業の要であったが爆撃されずに終戦を迎えた

日本 登録基準➜(vi)

原爆ドーム

太平洋戦争末期の1945年8月6日、広島に人類史上初めての原子爆弾が投下された。原爆ドームの名で知られる広島県産業奨励館は爆心地にあったが、上空約600mで炸裂した原爆の爆風をほぼ垂直に受けたため壁は残り、現在の形になったと考えられる。

←核廃絶と平和を願う記念碑として保存されている

→原爆ドームは､1915年に広島県物産陳列館として建てられた

マーシャル諸島 登録基準➜(iv)(vi)

ビキニ環礁核実験場

第二次世界大戦後の1946年7月、アメリカ合衆国は太平洋沖のビキニ環礁で核実験を開始。＊＊第五福竜丸を含む1000隻以上の漁船や、爆心地から約240km離れた環礁にも「死の灰」が降り注いだ。その悲劇を伝える負の遺産である。

→1958年までに合計23回の核実験が行われ、多くの人が被爆

←水爆で環礁にあいた巨大なクレーターなどが残っている

Notes ＊＊1954年3月1日に水爆実験により被爆した遠洋まぐろ延縄漁船。爆心地からは160km離れていたが、乗組員23人全員が被爆。船は東京都の夢の島公園内に保存・展示されている

冷戦からグローバル化へ
第二次世界大戦後の世界

国際連合の成立と米ソ冷戦の始まり

1945年、アメリカのサンフランシスコで戦後世界秩序の新たな大枠づくりの話し合いが行われ、51カ国が加盟する**国際連合**が発足。ユネスコや世界保健機関などの専門機関も設立され、世界の平和と繁栄を実現するための多様な活動が行われるようになった。

また、世界恐慌後のブロック経済が戦争の遠因となったことから、新たな国際経済秩序を形成するため、国際通貨基金と国際復興開発銀行が発足。世界の経済的覇権を握っていたアメリカのドルを**基軸通貨**にすることが決まった。

ヨーロッパでは、ソ連によって解放された東欧諸国で、親ソ連政権の樹立が相次いだ。これに警戒感を強めたアメリカは、ソ連と共産主義勢力の拡大を防ぐ「封じ込め政策」*を提唱。また、全ヨーロッパの経済復興援助計画(マーシャル・プラン)を発表したが、ソ連や東欧諸国が拒否したことでヨーロッパの分断が決定的になった。さらにソ連は、各国の共産党の情報交換機関コミンフォルムを結成して、アメリカに徹底抗戦。以後、**冷戦**と呼ばれる米ソ間の緊張状態は激化の一途をたどった。

★戦後のヨーロッパ

1952年から89年にかけて、西側の北大西洋条約機構(NATO)とソ連を盟主とするワルシャワ条約機構によってヨーロッパは分断。社会主義圏の閉鎖的態度は「鉄のカーテン」と呼ばれた。

Keywords
★国際連合
★基軸通貨
★冷戦
★紛争

時代
20世紀

エリア

Notes ＊ソ連の勢力拡大を防ぐため、アメリカがとった外交政策。ソ連の周辺国に大規模な軍事・経済援助を行い、アメリカの影響下に置こうとした。ギリシア、トルコへの支援から開始された

現代の世界と地球規模の問題

第二次世界大戦後の世界では、民族自決権に基づく国民国家の独立が増加。国際連合の加盟国数は193カ国に至った(2022年)。一方で、冷戦が終結すると、抑えられていた民族主義＊＊が表面化し、世界各地で**紛争**が相次いだ。また、排他的なナショナリズムを煽り、国内のマイノリティ集団を迫害している国家も少なくない。多くの難民を生み出すとともに、国境を越える武装勢力も台頭しており、平和的に紛争を解決していく努力の重要性は高まる一方である。

20世紀後半には、地球温暖化や環境汚染、エネルギー問題、人口増加など、地球規模の深刻な問題が明らかになってきた。全世界の人類が協調し、連帯して対応することが求められている。

★ソヴィエト連邦の解体

1991年12月、ソ連を構成する各共和国が独立。独立国家共同体(CIS)を結成し、ソ連は崩壊した。

★アジア諸国の独立

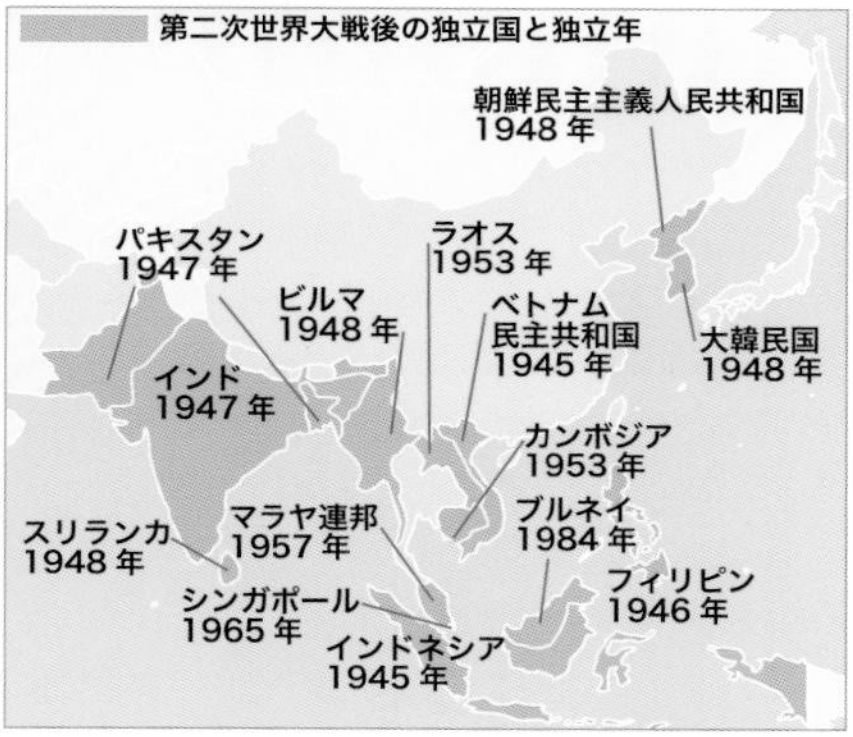

日本に占領されていたアジア諸国は戦後次々に独立。1967年には東南アジア諸国連合が結成された。

★おもな民族・領土問題

現代世界では、国境をめぐる争いや民族間の対立といった根本的な解決の難しい紛争が今でも存在している。対立の解消へ向けて、世界全体で取り組むことが必要とされている。

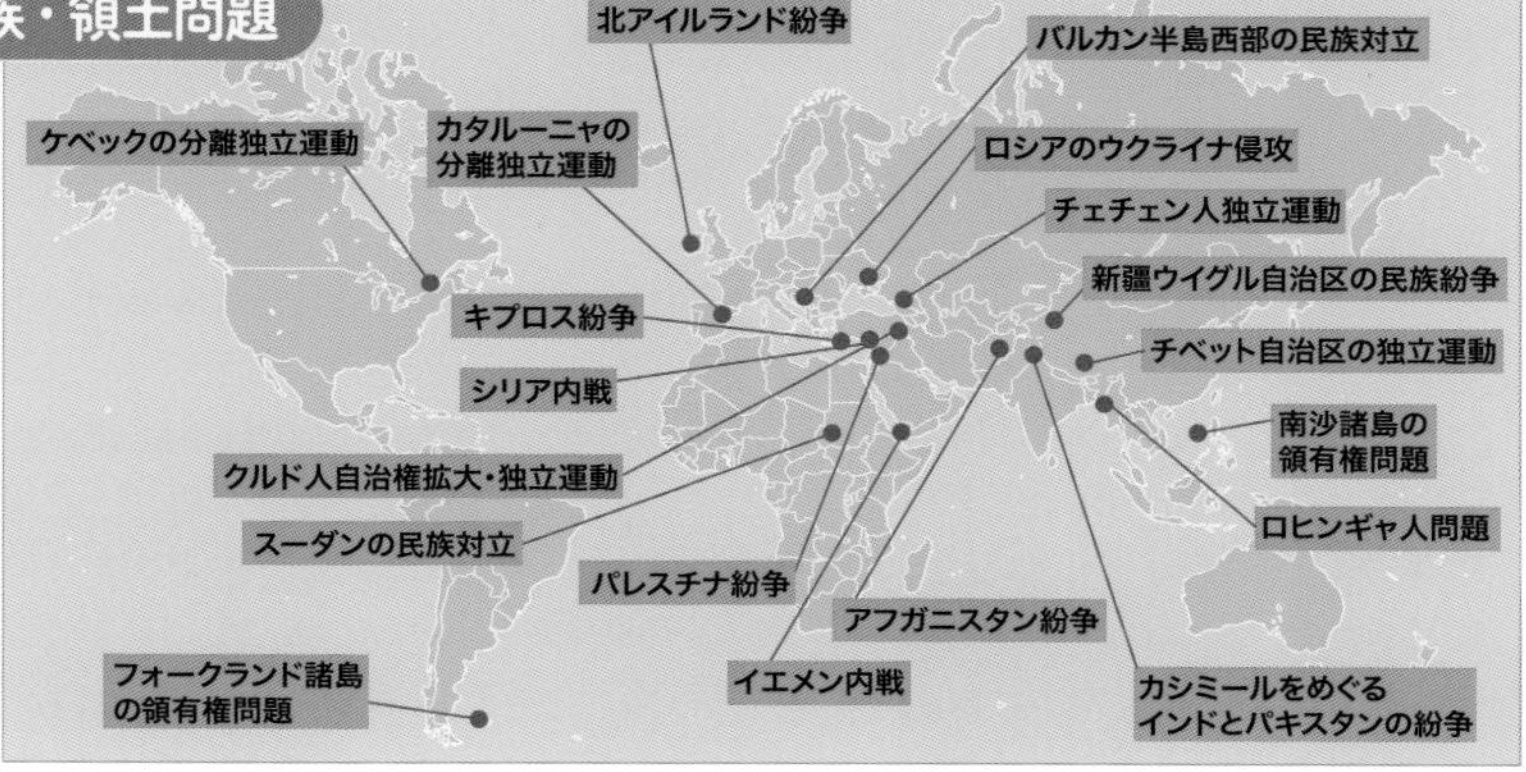

Notes　＊＊民族主義とは、自らが属する民族、国民を他から区別し、重視する考えや運動。フランス革命によってもたらされたと考えられている。ナショナリズムの訳

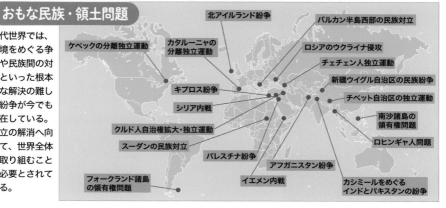

オーストラリア 登録基準➔(i)

シドニー・オペラハウス

コンペで選ばれた当時無名のデンマーク人建築家、ヨーン・ウッツォンが設計。貝殻型の独創的なデザインのため工事は難航して、10年遅れの工期で完成した。内部にコンサートホールと歌劇場を備え、総部屋数は1000以上。20世紀の建築物の傑作とされる。

見学ツアーで内部も見られる

最も新しい世界遺産

想定の10倍以上の建築費を投入し、1973年に完成。2023年1月現在で最も建造年が新しい世界遺産

フランスなど7カ国 登録基準➔(i)(ii)(vi)

ル・コルビュジエの建築作品-近代建築運動への顕著な貢献-

*ル・コルビュジエは、「近代建築の5つの要点」と呼ばれる建築の原則を提唱した建築家。各国の伝統にとらわれない均一化された建築を可能にし、近代建築に大きな影響を及ぼした。日本を含む7カ国で17資産に及ぶ作品群は、世界遺産として初めて大陸をまたいで登録された。

ポルト・モリトー集合住宅

亡くなるまでの約30年間を過ごしたパリの自宅兼アトリエ

国立西洋美術館

基本設計を手がけた国立西洋美術館は1959年に完成した

ブラジル 登録基準➔(i)(iv)

ブラジリア

ブラジル独立の象徴として、1960年、未開の地に建設されたブラジルの新首都。ルシオ・コスタが都市の設計を手がけた。斬新な近代建築の建物も注目される。

↑オスカー・ニーマイヤーが設計した大聖堂と鐘

←標高1100mの高原地帯に築かれた都市。空から見ると飛行機の形をしている

ムンディ's Eye オペラハウスは見学ツアーもありますが、オススメの楽しみ方はチケットを買ってコンサートに行くことです。内部も見学できますし、世界遺産の中で聴くコンサートは格別の体験です。

Notes

＊フランク・ロイド・ライト、ミース・ファン・デル・ローエとともに「近代建築の三大巨匠」の一人。ル・コルビュジエはペンネームで、本名はシャルル・エドゥアール・ジャンヌレ・グリ

イスラエル 登録基準➔(ii)(iv)

テル・アビーブのホワイト・シティ-近代化運動

ホワイト・シティは、1930年代初頭から1948年にかけて組織的にビルや住宅が建設された区域の名称。ドイツのバウハウスやル・コルビュジエに影響を受けた移民建築家らの手によって、白い外壁の建築物が設計された。

ディゼンコフ広場

バウハウス様式の建物に囲まれた広場

←白い外壁は、強い日差しの熱を反射させる役割がある

クロアチア 登録基準➔(i)(iii)(iv)

ドゥブロヴニク旧市街

15〜16世紀に地中海交易の拠点として繁栄し、「アドリア海の真珠」と謳われた城塞都市。20世紀末の内**戦で2000発の砲弾、爆弾を浴び、町は壊滅状態に陥った。内戦終結後、めざましい復旧の末、危機遺産リストから削除。中世の美しい町並みを取り戻した。

←4つの要塞と厚さ約6m、高さ約25mの城壁に囲まれている

→大会議場や元老院が置かれていたクネズ宮殿(旧総督邸)

メキシコ 登録基準➔(i)(ii)

ルイス・バラガン邸と仕事場

1948年にメキシコの現代建築家ルイス・バラガンが設計し、後半生を過ごした邸宅。中庭の噴水や室内の採光など、水や光、溶岩といった自然要素を取り入れ、伝統とモダニズムを融合させたデザインは、現代建築に大きな影響を与えた。

←メキシコの伝統建築に多く用いられるピンクや黄色などの大胆な色使いと、シンプルな造形が特徴

→コンクリート造りの3階建ての建物。1988年まで暮らした

Notes ＊＊1991〜95年にかけての、クロアチアのユーゴスラヴィア連邦からの独立をめぐる戦争。クロアチア、セルビア側ともに数多くの死傷者や難民をだした

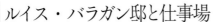

アントニ・ガウディ

天才建築家・ガウディの作品と建築の特徴

スペイン第2の都市バルセロナ。国際観光都市として知られるこの街の最大の観光スポットは、建築家アントニ・ガウディの手がけた建築作品である。ガウディ建築の何が世界中の人々を魅了しているのだろうか。

バルセロナが生んだ天才建築家

1852年、スペインのカタルーニャ地方で生まれ、バルセロナで建築を学び、26歳で建築士の資格を取得。やがてバルセロナ出身の実業家のエウゼビ・グエイに才能を見出され、その援助のもと数々の作品を手がけていった。

ガウディの建築哲学は「芸術におけるすべての回答は、自然のなかにある」というもの。画一的・機械的なデザインではなく全体が有機的なつながりをもち、鮮やかな色彩が多用されている。

スペイン 登録基準➔(i)(ii)(iv)

アントニ・ガウディの作品群

1984年にグエル公園とグエル邸、カサ・ミラが世界遺産に登録された。2005年に拡大申請が行われ、4件が追加登録。合計7点が世界遺産の構成資産となっている。

有機的な造形

ガウディは、世界の創造者と建築家の役割を比較しながら、自身の建築に動物や植物などの構造・法則を集めて形にした。屋根裏に配置したアーチは脊椎動物の骨格をイメージしたもので、曲がりくねったファサードや壁は、海の波または風に吹かれる草地の動きを描写したものだとされる。

カサ・ミラ

海のうねりにも例えられるファサードの形状が有名。内部においても直角の場所はなく、漆喰によって波や泡、花弁、タコの触手のようなさまざまな形がつくられている。屋上の煙突は煙の渦がモチーフ

サグラダ・ファミリア

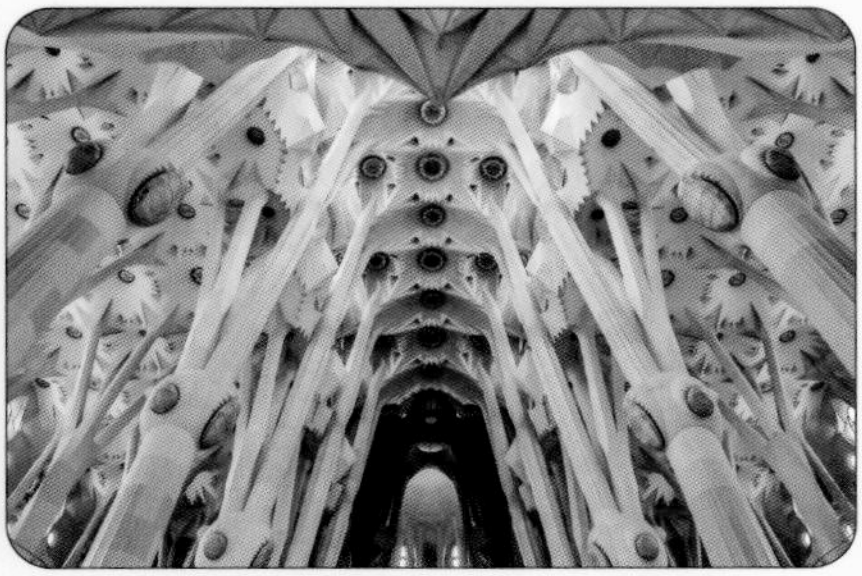

聖堂の内部の列柱は上部で2つに枝分かれし、一方は中心に傾き、もう一方は4本に分岐しつつ外側に傾いている。これは大樹の幹と枝が葉の重量に従って傾くのと同一の原理を取り入れていたため

豊かな色彩

初期のガウディ建築には、色鮮やかなムデハル様式(イスラーム建築に影響を受けたスペインで発達した建築様式)からの影響が見られる。また、後期のガウディは弟子のジュジョールを信頼し、ジュジョールはカラフルな破砕タイルのモザイクデザインなどを担当した

カサ・バトリョ

2つある吹き抜けには鮮やかなブルーのタイルを使用している。上部には濃い色のタイルを、下へ行くほど明るい色あいのタイルを用いることで、下の階の部屋でも明るさが保てるようになっている

グエル公園

風雨や日光による劣化や変質が起こりにくい陶器の破片をモザイク状に貼りつける「トレンカディス」という手法で、壁やベンチが仕上げられている。ジュジョールは家で割れた皿も貼りつけたという

Column

危機遺産とは何か？

人類の至宝を未来に伝えていくための世界遺産だが、そのなかには損傷などによって重大な危機に瀕しているものがある。一般に「危機遺産」と呼ばれ、2023年１月現在、55件が登録されている。

危機にさらされている世界遺産

危機遺産とは、世界遺産委員会が「危機にさらされている遺産リスト」に登録、公表している世界遺産のこと。台風や地震などの天災、紛争や工事、密猟、盗難など、さまざまな要因によって遺産の顕著な普遍的価値が深刻なダメージを受けている場合に登録される。

後世に残すべき世界遺産を保全することが世界遺産の意義であるため、「危機にさらされている遺産リスト」の作成は、世界遺産条約に当初から盛り込まれていた。

コンゴ民主共和国の危機遺産「ヴィルンガ国立公園」はマウンテンゴリラの生息地

危機遺産リストに登録されると…

危機遺産に登録された世界遺産のある国は、世界遺産委員会と協議をしたうえで適切な保全計画を立案し、計画実行後も状況を調査する必要がある。その際、その国に資金や人材が不足している場合は、世界遺産センターや国際社会が協力して支援・援助を行うことになっている。

さまざまな理由

コートジボワール／ギニア 登録基準➔(ix)(x)

ニンバ山厳正自然保護区

1992年登録

両国の最高峰であるニンバ山周辺は、広大な熱帯雨林とサバンナに覆われ、数多くの貴重な動植物が生息している。

森林伐採
難民や武装勢力による
環境破壊

ウクライナ 登録基準➔(ii)(iv)

オデーサの歴史地区

2023年登録

ロシアの度重なる攻撃を受ける港湾都市オデーサがさらなる攻撃を受けないよう、世界遺産と危機遺産に登録された。

ロシアの侵略による
普遍的価値の
損失の危機

ペルー 登録基準➔(i)(iii)

チャン・チャン遺跡地帯

1986年登録

15世紀に最盛期を迎えるも、インカ帝国によって滅ぼされたチムー王国の首都だった。

日干しレンガの劣化
盗掘被害

オーストリア 登録基準➔(ii)(iv)(vi)

ウィーン歴史地区

2017年登録

バロック様式の宮殿やネオ・ゴシック様式の市庁舎が立ち並ぶ、荘厳な建造物の宝庫。

高層ビル建築計画による
景観の価値の損失

危機から救われた世界遺産

危機遺産に登録されたものの、ユネスコや各国からの支援、自国の努力によって状況が改善した場合には、リストから削除される。

たとえばカンボジアの「アンコール」(写真上)は、紛争や略奪、風化によって崩壊の危機に瀕していたが、およそ30の国々の協力による修復作業によって危機を脱出。アメリカの「イエローストーン国立公園」(写真下)は、生態系や環境破壊が危惧されていたが、鉱山の採掘計画が中止されてリストから削除された。

世界遺産リストから抹消された元世界遺産

世界遺産としての価値が著しく損失し、抹消されたのは、オマーンの「アラビアオリックスの保護区」(2007年)、ドイツの「ドレスデン・エルベ渓谷」(2009年)、イギリスの「リヴァプール-海商都市」(2021年)の3件。

危機を脱した理由

ドイツ 登録基準➔(ⅰ)(ⅱ)(ⅳ)

ケルン大聖堂

2004年登録／06年解除

危機：高層ビル建設による景観破壊の危惧
解除：建設計画の縮小

600年以上かけ、1880年に完成したゴシック建築の傑作といわれる大聖堂。高さ約157mの双塔がそびえる。

ベリーズ 登録基準➔(ⅶ)(ⅸ)(ⅹ)

ベリーズのバリア・リーフ保護区

2009年登録／18年解除

危機：石油探査計画、珊瑚礁保護のための法律の欠如など
解除：管理計画の策定

北半球最大のバリア・リーフで、ウミガメやマナティーをはじめとした貴重な生きものたちの生息地である。

クロアチア 登録基準➔(ⅰ)(ⅲ)(ⅳ)

ドゥブロヴニク旧市街

1991年登録／98年解除

地中海の海洋貿易によって栄えた都市。ルネサンス様式やバロック様式の建物が残り、「アドリア海の真珠」といわれた。

危機：内戦による壊滅的被害
解除：市民による再建で復元

アルゼンチン／ブラジル 登録基準➔(ⅶ)(ⅹ)

イグアス国立公園

1999年登録／2001年解除

危機：道路建設による生態系への影響
解除：道路の封鎖

滝幅が約2700mもあり、世界三大瀑布のひとつに数えられるイグアスの滝と、その周囲の広大な熱帯雨林からなる。

- セビージャの大聖堂、アルカサルとインディアス古文書館…63
- ゼメリング鉄道…141
- ソロヴェツキー諸島の文化と歴史遺産群…161

た

- タージ・マハル…130
- 大チョーラ朝寺院群…87
- タオス・プエブロ…132
- タキシラ…21
- タフティ-バヒーの仏教遺跡群…21
- タンブッラの黄金寺院…87
- チキトスのイエズス会伝道施設群…117
- チャビンの古代遺跡…8・39
- チャン・チャン遺跡地帯…95・172
- チュニス旧市街…66
- ティカル国立公園…91
- ティワナク…95
- デリーのクトゥブ・ミナールとその建造物群…74
- デリーのフマユーン廟…131
- テル・アビーブのホワイト・シティ - 近代化運動…169
- デルフィの古代遺跡…29
- 天壇：北京の皇帝の廟壇…127
- ドゥブロヴニク旧市街…137・169・173
- トカイワイン産地の歴史的文化的景観…134
- 独立記念館…136・153
- トロイアの古代遺跡…28
- ドロットニングホルムの王領地…122
- トンブクトゥ…132

な

- ナスカとパルパの地上絵…94
- ニュー・ラナーク…141
- ニンバ山厳正自然保護区…172
- ヌビア遺跡群…17
- ノヴォデヴィチ修道院の建造物群…161
- ノヴゴロドの文化財とその周辺地区…55

は

- バチカン市国…47・85・101
- 莫高窟…34・82
- ハットゥシャ：ヒッタイトの首都…17
- ハトラ…35
- バビロン…17
- パリのセーヌ河岸…136・144・149
- ハルシュタット-ダッハシュタイン・ザルツカンマーグートの文化的景観…134
- パルミラの遺跡…35
- ハンザ同盟都市ヴィスビュー…59
- ハンザ同盟都市リューベック…58
- ハンピの建造物群…75
- 万里の長城…25
- ビキニ環礁核実験場…165
- ピサのドゥオモ広場…58
- ビブロス…33
- フィリピンのバロック様式教会群…156
- フィレンツェ歴史地区…104
- フェッラーラ…105
- フエの建造物群…157
- フェルクリンゲン製鉄所…165
- フォンテーヌブローの宮殿と庭園…123
- 福建の土楼…133
- ブッダガヤの大菩提寺…75
- ブラジリア…168
- プラハ歴史地区…43・51
- ブリッゲン…59
- ブリュージュ歴史地区…59
- ブリュッセルのグラン・プラス…59
- ブルサとジュマルクズック：オスマン帝国発祥の地…71
- ブレナヴォン産業景観…140
- ブレナム宮殿…121
- 北京と瀋陽の明・清朝の皇宮群…126
- ペトラ…96
- ベリーズのバリア・リーフ保護区…173
- 北海道・北東北の縄文遺跡群…40
- ポツダムとベルリンの宮殿群と公園群…121
- ポトシ市街…109
- ボロブドゥル寺院遺跡群…79
- ポンペイの遺跡地域…9・32

ま

- マチュ・ピチュの歴史保護区…112
- マテーラの洞窟住居と岩窟教会公園…133
- マドリードのエル・エスコリアル修道院とその遺跡…123
- ミケーネとティリンスの古代遺跡群…29
- ミディ運河…141
- 南アフリカ人類化石遺跡群…12
- ムザブの谷…66
- メキシコ・シティ歴史地区とソチミルコ…113
- メサ・ヴェルデ国立公園…96
- メンフィスのピラミッド地帯…8・16
- モザンビーク島…108
- モスクワのクレムリンと赤の広場…55・85・137・160
- モヘンジョダロの遺跡群…8・20

ら

- ラヴェンナの初期キリスト教建築物群…85
- ラパ・ヌイ国立公園…96
- リオ・ピントゥラスのクエバ・デ・ラス・マノス…12
- リスボンのジェロニモス修道院とベレンの塔…108
- 龍門石窟…82
- ルアン・パバンの町…157
- ルイス・バラガン邸と仕事場…169
- ル・コルビュジエの建築作品-近代建築運動への顕著な貢献-…168
- 麗江旧市街…83
- レドニツェ-ヴァルティツェの文化的景観…134
- レプティス・マグナの古代遺跡…33
- ローマ帝国の国境線…33
- ローマ歴史地区…32

わ

- ワルシャワ歴史地区…164

●世界遺産の名称について

本書に掲載する名称は、原則としてユネスコ世界遺産センター (unesco.org)に掲載されている日本語名を使っています。長いものは、誌面に合わせてわかりやすく短縮しました。漢字の読み方については公式に決まったものがないため、できるだけ日本で一般的な読み仮名をつけています。

世界遺産リスト List

あ
●アーグラ城塞…131
●アーヘン大聖堂…46
●アイアンブリッジ峡谷…136・140
●アイスレーベンとヴィッテンベルクにある
ルターの記念建造物群…116
●アウシュヴィッツ・ビルケナウ
ナチスドイツの強制絶滅収容所…137・164
●アジャンター石窟群…74
●アテネのアクロポリス…9・29
●アルジェのカスバ…71
●アルタミラ洞窟と北スペインの旧石器時代の洞窟画…12
●アルベロベッロのトゥルッリ…133
●アワッシュ川下流域…12
●アンコール…78
●アンデスの道…113
●アントニ・ガウディの作品群…170
●イグアス国立公園…173
●イスタンブール歴史地域…43・70・86
●イスファハーンのイマーム広場…66
●イチャン・カラ…35
●頤和園、北京の皇帝の庭園…127
●殷墟…8・25
●インドの山岳鉄道群…156
●ヴァッハウ渓谷の文化的景観…134
●ヴァルトブルク城…51
●ヴィースの巡礼教会…85
●ウィーン歴史地区…148・172
●ヴィチェンツァ市街とパッラーディオ様式の邸宅群…105
●ウェストミンスター大寺院・宮殿…116・123
●ヴェゼール渓谷の先史時代史跡群と洞窟壁画群…13
●ヴェネツィアとその潟…58
●ヴェルサイユ宮殿と庭園…120・123
●ヴュルツブルク司教館、その庭園群と広場…50
●ウラジーミルとスーズダリの白い建造物群…54
●雲崗石窟…42・82
●エローラ石窟群…74・87
●オアハカ歴史地区とモンテ・アルバンの古代遺跡…39
●オデーサの歴史地区…172
●オランジュのローマ劇場とその周辺及び凱旋門…32
●オリンピアの古代遺跡…29
●オルホン渓谷文化的景観…83
か
●カイルアン…86
●カイロ歴史地区…67
●カカドゥ国立公園…96
●河港都市グリニッジ…108
●カゼルタの王宮と公園…122
●峨眉山と楽山大仏…83
●カンタベリー大聖堂…117
●キーウ：聖ソフィア大聖堂と関連する
修道院建築物群…54
●キュー王立植物園…148
●曲阜の孔廟、孔林、孔府…25
●ギョレメ国立公園とカッパドキアの岩窟群…133
●キリグアの遺跡公園と遺跡群…91
●グアラニーのイエズス会伝道施設群…117
●クスコ市街…117
●グラナダのアルハンブラ、ヘネラリーフェ、
アルバイシン地区…62
●クレスピ・ダッダ…149
●ケブラーダ・デ・ウマワーカ…113
●ケルン大聖堂…85・149・173
●原爆ドーム…165
●ゴアの教会群と修道院群…109
●古代都市ウシュマル…91
●古代都市シギリヤ…79
●古代都市チチェン・イッツァ…90
●古代都市テーベとその墓地遺跡…17
●古代都市テオティワカン…38
●古代都市パレンケと国立公園…91
●古代メソポタミア都市アフワール…17
●古都アユタヤ…79
●古都アレッポ…35
●古都グアナファトとその銀鉱群…109
●古都ダマスクス…67
●古都ビガン…157
●古都平遥…127
●コパンのマヤ遺跡…91
●コルヴァイのカロリング朝ヴェストヴェルクと
キウィタス…47
●コルドバ歴史地区…63
さ
●「最後の晩餐」がある
サンタ・マリア・デッレ・グラツィエ教会…105
●サナア旧市街…66
●サマルカンド-文化交差路…34・86
●サンクト・ペテルブルグ歴史地区と関連建造物群…161
●シェーンブルン宮殿と庭園群…121・123
●シエナ歴史地区…58
●ジェンネ旧市街…86
●シドニー・オペラハウス…168
●シャーロットヴィルのモンティセロと
ヴァージニア大学…153
●ジャムのミナレットと考古遺跡群…75
●自由の女神像…152
●シュケリッグ・ヴィヒル…132
●シュパイヤー大聖堂…85
●承徳の避暑山荘と外八廟…127
●シルクロード：長安ー天山回廊の交易路網…34
●シントラの文化的景観…63
●秦の始皇陵…24
●ストラスブールのグラン・ディル…85
●セゴビア旧市街とローマ水道橋…33
●石窟庵と仏国寺…87

見る・知る・学ぶ 世界遺産で ぐぐっとわかる 世界史

2023年3月15日初版印刷
2023年4月 1日初版発行

編集人 竹地里加子
発行人 盛崎宏行
発行所 JTBパブリッシング
〒162-8446
東京都新宿区払方町25-5

224557 808740
978-4-533-15313-6 C2022
乱丁・落丁はお取替えいたします。
おでかけ情報満載 https://rurubu.jp/andmore

編集、乱丁、落丁のお問合せはこちら
https://jtbpublishing.co.jp/contact/service/
JTBパブリッシング お問合せ

監修者

山崎圭一（やまさきけいいち） ムンディ先生

早稲田大学教育学部卒業後、公立高校で地理・歴史を教えながら、昔の教え子の要望を受けてYouTubeで世界史授業の動画配信をスタート。授業のわかりやすさがたちまち評判になり"ムンディ先生"の愛称で呼ばれるようになる。授業動画の配信本数は500本以上、累計再生回数は3000万回を超える。大の世界遺産好き。『一度読んだら絶対に忘れない世界史の教科書』（SBクリエイティブ）等著書多数。

図版・写真

UNESCO：Alain Homsisite／Ana Draskovic／Bruno Doucin&Lionel lala／Claudio Fedozzi／Conservation Institution of the Site of Yar Citysite／CRA-terre／Ebel／Editions Gelbart／Edmondo Gnerre／Henning Fischer, Höxter／Hong bin Yue／Ministry of Culture and Tourism／Qahtan Al-Abeed／Rubén Cabezas／Sacred sites／Silvan Rehfeld／Stephen Lioy
Pixta／123RF／photolibrary／istock／The Board of Trustees of the Science Museum／Audriusa／Rafaël Delaedt／Tk420／mrpbps／Christian Ferrer／Yelles／Luigi Chiesa／Gugerell／Aaron Josephson／Markstephenjayme／Ma. Isabel Sheila Solidum／Linazet／Aleksander Kaasik／A.Savin／Staron／United States Department of Defense／ENERGY.GOV／sailko／鈴木革／JOMON ARCHIVES（一戸町教育委員会、北秋田市教育委員会、伊達市教育委員会、函館市教育委員会）
≪本書に掲載した世界地図の作成にあたっては、NCEI及びNatural Earthが公開するデータを活用しています。≫

【ご利用にあたって】
●本書に掲載している情報は山川出版社「詳説世界史B　改訂版」、帝国書院「最新世界史図説タペストリー」、講談社「週刊ユネスコ世界遺産」ほかによります。●本書に掲載している国名は一般的な通称を用いました。また、世界遺産名はユネスコ世界遺産センター（unesco.org）に掲載されている情報をもとに、一部省略しています。また一部の漢字には、日本語で一般的な読み仮名をつけています。●本書で掲載している情報は、原則として2023年1月末日現在のものです。発行後に変更となる場合があります。なお、本誌に掲載された内容による損害等は弊社では補償しかねますので、あらかじめご了承くださいますようお願いいたします。●制作にあたりましてご協力いただきました皆様に、厚く御礼申し上げます。

編集・制作
ライフスタイルメディア編集部

編集・執筆
エイジャ（小野正恵／笹沢隆徳／新間健介／佐藤未来）

アートディレクション・デザイン
中嶋デザイン事務所

デザイン・DTP
Office鐵（鉄井政範）
ジェイヴイコミュニケーションズ
（長内奈津子／星真琴）

地図
アトリエ・プラン

イラスト
サイトウシノ／ペイジ・ワン(三好南里)／
高橋悦子／斉信行／安藤のりゆき

校閲
鴎来堂／加藤真文

印刷所
大日本印刷